해사경쟁법 연구 I

김인현·윤세리 외 6人

法 文 社

이 저서는 고려대 해상법 연구센터 후원으로 발간되었습니다.

서 문

상법은 기업을 유익한 존재로 보아 쉽게 만들어지고 한번 만들어진 회사는 사라지지 않게 하는 많은 제도를 가지고 있다. 선주의 책임제한제도 채무자회생제도가 그 좋은 예이다. 그런데 경쟁법은 기업은 독점적으로 이윤을 추구하는 부정적인 시각을 가진다. 그래서 부당한 공동행위, 기업결합 등을 규율하고 과징금을 부과하는 규제가 마련되어 있다.

해운에 입문하면서 해운동맹(conference)이라는 제도를 알게 되었다. 여러 정기선사들이 모여서 운임을 비롯한 영업행위를 공동으로 하는 제도이다. 운임에 대한 공동 행위가 허용되었다. 정기선사들이 도산되지 않게 일정한 마진을 항상 붙여서 영업을 하고 대량화주에게는 할인된 가격을 제공한다. 이런 제도는 산업을 위해서도 유익하다고 보았다. 그런데 이런 행위들이 공정거래법상 부당한 공동행위로 서벌대상이 된다는 것이었다. 조금씩 경쟁법의 내용을 알게 되었다.

2022년 동남아정기선사에 대한 공정거래위원회의 과징금 부과가 큰 쇼크로 다가왔다. 이에 나는 윤세리 변호사, 김규현 변호사, 심재한 교수님들을 모시고 연구회를 조직했다. "해사경쟁법연구회"이다. 10여회의 공부모임을 하면서 많은 지식이 축적되었다. 유럽의 블록 예외조항, 미국 FMC 등 새로운 사실도 많이 알게 되었다.

경쟁법은 일반 해운 직장인에게는 생소하다. 본서에 수록된 논문들은 현장에서 매일의 경쟁법 문제를 처리하는 변호사, 교수 등이 주축이 되어서 나온 책이다. 이 책의 내용이 해운, 조선산업에 종사하는 자들에게 이론과 실무의 실력을 쌓을 수 있는 좋은 기회가 되길 바란다.

이 연구회의 간사를 맡아준 이정욱 미국 변호사에게 감사를 전한다.

2024. 10. 14.

해사경쟁법 연구회 회장 김인현

차 례

해사경쟁법 연구 I

01 경쟁법이란 무엇인가?

– 부당한 공동행위를 중심으로 –

심재한*

Ⅰ. 경쟁법의 의미

근래 해운업계에 대한 경쟁법 집행이 논란이 되면서 해운업 실무에서는 경쟁법의 의미에 대한 궁금증이 발생하였다. 아마도 "우리 업계는 모두 잘 살기 위해서 노력하고 있는데 왜 법의 잣대를 들이대는 것일까?" 혹은 "경쟁을 하라고 하는데 그러다 모두 다 잘못되면 어떡할 것인가?" 등등의 의문이 발생하였을 것으로 보인다.

사실 경쟁이 무엇인지는 설명이 필요 없을 정도로 이미 선험적인 이해가 되어 있다. 우리는 이미 현대사회가 경쟁을 기반으로 작동하고 있다는 점을 알고 있고, 개인적으로는 학교에서부터의 경쟁

---

* 영남대학교 법학전문대학원 교수, 법학박사.

이 이미 어린 시절부터 체화되어 있기 때문일 것이다. 하지만 경쟁
을 법으로 만들어 집행한다는 사실은 아직 널리 알려져 있지는 않
다. 사실 그 이유를 추측해 본다면 우리나라 경쟁법의 중심인 독점
규제 및 공정거래에 관한 법률(이하 '공정거래법'이라 한다)이 1980년
에 제정되어 약 40여년이 조금 넘는 연혁을 가지고 있을 뿐이고,
법집행 초창기에는 소위 재벌이라고 불리는 대기업집단의 규제에
초점이 놓여 있었기 때문일 것이다.

그런데 공정거래법은 제1조에서 사업자의 시장지배적지위의 남
용과 과도한 경제력의 집중을 방지하고, 부당한 공동행위 및 불공
정거래행위를 규제하여 공정하고 자유로운 경쟁을 촉진함으로써 창
의적인 기업활동을 조성하고 소비자를 보호함과 아울러 국민경제의
균형 있는 발전을 도모함을 목적으로 하고 있다.

따라서 공정거래법의 적용 대상은 대기업집단의 규제와 관련이
깊은 경제력 집중의 억제 이외에도 ① 부당한 공동행위, ② 시장지
배적지위의 남용행위 및 ③ 불공정거래행위임을 알 수 있다.

이러한 공정거래법의 적용 대상 행위 중에서 해운업계에 대한
경쟁법 집행과 가장 관련이 있는 행위는 부당한 공동행위이다. 따
라서 아래 본문에서는 부당한 공동행위를 중심으로 기타 관련 있는
공정거래법의 내용을 알아보기로 한다. 이에 앞서 경쟁법이 발생하
게 된 근본적인 취지와 우리나라의 경쟁법 발전에 영향을 주고 있
는 미국과 EU의 입법례를 살펴보기로 한다.

II. 경쟁법의 입법취지

자유시장경제질서하에서 사경제주체의 경제행위에는 사적자치의
원리가 지배하고 있다. 사법은 계약관계를 기초로 하는바, 산업사회
에서 계약의 정의는 시장참가자들의 경쟁에 의해 확보되며 이는 시

장의 개방성을 전제로 한다. 다수의 수요와 공급에 의해 이루어지는 경쟁을 통한 시장경제는 국가에 의해 조종되는 중앙집중경제에 비해 훨씬 효율적이기 때문이다. 시장의 개방을 방해하는 것은 경우에 따라서는 예컨대 국가의 법에 의해 보장된 지식재산권과 같은 것도 있으나, 이밖에 경제력의 집중이나 카르텔의 형성 등을 통해 이루어질 수도 있다. 경쟁법은 시장에서의 사적인 힘을 제어하고 실체적인 계약정의의 전제조건을 회복하기 위하여 제정되었다.

공정거래법의 시행을 통해 추구되는 '자유로운 경쟁'은 우선 시장에 대한 진입과 퇴출이 자유롭다는 것이 전제가 된다. 그중 중요한 것은 새로운 사업자의 시장에 대한 진입가능성이며, 이는 경쟁에 참여하려는 의사와 능력을 가진 모든 사업자들에게 시장이 개방되어 있어야 한다는 것이다. 다음으로 '공정한 경쟁'이 공정거래법에 의해 추구되는 바, 이는 사업자들 사이의 경쟁이 가격이나 품질 혹은 서비스와 같은 수단을 통해서 이루어져야 하지, 그 밖의 불공정한 수단을 통해서 이루어져서는 안 된다는 것이다. 이는 실제의 시장에서는 실현될 수 없는 완전경쟁(perfect competition)을 대체한 유효경쟁(workable competition) 개념을 받아들인 것으로서 사업자들이 경쟁을 제한하는지의 여부를 판단할 때에도 가격, 품질, 서비스라는 유효경쟁의 수단만이 사용되었다면 경쟁제한성이 없다고 판단하게 된다.

'자유로운 경쟁'을 제한하는, 즉 새로운 사업자의 시장진입을 제한하는 요소로는 인가나 허가와 같은 법적인 제한과 대규모의 시설투자와 같은 사실적인 제한도 있으나, 법적인 제한은 정부규제의 완화를 통하여 그리고 대규모 시설투자와 같은 사실적인 제한은 정책적인 지원을 통해서 해결될 수 있는 것이고 공정거래법이 적용될 사항은 아니다. '자유로운 경쟁'의 실현과 관련해서 공정거래법이 적용될 수 있는 경우는 바로 사업자간의 부당한 공동행위 즉, 담합

이나 거대사업자의 독과점, 혹은 기업결합 등으로 인하여 경쟁에
참여하려는 의사와 능력을 가진 새로운 사업자의 시장진입이 봉쇄
되거나 한정적으로만 가능한 경우라고 할 수 있다.

Ⅲ. 경쟁법의 입법례

1. 미국의 반트러스트(Antitrust)법

(1) 셔먼법(Sherman Act)

셔먼법(Sherman Act)[2]은 1890년에 제정된 역사상 최초의 경쟁법
이다.

셔먼법 제1조에서는 "州間 혹은 외국과의 거래(trade) 또는 통상
(commerce)을 제한하는 모든 계약(contract), 트러스트나 기타 형태
에 의한 결합(combination) 또는 공모(conspiracy)는 위법이다. 여기
서 위법으로 선언된 계약을 체결하거나 결합 또는 공모에 참가하는
모든 자는 중죄(felony)를 범한 것으로 간주되며, 유죄로 결정되면
법인의 경우 1억 달러 이하의 벌금, 자연인의 경우 100만 달러 이
하의 벌금 혹은 10년 이하의 징역에 처하거나 이를 병과할 수 있
다"고 규정한다.

또한 셔먼법 제2조에서는 "독점화하거나, 독점화를 기도하거나
혹은 독점화하기 위해 타인과 결합이나 공모를 하는 자"에 대한 처
벌을 규정하고 있다. 셔먼법 제2조 '독점화' 위반을 증명하기 위해서
는 원고는 관련시장에서 독점력을 가지고 있는 피고가 단독행위를
통해서 그 관련시장에서의 독점력을 유지 혹은 강화함으로써 경쟁

---

2) 셔먼법은 미국경쟁법체계의 효시이자 근간이 되는 법으로 정식명칭은 "위법한
거래제한과 독점으로부터 거래와 통상을 보호하기 위한 법률"(An Act to
Protect Trade and Commerce against Unlawful Restraints and Monopolies)
이다.

폐해를 가져 왔다는 것을 증명해야 한다. 즉, 관련시장에서의 주관적 고의(general intent), 독점력(monopoly power), 단독행위(unilateral conduct), 그리고 경쟁폐해(antitrust injury)라는 구성요건을 증명해야만 한다.

이들 규정에서 볼 수 있듯이 동법의 적용범위는 주간거래 뿐만 아니라 외국과의 대외거래까지도 포함하고, 동법의 위반에 대하여는 벌금은 물론 신체형까지도 예정함으로써 형사상의 범죄로 취급하고 있다.

(2) 클레이튼법(Clayton Act)

클레이튼법(Clayton Act)[3]은 1914년에 제정되었다. 셔먼법은 상거래를 억제하는 관행이 실제(actual)로 발생하고 완성된 경우만을 위법이라고 함으로써 트러스트의 관행을 효과적으로 통제하지 못했었는데 클레이튼법은 이를 보완하기 위하여 제정되었다. 클레이튼법은 셔먼법이 광범위하게 규제하고 있는 것에 부수하여 자유경쟁에 해가 되는 '특정한' 관행을 정의하였다. 이는 법원의 재량을 최소한도로 줄이고 법집행에 있어서 확실성을 추구하기 위한 입법이다.

그 주요내용을 보면 제2조는 가격차별(price discrimination) 등을 금지하고, 제3조에 따라 잠재적인 경쟁제한 또는 독점을 야기하는 배타조건부거래(exclusive dealing)가 금지된다. 클레이튼법 제7조에 따라 주식, 지분 또는 영업재산의 직·간접적 취득에 의한 기업결합은 잠재적인 경쟁제한이나 독점형성을 야기하면 역시 금지되며, 또한 끼워팔기 계약(tying contracts) 등에 관한 특별한 규정을 포함하고 있다.

---

3) 클레이튼법의 정식명칭은 "위법한 제한 및 독점에 대한 기존의 법을 보완하기 위한 법"(An Act to supplement existing laws against unlawful restaints and monopolies and for other purposes)이다.

그리고 클레이튼법 제4(a)조 제1문으로부터 미국경쟁규범들에 대한 위반에 의한 피해자에게 3배의 손해배상청구권이 주어진다.

(3) 연방거래위원회법(Federal Trade Commission Act)

연방거래위원회법(Federal Trade Commission Act)[4]은 새로이 생겨나는 불공정 상거래관행에 대하여 행정부서가 즉시 대응할 수 있도록 하고자 제정되었다. 즉 연방거래위원회법은 경제적 전문지식을 가진 행정기구로서 행정적 권한 외에 준사법적 권한과 준입법적 권한을 가지는 독립규제위원회로서 연방거래위원회의 설치근거가 되며, 특히 연방거래위원회법 제5조에 따라 주간 또는 외국과의 경제교류에 영향을 주는 불공정한 경쟁방법은 금지된다.

소비자와 경쟁자의 보호를 주목적으로 하는 연방거래위원회법 제5조에서는 영업상 또는 영업에 영향을 미치는 "불공정한 경쟁방법(unfair methods of competition)"과 "불공정하고 기만적인 행위 또는 관행(unfair and deceptive acts or practices)"은 불법이라고 규정하고 있다. 연방거래위원회법 제5조가 적용되는 "불공정한 경쟁방법(unfair methods of competition)"을 구성하는 행위는 셔먼법이나 클레이튼법 위반행위로서, 이는 기본적으로 사업자의 일방적인 행위에 의한 끼워팔기나 배타적 거래, 말살적 가격형성, 가격차별 등이 경쟁제한적 효과를 가져오는 경우가 해당된다.

이밖에 소비자의 이익을 침해하는 오인유발행위 등은 "불공정하고 기만적인 행위 또는 관행(unfair and deceptive acts or practices)"에 해당하게 되며, 구체적으로는 상품의 출처 또는 품질, 내용, 성

---

4) 연방거래위원회법은 그 정식명칭이 "연방거래위원회(FTC, Federal Trade Commission)를 창설하고 그 권한과 의무를 정하는 등을 위한 법"(An Act to criate a Federal Trade Commission, to define its powers and duties and other purposes)으로, 1914년 클레이튼법과 함께 셔먼법을 수정, 보완하기 위하여 제정되었다.

분이나 효능, 가격 등에 관한 허위표시; 다른 사업자의 것과 동일하거나 유사한 영업상의 명칭이나 표장 혹은 디자인 표절; 부정확한 라벨이나 표지의 사용; 기만적인 유인전술; 소비자의 오인을 유발하는 설명; 기만적인 수금관행; 상품판매에 있어서의 경품이나 도박적 수단사용 등이 해당된다.

2. EU의 경쟁제한금지규정

EU의 경쟁제한금지규정의 근거는 EU기능조약(TFEU)이다. EU기능조약은 1957년 3월에 체결되고, 1958년 1월 1일부터 발효되었다. EU의 경쟁제한금지 규정 중 가장 중요한 것은 EU기능조약 제101조와 제102조이다.

(1) EU기능조약 제101조

경쟁제한적 합의와 공동행위(카르텔)금지를 위한 EU기능조약 제101조는 다음과 같이 규정한다.

"① 다음의 행위들은 공동체시장과 양립할 수 없는 것으로 금지되어야 한다:

회원국 간의 무역에 영향을 미칠 수 있고 그 목적 또는 효과로써 공동시장 내에서 경쟁을 방해, 제한 또는 왜곡할 목적 또는 효과를 갖는 사업자간의 모든 합의, 사업자 단체에 의한 결정 및 공동행위,

　(a) 직접 또는 간접적으로 구입이나 판매가격 또는 여타 거래조건을 고정하는 것;

　(b) 생산, 시장판로, 기술개발, 또는 투자를 제한하거나 통제하는 것;

　(c) 시장 또는 공급원을 배분하는 것;

　(d) 다른 거래당사자와의 동등한 거래에 상이한 조건(거래조

건 차별)을 적용함으로써 동 거래당사자를 경쟁적으로 불이익
에 처하게 하는 것;

(e) 계약의 특질(성질) 또는 상관습에 비추어 계약의 목적과
관계가 없는 부가적 의무를 타방 당사자가 수락하는 것을 조
건으로 계약을 체결하는 것.

② 본 조에 따라 금지되는 합의 또는 결정은 자동적으로 무효
이어야 한다.

③ 그러나 제1항의 규정은 다음의 경우에 적용될 수 없는 것으
로 선언될 수 있다:

상품의 생산 또는 유통을 향상시키거나 기술 또는 경제적 진보
를 촉진하는데 기여하면서, 소비자에게 그 결과적 이익의 공평한
몫을 허용하는 것으로:

(a) 관련 사업자에게 이들 목적의 달성에 필수불가결하지 않
은 제한을 부과하지 않고;

(b) 이러한 사업자에게 해당 상품의 상당 부분에 관하여 경쟁
을 제한할 가능성을 부여하지 않는

- 사업자간의 합의 또는 합의와 유사한 행태
- 사업자 단체에 의한 결정 또는 결정과 유사한 행태
- 공동행위 또는 공동행위와 유사한 행태"

(2) EU기능조약 제102조

시장지배적 지위의 남용행위금지를 위한 EU기능조약 제102조는
다음과 같이 규정한다.

"공동체시장 내에서 또는 공동시장의 상당부분에서 또는 하나이
상의 사업자에 의한 지배적 지위의 남용은 동 남용이 회원국간의
무역에 영향을 미칠 수 있는 한 공동시장에 양립불가능한 것으로
금지되어야 한다.

이러한 남용은 특히, 다음의 행위에 존재할 수 있다:

(a) 불공정한 구매 또는 판매 가격 또는 다른 불공정한 거래 조건을 직접 또는 간접적으로 부과하는 것;

(b) 소비자에게 불리하게 생산, 시장판로 또는 기술개발을 제한하는 것;

(c) 다른 거래당사자와의 동등한 거래에 상이한 조건을 적용함으로써, 동 거래당사자를 경쟁적 불이익에 처하게 하는 것;

(d) 계약의 특질(성질) 또는 상관습에 비추어 계약의 주제와 관련없는 부가적 의무를 타방 당사자가 수락하는 조건으로 계약을 체결하는 것"

EU조약 제102조에 의해 시장지배적 사업자의 남용행위로써 금지되는 행위는 거래거절, 차별적 취급, 약탈가격책정, 배타조건부거래, 결합판매, 생산·판매 또는 기술개발제한, 거래가격 내지 거래조건의 남용 등이 있다.

Ⅳ. 부당한 공동행위의 금지

1. 개 념

부당한 공동행위란 사업자가 계약, 협정, 결의 등의 방법으로 다른 사업자와 공동으로 상품 또는 용역의 가격, 거래조건, 거래량, 거래상대방 또는 거래지역 등을 제한하는 행위를 말하며, 일반적으로 카르텔(cartel) 혹은 담합이라고 한다.

부당한 공동행위는 시장에서 경쟁을 통하여 결정되는 가격이나 공급량 등 경쟁조건을 사업자들이 담합을 통하여 인위적으로 결정함으로써 시장경제의 기본원리인 경쟁메커니즘의 작동을 근원적으로 봉쇄하는 행위이므로 경쟁저해 효과가 대단히 크다. 부당한 공동행위가 존재하는 경우 경쟁해야 할 사업자들이 합의를 통해 독점 사업자와 같은 시장지배력을 형성함으로써 독점이윤을 향유하게 된다. 부당한 공동행위에 참가한 사업자는 안정적인 이익을 확보할 수 있으므로 추가적인 기술개발이나 원가절감 등의 노력을 하지 아니하고, 이로 인하여 발생하는 비효율은 결국 소비자에게 전가된다.

따라서 공정거래법 제40조 제1항에서는 "사업자는 계약·협정·결의 기타 어떠한 방법으로도 다른 사업자와 공동으로 부당하게 경쟁을 제한하는 행위를 할 것을 합의하거나 다른 사업자로 하여금 이를 행하도록 하여서는 아니 된다"고 규정함으로써 부당한 공동행위를 금지하고 있다.

2. 합의의 존재

(1) 합의의 의의

부당한 공동행위가 성립하려면 계약, 협정, 결의 기타 어떠한 방법으로든지 사업자간에 공동행위를 하기로 하는 합의가 있어야 한다. 부당한 공동행위를 인정하기 위한 합의는 계약, 협정 등과 같은 명시적 합의뿐만 아니라 사업자간의 양해와 같은 묵시적 합의까지 포함한다.

어느 한 쪽의 사업자가 당초부터 합의에 따를 의사도 없이 진의 아닌 의사표시에 의하여 합의한 경우라고 하더라도 다른 쪽 사업자는 해당 사업자가 합의에 따를 것으로 신뢰하고 해당 사업자는 다른 사업자가 위와 같이 신뢰하고 행동할 것이라는 점을 이용한 경우에는 해당 합의가 경쟁을 제한하는 행위가 되는 것은 마찬가지이다. 따라서 진의 아닌 의사표시라 하여 부당한 공동행위의 성립에 방해가 되는 것은 아니다.

합의는 일정한 거래분야나 특정한 입찰에 참여하는 모든 사업자들 중에서 일부의 사업자들 사이에만 이루어진 경우에도 성립될 수 있다.

(2) 합의의 추정

부당한 공동행위에 대한 규제가 강화되면서 사업자간의 합의는 명시적으로 드러나지 않거나 증거를 남기지 않고 암묵리에 이루어지기 때문에 '합의의 존재'를 입증하기가 용이하지 않다. 이런 점을 감안하여 법 제40조 제5항에 추정제도를 두고 있다. 추정이란 사실관계가 명확하지 않거나 간접적인 사실만 있는 경우 직접적인 사실이 있는 것으로 일단 정하여 그에 따라 법률효과를 발생시키는 것이다. 즉 복수의 사업자들이 법 제40조 제1항 각호에 해당하는 행위를 하고 있는 경우에는 비록 그리한 행위를 합의한 증거가 없는 경우에도 그러한 행위를 할 것을 합의한 것으로 추정한다.

외형상의 행위가 법 제40조 제1항 각호에 해당하고 일정한 거래분야에서 경쟁을 실질적으로 제한하는 경우 법 제40조 제5항에 의해 부당한 공동행위의 추정이 가능하다. 다만, 단순히 행위의 일치만으로 공동행위를 추정하는 경우에는 상대방이 쉽게 추정을 번복할 수 있기 때문에 추정을 더욱 보강하기 위한 정황증거의 확보가 중요하다.

(3) 합의추정의 복멸

(가) 의 의

법 제40조 제5항에 따라 공동행위의 합의추정을 받는 사업자들로서는 외부적으로 드러난 동일 또는 유사한 행위가 실제로는 아무런 합의 없이 각자의 경영판단에 따라 독자적으로 이루어졌음에도 마침 우연한 일치를 보게 되는 등 공동행위의 합의가 없었다는 사실을 입증하거나, 또는 외부적으로 드러난 동일 또는 유사한 행위

가 합의에 따른 공동행위가 아니라는 점을 수긍할 수 있는 정황을
입증하여 그 추정을 복멸시킬 수 있다.[5]

(나) 행정지도가 개입된 부당한 공동행위

1) 의 의

행정지도란 행정주체가 스스로 의도하는 바를 실현하기 위하여
상대방의 임의적 협력을 기대하여 행하는 비권력적 사실행위(실제
상 지시, 권고, 요망, 주의, 경고 등의 다양한 용어로 시행되고 있다)를
말한다.

행정지도가 부당한 공동행위의 원인이 되었다 하더라도 그 부당
한 공동행위는 원칙적으로 위법하다. 다만 다른 법령에서 행정기관
에게 사업자들로 하여금 가격 등 경쟁요소에 관하여 행정처분을 할
수 있는 구체적 권한을 부여한 경우, 이러한 처분에 따라 사업자들
이 가격 등을 합의한 때에는 공정거래법 제116조(법령에 따른 정당한
행위)[6]에 의해 공정거래법 적용이 제외될 수 있다.

2) 행정기관이 사업자간 합의를 유도하는 행정지도를 한 경우[7]에 대한 법 집행원칙

행정기관이 법령상 구체적 근거 없이 사업자들의 합의를 유도하

───────────────
5) 대법원 2003.12.12. 선고, 2001두5552 판결; 대법원 2005.1.28. 선고, 2002두
   12052 판결.
6) 대법원 1997.5.19. 선고 96누150 판결. "위 조항에서 말하는 법률은 당해 사
   업의 특수성으로 경쟁제한이 합리적이라고 인정되는 사업 또는 인가제 등에
   의하여 사업자의 독점적 지위가 보장되는 반면 공공성의 관점에서 고도의 공
   적규제가 필요한 사업 등에 있어서 자유경쟁의 예외를 구체적으로 인정하고
   있는 법률 또는 그 법률에 의한 명령을 말한다. 위 법령의 범위 내에서 행하
   는 필요최소한의 행위를 법령에 따른 정당한 행위라고 할 것이다."
7) 행정기관이 사업자간 합의를 유도한 것으로 볼 수 있는 사례.
   - 업계의 합의를 거쳐 적정한 수준에서 가격을 인상 또는 인하하도록 행정
     지도한 경우
   - 정부의 공무원과 사업자들이 함께 모인 자리에서 가격 인상폭 등을 합의한
     경우

는 행정지도를 한 결과 부당한 공동행위가 행해졌다 하더라도 그 부당한 공동행위는 원칙적으로 위법하다.[8]

다만, 다음 각 경우에는 법 제116조(법령에 따른 정당한 행위)에 해당하는 것으로 보아 공정거래법을 적용하지 아니한다.

- 다른 법령에서 사업자가 법 제40조 제1항 각호의 1에 해당하는 행위를 하는 것을 구체적으로 허용하고 있는 경우
- 다른 법령에서 행정기관이 사업자로 하여금 법 제40조 제1항 각호의 1에 해당하는 행위를 하는 것을 행정 지도할 수 있도록 규정하고 있는 경우로서, ① 그 행정지도의 목적, 수단, 내용, 방법 등이 근거법령에 부합하고 ② 사업자들이 그 행정지도의 범위 내에서 행위를 한 경우

그 외에의 경우에는 사실상 구속력이 있는 행정지도가 부당한 공동행위의 동인이 된 경우에 한하여 과징금 감경사유가 될 수 있다.

3) 기타 행정지도가 개입된 경우에 관한 법집행 원칙

행정기관이 사업자들에게 개별적으로 행정지도를 한 경우, 사업자들이 이를 기화로 제40조 제1항 각호의 1에 해당하는 사항에 관하여 별도의 합의[9]를 한 때에는 부당한 공동행위에 해당한다.[10]

---

8) 서울고등법원 1992.1.29. 91구2030 판결. "행정지도는 비권력적 사실행위에 불과한 것이어서 그에 따름이 강제되는 것이 아니므로 사업자단체로서는 독자적으로 공정거래법 위반 여부를 판단하여 행동하였어야 할 것이고, 공정거래법의 운영은 행정부 내에 있어서 독립된 지위를 가진 공정거래위원회의 권한으로 되어 있으므로, 가사 원고와 소외회사 간의 위 합의가 상공부의 행정지도에 의한 것이라 하더라도 그것만으로 위법성이 조각된다거나 또는 그 시정을 명함이 금반언의 원칙에 반하여 허용될 수 없다 할 수 없다."; 서울고등법원 2004.5.12. 선고 2003누5817 판결. "농수산물공사가 도매사업자들에게 위탁수수료 내지 장려금에 대한 조건을 직접 결정하거나, 공동으로 결정하도록 지시하였다 하더라도 이는 공정거래법 제58조의 취지 및 관련규정(농수산물유통및가격안정에관한법률)에 따르면 도매시장관리자인 농수산물공사가 도매시장법인의 권한인 위탁수수료 내지 장려금의 요율을 직접 결정하거나 지시할 권한이 없으므로 공정거래법 제58조 소정의 법령에 의한 정당한 행위라고 볼 수 없다."

행정지도에 사업자들이 개별적으로 따른 경우에는 부당한 공동
행위에 해당하지 않는다.[11]

3. 부당한 공동행위 유형

제40조	담합 유형	조항 내용
제1호	가격담합	가격을 결정, 유지 또는 변경하는 행위
제2호	거래조건	상품 또는 용역의 거래조건이나, 그 대금 또는 대가의 지급조건을 정하는 행위
제3호	생산·출고 등 제한	상품의 생산, 출고, 수송 또는 거래의 제한이나 용역의 거래를 제한하는 행위
제4호	시장분할	거래지역 또는 거래상대방을 제한하는 행위
제5호	설비제한	생산 또는 용역의 거래를 위한 설비의 신설 또는 증설이나 장비의 도입을 방해하거나 제한하는 행위
제6호	종류·규격제한	상품 또는 용역의 생산, 거래 시에 그 상품 또는 용역의 종류, 규격을 제한하는 행위
제7호	공동회사의 설립	영업의 주요부문을 공동으로 수행, 관리하거나 수행, 관리하기 위한 회사 등을 설립하는 행위
제8호	입찰담합	입찰과 경매에서 낙찰자, 경락자, 투찰가격, 낙찰가격, 경락가격, 그 밖에 대통령령으로 정하는 사항을 결정하는 행위

---

9) 대법원 2005.1.28. 선고 2002두12052 판결. "원고들이 금융감독원장으로부터 …. 행정지도를 받고 이를 이행하는 과정에서 실무자인 자동차업무부장들 사이에 세부적인 사항에 관한 의견을 교환한 사실을 뒷받침할 뿐 위 행정지도에 앞서 원고들 사이에 위 인상율에 대한 별도의 합의를 하였다거나 또는 위 행정지도를 기화로 위 인상율을 동일하게 하기로 하는 별도의 합의를 하였음을 입증하기에는 부족"하다고 판단.

10) - 행정기관이 가격 인상률을 5% 이하로 하도록 행정지도한데 대해 사업자들이 별도의 합의를 통해 가격 인상률을 5%로 통일한 경우
    - 행정지도 전에 사업자들이 가격인상 정도 등을 합의한 후 행정지도에 공동으로 대응한 경우
    - 사업자들이 개별적으로 행정지도를 받은 후, 별도로 모임을 가지고 행정지도의 수용 여부, 시행절차나 방법 등을 합의한 경우(이 경우에는 합의의 내용 및 성격, 중대성의 정도 등에 따라 위법성 여부가 달라질 수 있다.)

11) 행정기관이 각 사업자의 요금수준을 사실상 인가한 결과 사업자들 간에 가격 기타 거래조건이 유사하게 형성된 경우.

제9호	타사업자 방해, 정보교환	그 밖의 행위로서 다른 사업자(그 행위를 한 사업자를 포함한다)의 사업활동 또는 사업내용을 방해·제한하거나 가격, 생산량, 그 밖에 대통령령으로 정하는 정보를 주고받음으로써 일정한 거래분야에서 경쟁을 실질적으로 제한하는 행위

(1) 가격담합

사업자가 다른 사업자와 공동으로 부당하게 경쟁을 제한하는 "가격을 결정·유지 또는 변경하는 행위"를 할 것을 합의하는 것을 말한다. 이러한 가격담합 행위는 참가사업자에게 직접적으로 이익이 되기 때문에 가장 전형적이고 빈번하게 행해지는 공동행위이다.

'가격'이란 사업자가 거래의 상대방에게 상품 또는 용역을 제공하고 반대급부로 받는 일체의 경제적 대가를 의미하며, 권고가격, 기준가격, 표준가격, 수수료, 임대료, 이자 등 명칭 여하를 불문한다.

가격담합 행위는 경쟁제한적 효과가 가장 강한 것이어서 그 가격결정의 형태에 불문하고 규제대상이 된다. 즉 가격을 '결정·유지 또는 변경'하는 행위에는 가격을 인상하는 행위뿐만 아니라 가격을 인하하거나 현행가격을 유지하는 행위, 최고가격이나 최저가격을 설정하는 행위도 포함된다. 인상률, 할인율, 할증률, 이윤율 등과 같이 가격에 영향을 미치는 요소를 결정·유지·변경하는 행위, 일률적인 원가계산 방법을 따르도록 함으로써 실질적으로 가격을 결정·유지·변경하는 행위 등과 같이 가격에 영향을 미치는 행위도 포함된다.

(2) 거래조건의 결정

사업자가 다른 사업자와 공동으로 부당하게 경쟁을 제한하는 "상품 또는 용역의 거래조건이나 그 대금 또는 대가의 지급조건을 정하는 행위"를 할 것을 합의하는 것을 말한다. '거래조건'이란 상품 또는 용역의 품질, 거래의 장소, 거래의 방법, 운송조건 등과 같이 상품 또는 용역의 거래와 관련된 조건을 의미한다. '대금 또는 대가의 지급조건'이란 지급수단, 지급방법, 지급기간 등과 같이 대금 또는 대가의 지급과 관련된 조건을 의미한다.

따라서 거래조건 공동행위는 가격을 제외한 나머지 거래조건 즉, 상품이나 용역의 거래에 부수하여 제공하는 경품의 제공에 관한 합의, 대금의 지급방법에 관하여 합의하는 행위, 기타 어음기간이나 하자보수기간, 할부거래기간, 제품의 인도조건, 판매장려금의 지급조건 등에 관하여 합의하는 행위를 말한다.

(3) 생산·출고 등 제한

사업자가 다른 사업자와 공동으로 부당하게 경쟁을 제한하는 "상품의 생산·출고·수송 또는 거래의 제한이나 용역의 거래를 제한하는 행위"를 할 것을 합의하는 것을 말한다. 이 공급제한 공동행위는 상품 또는 용역을 시장에 공급하거나 시장에서 수요로 하는 물량을 사업자별로 할당하는 등의 방법으로 직접적으로 제한하는 행위는 물론이고, 시장에 상품 등을 공급하는 방식을 특정회사를 통해서만 공급하는 등의 방법으로 제한하거나, 시장에서 수요로 하는 물량을 조절하는 방법으로 상품 또는 용역의 가격을 유지시키거나 인상하는 공동행위를 말한다. 가동률, 가동시간, 원료구입 여부 또는 비율 등을 제한함으로써 실질적으로 생산·출고·수송을 제한하는 행위도 포함된다.

이와 같은 공급제한 공동행위는 일반적으로 참가사업자간에 이익이 대립하기 쉽고 가격에 미치는 효과도 간접적이기 때문에 가격 공동행위보다 성립이나 유지가 어렵다.

(4) 시장분할

사업자가 다른 사업자와 공동으로 부당하게 경쟁을 제한하는 "거래지역 또는 거래상대방을 제한하는 행위"를 할 것을 합의하는 것을 말한다. 이와 같은 시장분할이 이루어진 경우에는 분할된 시장에서 사업자들이 독점적 지위를 가지게 됨에 따라 가격 공동행위와 함께 경쟁제한성이 큰 것으로 인식되고 있다.

시장분할 공동행위는 공급제한 공동행위보다는 좁은 의미의 공동행위라 할 수 있다. 즉 시장분할 공동행위는 공급제한 공동행위 중에서 거래지역이나 거래상대방을 제한하는 공동행위라는 보다 좁은 의미의 공동행위로서, 주로 시장에서 사업자간에 시장을 분할하려는 의도가 있는 공동행위에 주로 적용된다.

(5) 설비제한

사업자가 다른 사업자와 공동으로 부당하게 경쟁을 제한하는 "생산 또는 용역의 거래를 위한 설비의 신설 또는 증설이나 장비의 도입을 방해하거나 제한하는 행위"를 할 것을 합의하는 것을 말한다. 이 설비제한 공동행위는 생산설비를 제한함으로써 생산량이나 판매량을 제한하게 되고 이로 인하여 가격에 영향을 미치기 때문에 규율대상이 된다.

일반적으로 설비제한 공동행위는 그로 인한 효율성 증대효과도 나타날 수 있기 때문에 합리의 원칙을 적용하여 위법성을 판단하게 된다.

(6) 종류·규격제한

사업자가 다른 사업자와 공동으로 부당하게 경쟁을 제한하는 "상품 또는 용역의 생산·거래 시에 그 상품 또는 용역의 종류·규격을 제한하는 행위"를 할 것을 합의하는 것을 말한다. 이러한 공동행위는 상품이나 용역의 종류 또는 규격을 제한함으로써 간접적으로 상품이나 용역의 가격이나 거래조건을 제한하기 때문에 규율대상이 된다.

그런데 이와 같은 공동행위는 가격이나 거래조건을 직접 제한하는 것은 아닐 뿐 아니라, 이로 인해 가격 등에 영향을 미친다거나 영향을 미칠 수단으로 사용되지 아니 하고 경쟁의 합리화나 소비자이익에 기여하기 위한 것인 경우가 있을 수 있기 때문에 일반적으로는 합리의 원칙을 적용하여 위법성을 판단하게 된다.

(7) 공동회사의 설립

사업자가 다른 사업자와 공동으로 부당하게 경쟁을 제한하는 "영업의 주요부문을 공동으로 수행·관리하거나 수행·관리하기 위한 회사 등을 설립하는 행위"를 할 것을 합의하는 것을 말한다. 다수의 사업자들이 상품 또는 용역의 생산, 판매, 거래, 원자재의 구매, 기타 영업의 주요 부분을 공동으로 수행하거나 관리하는 행위, 이를 위해 회사 등을 설립하는 행위가 포함된다.

(8) 입찰담합

낙찰예정자 또는 경락예정자를 사전에 결정하고 그 사업자가 낙찰 또는 경락받을 수 있도록 투찰여부나 투찰가격 등을 결정하는 행위, 낙찰가격 또는 경락가격을 높이거나 낮추기 위하여 사전에 투찰여부나 투찰가격 등을 결정하는 행위가 포함된다. 다수의 입찰 또는 경매에서 사업자들이 낙찰 또는 경락받을 비율을 결정하는 행위, 입찰 또는 경매에서 사전에 설계 또는 시공의 방법을 결정하는 행위, 그 밖에 입찰 또는 경매의 경쟁요소를 결정하는 행위가 포함된다.

　일반적으로 입찰담합이 이루어지면 통상적으로 경쟁가격보다 높은 가격을 형성하게 되며, 이로 인하여 담합에 참여한 사업자들에게는 안정적인 독점이윤을 누리게 하지만 입찰에 부친 발주자는 담합한 가격과 경쟁가격의 차이만큼 피해를 입게 된다. 즉 민간입찰의 경우에는 중간재나 자본재, 기타 설비의 공급을 목적으로 하게 됨에 따라, 입찰결과가 최종재의 품질과 가격에 중대한 영향을 미치게 되어 발주자와 소비자의 피해를 유발하게 된다. 그리고 공공입찰의 경우에는 그만큼 발주자인 정부기관의 재정손실로 이어져 세금의 낭비를 초래한다.

(9) 타사업자 방해, 정보교환

(가) 타사업자 방해

　영업장소의 수 또는 위치를 제한하는 행위, 특정한 원료의 사용비율을 정하거나 직원의 채용을 제한하는 행위, 자유로운 연구·기술개발을 제한하는 행위 등과 같이 제1호부터 제8호까지에 해당하지 않는 행위로서 다른 사업자의 사업활동 또는 사업내용을 방해하거나 제한하는 행위가 포함된다. 공동행위 참여사업자들이 공동행위에 참여하지 않은 다른 사업자의 사업활동 또는 사업내용을 방해하거나 제한하는 경우뿐만 아니라, 공동행위에 참여한 사업자 자신들의 사업활동 또는 사업내용을 제한하는 경우도 포함된다.

(나) 정보교환

1) 정보교환 부당공동행위의 의미

　기존에는 사업자들이 가격정보를 교환해도 곧바로 담합으로 볼 수는 없다는 것이 기존 대법원의 입장[12]이었다. 2021년 개정법에 의해 "가격, 생산량 등 및 대통령령으로 정하는 정보를 주고받음으

---

12) 대법원 2016.1.14. 선고 2013두26309 판결.

로써 일정한 거래분야에서 경쟁을 실질적으로 제한하는 행위"가 명시적으로 금지되었다(제40조 제1항 제9호). '정보교환'은 '사업자가 직·간접적으로 다른 사업자에게 가격, 생산량 등의 정보를 알리는 행위'를 말한다.

정보를 일간지 등 불특정다수가 자유로이 접근할 수 있는 매체에 공개·공표하는 행위는 위법한 정보교환에 해당하지 않지만, 공개·공표 전에 은밀한 정보교환이 선행된 경우에는 법위반이 될 수 있다. 시행령에서는 정보교환 부당공동행위 금지규정 적용대상 정보를 '상품·용역 원가, 출고량·재고량·판매량, 상품·용역 거래조건 또는 대금·대가 지급조건'으로 규정하고 있다.

2) 정보교환 합의(법 제40조 제1항 제9호)

정보교환 합의는 '경쟁상 민감한 정보'를 교환하기로 하는 의사의 합치가 있는 경우 성립하며, 의사의 합치는 묵시적 또는 암묵적으로 이루어질 수도 있다.

합의가 경쟁을 제한하는지 여부는 가격의 공동인상 및 점유율의 안정화 등 시장상황, 독과점 정도 등 시장의 구조와 상품의 동질성 여부, 행위자들의 시장점유율, 정보의 시제(과거, 현재 또는 미래) 공개여부 등 정보의 특성, 정보교환 기간·횟수 등 교환행위의 양태, 정보교환의 의도 등을 종합적으로 고려하여 판단한다.

경쟁을 제한하더라도 정보교환 합의에 효율성 증대효과가 있고 그 효과의 창출에 정보교환이 필수적이며, 효율성 증대효과가 경쟁제한효과를 상쇄하는 경우는 위법하지 않다.

3) 정보교환에 의한 합의 추정(법 제40조 제5항)

개정법에는 부당공동행위의 추정 조항도 마련되어 ① 가격 등의 합의에 관한 정보교환이 있고, ② 상품·용역의 특성이나 사업자 간 접촉의 횟수·양태 등 제반사정에 비추어 공동행위가 있었던 것으로 볼 수 있는 상당한 개연성이 있을 때에는 위법한 합의가 추정된다(제40조 제5항).

심사지침은 ① 둘 이상의 사업자가 법 제40조 제1항 각호의 행위를 하여 사업자 간 행위의 '외형상 일치'가 있고, ② 외형상 일치에 '필요한 정보의 교환'이 있는 경우 사업자들이 제40조 제1항 각호의 행위를 하기로 합의하였음을 추정하며, ③ 사업자들은 이를 복멸할 수 있다고 설명하고 있다.

'외형상 일치'가 있는지 여부는 가격 등 경쟁변수의 변동률 및 변동시점, 경쟁변수 변동에 따른 구매대체의 정도, 공정거래위원회가 입증하려는 합의의 내용 등을, '필요한 정보의 교환' 여부는 교환된 정보가 경쟁상 민감한 정보인지 여부, 정보가 교환된 시점, 교환된 정보의 내용과 외형상 일치의 내용 간의 유사성 등을 각각 고려하여 판단한다.

외형상 일치가 있더라도 다른 업체의 가격 인상 등을 단순 추종하는 과정(의식적 병행행위)에서 나타난 경우 등 '합의'나 '필요한 정보의 교환'과 무관하다는 점이 입증되면 합의의 추정이 복멸된다.

4. 부당한 공동행위 적용제외 요건

(1) 공정거래위원회의 인가

부당한 공동행위가 불황극복을 위한 산업구조조정, 연구·기술개발, 거래조건의 합리화, 중소기업의 경쟁력향상 중 어느 하나에 해당하는 목적을 위하여 하는 경우로서 대통령령으로 정하는 요건에 해당하고 공정거래위원회의 인가를 받은 경우에는 부당한 공동행위로서 규제를 받지 아니한다(법 제40조 제2항).

(2) 인가될 수 없는 경우

첫째, 해당 공동행위의 목적을 달성하기 위하여 필요한 정도를

초과할 경우;

둘째, 수요자 및 관련 사업자의 이익을 부당하게 침해할 우려가 있는 경우;

셋째, 해당 공동행위 참가사업자간에 공동행위의 내용에 부당한 차별이 있는 경우;

넷째, 해당 공동행위에 참가하거나 탈퇴하는 것을 부당하게 제한하는 경우에는 공정거래위원회는 공동행위를 인가할 수 없다(시행령 제45조 제2항).

(3) 공동행위의 인가절차

공동행위의 인가절차는 ① 사업자 또는 사업자단체의 인가신청서 제출, ② 인가신청 내용 공시, ③ 이해관계인의 의견 수렴, ④ 공정거래위원회의 심의 및 의결의 절차에 따라 이루어진다. 공동행위의 인가를 받은 사업자가 해당 공동행위를 폐지한 경우에는 그 사실을 지체없이 공정거래위원회에 신고하여야 한다(시행령 제46조).

5. 금지위반의 효과

(1) 시정조치

부당한 공동행위를 한 사업자에 대해서는 해당 위반행위를 시정시키기 위한 조치가 취해진다. 따라서 공정거래위원회는 부당한 공동행위의 금지규정을 위반하는 행위가 있을 때에는 해당 사업자에 대하여 해당 행위의 중지, 시정명령을 받은 사실의 공표 기타 시정을 위한 필요한 조치를 명할 수 있다(법 제42조). 이 시정조치는 공정거래위원회가 일정한 절차를 거쳐 심의·의결하여 의결서로 행하게 된다. 공정거래위원회가 제정한 "시정조치 운영지침"에 따르면 위반행위의 시정에 필요한 경우에는 위반행위에 비례한 범위 내에서 부작위명령 이외에도 작위명령이나 보조적 명령도 가능하다고 밝히고 있다.

(2) 과징금

공정거래위원회는 부당한 공동행위의 금지규정을 위반하는 행위가 있을 때에는 해당 사업자에 대하여 매출액에 100분의 20을 곱한 금액을 초과하지 아니하는 범위 안에서 과징금을 부과할 수 있다. 다만, 매출액이 없는 경우 등에는 40억원을 초과하지 아니하는 범위 안에서 과징금을 부과할 수 있다(법 제43조).

(3) 형 벌

부당한 공동행위의 금지규정을 위반하여 부당한 공동행위를 한 자 또는 이를 행하도록 한 자에 대해서는 3년 이하의 징역 또는 2억원 이하의 벌금에 처한다(법 제124조 제1항 제9호). 징역형과 벌금형은 이를 병과할 수 있다(법 제124조 제2항).

이러한 벌칙 부과는 공정거래위원회가 검찰에 고발하여야 가능하고, 공정거래위원회의 고발이 있어야 공소를 제기할 수 있으므로, 이를 전속고발권이라고 부른다.[13] 공정거래위원회는 공소가 제기된 후에는 고발을 취소하지 못한다. 공정거래법 위반으로 형벌을 가할 경우에는 사업자뿐만 아니라 그러한 위반행위를 행한 행위자, 즉 자연인도 처벌 대상이 된다.

(4) 부당한 공동행위의 사법상 효력과 손해배상

공정거래법 제40조 제4항에서는 부당한 공동행위를 할 것을 약정하는 계약 등이 무효라고 규정하고 있다. 사업자 또는 사업자단

---

13) 공정거래위원회가 고발요건에 해당하지 아니한다고 결정하더라도 감사원장, 조달청장, 중소기업청장은 사회적 파급효과, 국가재정에 끼친 영향, 중소기업에 미친 피해 정도 등 다른 사정을 이유로 공정거래위원회에 고발을 요청할 수 있다. 고발요청이 있는 때에는 공정거래위원회 위원장은 검찰총장에게 고발하여야 한다.

체는 부당한 공동행위로 인하여 피해를 입은 자가 있는 경우에는 해당 피해자에 대하여 손해배상의 책임을 진다. 다만, 사업자 또는 사업자단체가 고의 또는 과실이 없음을 입증한 경우에는 그러하지 아니하다(법 제109조 제1항).

6. 공동행위 자진신고자 감면제도

(1) 의 의

공정거래법 제44조에서 규정하고 있는 공동행위 자진신고자 감면제도(Leniency Program)란 공동행위와 관련된 사실을 자진해서 신고(또는 조사과정에서 협조)한 공동행위 참가기업에 대해 과징금 등 제재조치를 취할 때 그 제재를 면제해 주거나 감경해 주는 제도를 말한다. 공동행위 자진신고자 감면제도는 미국에서 처음 실시된 후 전세계로 파급된 제도이다. 이 제도는 공동행위의 적발을 용이하게 하는 한편 공동행위 참가사업자간에 카르텔을 와해시켜 카르텔을 근절하는데도 목적을 두고 있다.

(2) 공정거래법상 감면제도의 변천

우리나라에서는 감면제도는 부당한 공동행위 감시의 효율성을 제고하기 위하여 1996년 공정거래법 제5차 개정 시에 처음 도입하였다. 그런데 초기의 제도는 감면 요건에 해당하더라도 감면 여부를 공정거래위원회가 재량에 따라 인정할 수 있도록 하고 있어서 신고자나 조사협조자가 자진신고를 할 경우 감면의 여부나 정도를 예측할 수 없었다. 이로 인해 신고를 기피함으로써 활용도가 높지 못했던 것이 사실이다. 이러한 문제점을 해결하기 위해 2001년 제9차 개정 시에 면책대상자의 범위를 증거제공 등의 방법으로 공정거래위원회의 조사에 협조한 자까지 포함되도록 확대하였다.

(3) 내 용

이하 표에서의 시정조치 및 과징금 감면요건은 각 요건이 모두 충족된 경우에 적용된다(시행령 제51조).

과징금 및 시정조치면제	과징금 면제 시정조치 감경 혹은 면제	과징금의 100분의 50 감경 시정조치 감경
공정거래위원회가 조사를 시작하기 전에 신고	공정거래위원회가 조사를 시작한 후에 조사에 협조	공정거래위원회가 조사를 시작하기 전에 자진신고 하거나 공정거래위원회가 조사를 시작한 후에 조사 에 협조
① 부당한 공동행위임을 입증하는데 필요한 증거를 단독으로 제공한 최초의 자일 것[14) ② 공정거래위원회가 부당한 공동행위에 대한 정보를 입수하지 못하였거나 부당한 공동행위임을 입증하는데 필요한 증거를 충분히 확보하지 못한 상태에서 자진신고하였을 것 ③ 부당한 공동행위 관련된 사실을 모두 진술하고, 관련 자료를 제출하는 등 조사가 끝날 때까지 성실하게 협조하였을 것 ④ 그 부당한 공동행위를 중단하였을 것	① 부당한 공동행위임을 입증하는데 필요한 증거를 단독으로 제공한 최초의 자일 것 ② 공정거래위원회가 부당한 공동행위에 대한 정보를 입수하지 못하였거나 부당한 공동행위임을 입증하는데 필요한 증거를 충분히 확보하지 못한 상태에서 조사에 협조하였을 것 ③ 부당한 공동행위와 관련된 사실을 모두 진술하고, 관련 자료를 제출하는 등 조사가 끝날 때까지 성실하게 협조하였을 것 ④ 그 부당한 공동행위를 중단하였을 것	① 부당한 공동행위임을 입증하는데 필요한 증거를 단독으로 제공한 두 번째의 자일 것 ② 첫 번째 자진신고자등이 자진신고하거나 조사 등에 협조한 날부터 2년 이내에 자진신고하거나 조사등에 협조했을 것 ③ 부당한 공동행위와 관련된 사실을 모두 진술하고, 관련된 자료를 제출하는 등 조사가 끝날 때까지 협조하였을 것 ④ 그 부당한 공동행위를 중단 하였을 것

---

14) 공동행위에 참여한 2 이상의 사업자가 공동으로 증거를 제공하는 경우에도 이들이 실질적 지배관계에 있는 계열회사이거나 회사의 분할 또는 영업양도의 당사회사로서 공정거래위원회가 정하는 요건에 해당하면 단독으로 제공한 것으로 본다.

다만 앞의 과징금 및 시정조치 감면요건을 충족하더라도 다른 사업자에게 그 의사에 반하여 해당 부당한 공동행위에 참여하도록 강요하거나 이를 중단하지 못하도록 강요한 사실이 있는 경우와 일정 기간 동안 반복적으로 법 제40조 제1항을 위반하여 부당한 공동행위를 한 경우 에는 시정조치와 과징금의 감면을 하지 아니한다 (시행령 제51조 제2항). 또한 시정조치 또는 과징금을 감경 또는 면제받은 자가 그 감경 또는 면제받은 날부터 5년 이내에 새롭게 제40조 제1항을 위반하는 경우에는 제1항에 따른 감경 또는 면제를 하지 아니한다(법 제44조 제2항).

아울러 이러한 자진신고제도를 보다 활성화하기 위해서는 자진신고자에 대한 신원 등의 비밀을 보호해 줄 필요가 있다. 이에 따라 현행 공정거래법 제44조 제4항에서는 공정거래위원회 및 소속공무원으로 하여금 소송수행등 대통령이 정하는 경우를 제외하고는 신원, 제보내용 등 자진신고나 제보와 관련된 정보 및 자료를 사건처리와 관계없는 자에게 제공하거나 누설하지 못하도록 규정하고 있다.

V. 사업자단체의 금지행위

1. 사업자단체의 의의

공정거래법상 "사업자단체"란 그 형태가 무엇이든 상관없이 둘 이상의 사업자가 공동의 이익을 증진할 목적으로 조직한 결합체 또는 그 연합체를 말한다(제2조 제2호).

사업자단체의 기능은 크게 두 가지로 나누어 볼 수 있다. 그중 하나는 내부적인 것으로서 구성사업자간의 친목도모와 정보공유 등의 기능이고, 다른 하나는 외부적인 측면에서 구성사업자의 이익을 도모하기 위해서 관련 입법에 로비를 하거나 정부정책에 이익단체

로서 압력을 가하고 이를 효과적으로 수행하기 위해 언론기관에 홍
보하는 등의 기능을 한다고 볼 수 있다. 압력단체로서의 사업자단
체는 흔히 미국의 경우 특정업종소속기업의 이익을 대변하는 이익
단체로서 주로 의회에 로비활동을 전개하면서 때로는 하나의 커다
란 정치세력으로 등장하기도 하며, 일본의 경우에는 사업자단체가
정부에 대해 보조금지급이나 수입규제강화 혹은 관세 및 비관세장
벽 등을 통한 해당업계에 유리한 보호장치를 마련해주도록 요청하
는 기능이 일상화되어 있다.

이렇듯 사업자단체는 한편으로는 구성사업자의 사업활동이 활성
화될 수 있도록 도움을 준다는 긍정적인 측면이 있으나, 다른 한편
으로는 가격통제나 생산량 조절 혹은 외부로부터의 새로운 시장진
입의 방해 등의 방법으로 경쟁을 제한하는 역기능도 가지고 있다.
이러한 사업자단체의 부정적인 측면을 감소시키기 위해 우리나라에
서는 공정거래법에 사업자단체의 행위에 대한 규제조항(법 제51조)
을 두고 있는 것이다.

2. 사업자단체 금지유형

가격, 수량, 거래조건, 거래상대방의 결정 등 모든 사업활동은
개별 사업자가 스스로의 자유의사에 의해 결정할 때 사업자간의 자
유롭고 공정한 경쟁이 촉진될 수 있다. 따라서 법률에 특별한 규정
이 있거나 법률에 근거한 행정처분 등 명백한 근거가 있는 경우를
제외하고는 사업자단체가 문서·구두 등의 수단과 강요·요청·권
고 등을 통해 구성사업자의 사업활동을 제한하거나 부당하게 구속
하는 행위는 사업자간의 공정한 경쟁을 저해하는 행위로써 원칙적
으로 공정거래법 제51조 제1항의 규정에 위반된다. 이와 같은 위반
행위에는 사업자단체가 구성사업자의 사업활동에 관하여 직접적으
로 구속하거나 구성사업자로 하여금 이에 관한 공동행위를 하게 하

는 행위뿐만 아니라 사업자단체가 타사업자단체 또는 구성사업자
이외의 사업자와 계약체결 등을 통하여 구성사업자의 사업활동을
실질적으로 제약하는 경우도 포함 된다.

구체적으로는 부당한 공동행위를 통한 경쟁을 제한하는 행위(법
제51조 제1항 제1호), 일정한 거래분야에서 현재 또는 장래의 사업자
수를 제한하는 행위(법 제51조 제1항 제2호), 구성사업자(사업자단체의
구성원인 사업자)의 사업내용 또는 활동을 부당하게 제한하는 행위
(법 제51조 제1항 제3호), 구성사업자에게 불공정거래행위 또는 재판
매가격유지행위를 하게 하거나 이를 방조하는 행위(법 제51조 제1항
제4호)가 규정되어 있다.

3. 사업자단체 금지 규정 위반의 효과

공정거래위원회는 사업자단체의 금지행위의 규정에 위반하는 행
위가 있을 때에는 해당 사업자단체(필요한 경우 관련 구성사업자를 포
함)에 대하여 해당 행위의 중지, 시정명령을 받은 사실의 공표 기타
시정을 위한 필요한 조치를 명할 수 있다(법 제52조).

공정거래위원회는 사업자단체의 금지행위의 규정에 위반하는 행
위가 있을 때에는 해당 사업자단체에 대하여 10억원의 범위 안에서
과징금을 부과할 수 있고(법 제53조 제1항), 부당한 공동행위에 참가
한 사업자에 대하여는 매출액에 100분의 20을 곱한 금액을 초과하
지 아니하는 범위 안에서, 그 밖의 행위 유형 위반 사업자에 대하
여는 매출액에 100분의 10을 곱한 금액을 초과하지 아니하는 범위
안에서 과징금을 부과할 수 있다. 다만, 매출액이 없는 경우 등에는
부당한 공동행위 참가자에 40억원, 그 밖의 행위 유형 위반 사업자
에 20억원을 초과하지 아니하는 범위 안에서 과징금을 부과할 수
있다(법 제53조 제2항).

사업자단체의 금지행위 중 부당한 공동행위 위반은 3년 이하의

징역 또는 2억원 이하의 벌금(법 제124조 제1항 제12호), 구성사업자의 사업내용 또는 활동을 부당하게 제한하는 행위 위반은 2년 이하의 징역 또는 1억5천만원이하의 벌금(법 제67조 제3호)에 처한다.

VI. 맺는말

본문에서는 경쟁법의 여러 유형 중 부당한 공동행위를 중심으로 사업자단체의 금지행위까지 살펴보았다. 앞서 보았듯이 경쟁법의 규정 대상은 이밖에도 시장지배적 지위 남용행위 금지와 불공정거래행위 금지, 부당한 기업결합의 금지 등도 있으나 지면관계상 생략하였다.

셔먼법 제1조, EU기능조약 제101조에서 볼 수 있는 바와 같이 해외 입법례를 보더라도 부당한 공동행위, 특히 가격에 관한 부당한 공동행위는 가장 경쟁제한적인 폐해가 크고, 거래상대방 내지 소비자에 큰 피해를 주기 때문에 강력한 제재가 수반된다.

또한 세계 각국의 경쟁법은 역외적용(域外適用, extraterritorial application)이 이루어지고 있다. 예를 들면 우리나라 공정거래법은 제3조에서 "국외에서 이루어진 행위라도 그 행위가 국내 시장에 영향을 미치는 경우에는 이 법을 적용한다"고 하여 명시적인 역외적용 규정을 두고 있다. 우리나라와 같은 명시적인 역외적용 규정을 두지 않은 국가라도 자국의 경쟁법을 자국의 영토 밖으로 적용하는 것이 일반적인 현상이 되어 가고 있다. 따라서 외국 기업들이 외국에서 담합행위를 한 경우라도 그 행위의 효과가 우리나라에 미치면 우리나라 공정거래법 제3조를 근거로 공정거래법 제40조를 적용하게 되고, 반대로 우리나라 기업들 간의 행위가 특정한 외국에 영향을 미친다면 그 국가는 자국의 경쟁법을 적용하여 우리나라 기업에 제재를 가하게 된다.

전 세계를 상대로 거래를 하는 기업이라면 우리나라 경쟁법뿐만 아니라 외국 경쟁법의 저촉여부도 예의 주시하여야 하며, 법적 분쟁에 휘말리지 않도록 유의하여야 할 것이다.

02 해운산업과 경쟁법

윤세리* · 김규현** ***

Ⅰ. 들어가며

경쟁법은 경쟁을 촉진하기 위하여 시장에 적용되는 법이므로 그 적용대상인 시장의 구조와 특성에 맞추어 적용되어야 한다. 각 산업의 시장은 시장이라는 측면에서 공통성이 있지만 해당 산업의 구조와 특성에 따라서 특수성도 있기 때문이다. 그러므로 해운산업에 경쟁법을 적용할 때는 해운산업의 특성을 고려하여 경쟁을 촉진하는 방향으로 적용하여야 할 것이다.

경쟁법적 관점에서 볼 때 해운업의 특징은 해운업은 국경을 넘

---

 * 법무법인(유) 율촌 명예대표변호사.
 ** 법무법인(유) 율촌 변호사.
*** 이 원고의 작성에는 법무법인(유) 율촌의 이은비, 이태희 변호사의 도움을 많이 받았다.

나드는 바다에서 영위되는 사업이므로 관련지역시장이 대체로 국제
적 성격을 띤다는 점이다. 그리고 해운업은 대규모 선박과 시설 및
그 운용에 필요한 자본과 축적된 전문적 인력 및 기술을 요하는 산
업으로서 평화 시에는 필수적 물품의 공급망을 구성하고 전시(戰時)
에는 해군력의 일부를 구성하거나 뒷받침하는 긴요한 역할을 하는
기간산업이요 전략산업이다. 따라서 해운업은 단순한 경제적 역할
외에 국가안보에 중대한 영향을 미치는 산업이라고 할 수 있다. 그
렇다면 해운업에 경쟁법을 적용할 때는 이러한 경쟁법 외적 요소도
고려하여야 할 것이다. 아래에서는 이러한 관점에서 해운산업에 경
쟁법을 적용하는 방안을 검토하고자 한다.

II. 해운산업에 대한 공정거래법의 적용

1. 해운동맹과 정기선협약

해운산업은 고가의 선박을 운용하는 사업으로서 투입되는 자본
의 규모가 크고, 수요와 공급의 불균형에 따른 운임의 변동이 큰
데서는 나오는 문제를 극복하기 위하여 전통적으로 선사들 간 공동
행위가 활발하게 이루어져왔다.

선사 간 공동행위의 효시는 일반적으로 1875년 설립된 영국—캘
커타 해운동맹(United kingdom—Calcutta Conference)로 알려져 있으
며[2], 이후 해운동맹(conference), 협의 협정(discussion agreement),
컨소시엄(consortium), 얼라이언스(alliance) 등으로 분화되었다.

초기의 해운동맹은 이미 시장에서 자리잡은 선발 선사들간의 폐
쇄적인 동맹으로 운영되는 경우가 많아, 이에 참여하지 못한 개발
도상국의 후발주자들은 국제해운업 진출이 어려웠다.[3] 이를 타개하

---

2) 길광수, 고병욱, 정기선사의 공동행위에 대한 국제적 규제 동향과 대응방안 연구, 한국해양수산개발원 (2009), p.10.

기 위하여, UN 기구인 유엔무역개발회의(United Nations Conference on Trade and Development, 이하 "UNCTAD")는 1974년 4월 6일 정기선사들의 공동행위를 허용하되 가입과 탈퇴가 자유로운 개방형 동맹으로 운용할 의무를 부과하는 것을 주된 내용으로 하는 '정기선동맹의 행동규칙에 관한 협약'(Convention on a Code of Conduct for Liner Conferences, 이하 "정기선협약" 또는 "Liner Code")을 채택하였다. 정기선 협약은 유엔 회원국들의 가입 등에 따라 1983년 10월 6일자로 발효되었다. 한국도 국제해운업 진출이 늦은 후발국가로서 정기선 협약에 의한 해운업 개발이 필요한 이해당사국 중의 하나라고 할 수 있는바, 정기선 협약은 한국에서도 1983년 10월 22일자로 관보에 공포되어 국제조약으로서의 효력이 발생되었다.[4]

2. 해운법상 공동행위 허용 조항의 도입

한편, 정기선 협약에 따라 국내법적으로도 정기선사들의 공동행위를 허용하는 입법이 이루어졌는데, 현행 해운법 제29조가 바로 해당 조항이다.

> 제29조(운임 등의 협약)
> ① 외항화물운송사업의 등록을 한 자(이하 "외항화물운송사업자"라 한다)는 다른 외항화물운송사업자(외국인 화물운송사업자를 포함한다)와 운임·선박배치, 화물의 적재, 그 밖의 운송조건에 관한 계약이나 공동행위(외항 부정기 화물운송사업을 경영하는 자의 경우에는 운임에 관한 계약이나 공동행위는 제외하며, 이하 "협약"이라 한다)를 할 수 있다. 다만, 협약에 참가하거나 탈퇴하는 것을 부당하게 제한하는 것을 내용으로 하는 협약을 하여서는 아니 된다.

---

3) 최재수, 「UNCTAD Liner Code의 운명」, 해양한국, 2008, http://monthly maritimekorea.com/news/articleView.html?idxno=2073 (2023. 6. 29. 최종방문)
4) 한국의 정기선 협약의 가입(accession) 일자는 1979. 5. 11.이다. 자세한 것은 외교부의 다자조약 현황(https://www.mofa.go.kr/www/wpge/m3835/contents.do, 2023. 6. 29. 최종방문)을 참고.

② 외항화물운송사업자(국내항과 외국항에서 해상화물운송사업을 경영하는 외국인 화물운송사업자를 포함한다)가 제1항의 협약을 한 때에는 해양수산부령으로 정하는 바에 따라 그 내용을 해양수산부장관에게 신고하여야 한다. 협약의 내용을 변경한 때에도 또한 같다.

③ 해양수산부장관은 제2항에 따른 신고 또는 변경신고를 받은 날부터 2일 이내에 신고수리 여부를 신고인에게 통지하여야 한다.

④ 해양수산부장관이 제3항에서 정한 기간 내에 신고수리 여부 또는 민원 처리 관련 법령에 따른 처리기간의 연장 여부를 신고인에게 통지하지 아니하면 그 기간이 끝난 날의 다음 날에 신고를 수리한 것으로 본다.

⑤ 해양수산부장관은 제2항에 따라 신고된 협약의 내용이 다음 각 호의 어느 하나에 해당하면 그 협약의 시행 중지, 내용의 변경이나 조정 등 필요한 조치를 명할 수 있다. 다만, 제3호에 해당하는 경우에 대한 조치인 때에는 그 내용을 공정거래위원회에 통보하여야 한다.

  1. 제1항 단서 또는 국제협약을 위반하는 경우
  2. 선박의 배치, 화물적재, 그 밖의 운송조건 등을 부당하게 정하여 해상화물운송질서를 문란하게 하는 경우
  3. 부당하게 운임이나 요금을 인상하거나 운항 횟수를 줄여 경쟁을 실질적으로 제한하는 경우

⑥ 제1항에 따라 협약을 체결한 외항화물운송사업자와 대통령령으로 정하는 화주단체는 해양수산부령으로 정하는 바에 따라 운임과 부대비용 등 운송조건에 관하여 서로 정보를 충분히 교환하여야 하며, 제2항에 따른 신고를 하기 전에 운임이나 부대비용 등 운송조건에 관하여 협의를 하여야 한다. 이 경우 당사자들은 정당한 사유 없이 이를 거부하여서는 아니 된다.

해당 조항은 해운법의 전신인 해상운송사업법이 1978. 12. 5. 법률 제3145호로 개정되면서 제7조의2로 처음 도입되었는데, 도입 당시의 조항은 다음과 같았다.

제7조의2 (운임과 요금등의 협약)
① 국내항과 외국항간 또는 외국항간의 선박운항사업자(이하 "외항선박운항사업자"라 한다)는 다른 외항선박운항사업자와 운임 · 요금 · 배선 및 적취 기타 운송조건에 관한 계약 또는 공동행위(이하 "협약"이라 한

다)를 할 수 있다. 이 경우 협약에 참가하거나 탈퇴하는 것을 부당하게 제한하는 것을 내용으로 하는 협약을 하여서는 아니된다.
② 외항선박운항사업자가 제1항의 협약을 한 때에는 지체없이 그 내용을 해운항만청장에게 신고하여야 한다. 협약의 내용을 변경한 때에도 또한 같다.
③ 해운항만청장은 제1항의 규정에 의한 협약의 내용이 심히 부당하다고 인정되거나 선박의 이용자로부터 협약의 내용에 대한 조정의 요청이 있는 때에는 그 협약의 시행의 중지 또는 내용의 변경등 필요한 조치를 하게 할 수 있다.

이후 해상운송사업법이 해운법(법률 제3716호, 1983. 12. 31.)으로 전면 개정되면서 해당 조항은 제29조로 이동하였고, 운임 등에 관한 공동행위의 신고의 수리 주체 변경,[5] 해양수산부장관의 공동행위에 대한 조치권 및 공정거래위원회에 대한 통지, 하주단체와의 협약 절차 신설 등 몇 차례의 개정을 거쳐 현재와 같은 모습을 갖게 되었다.

3. 해운업에 대한 공정거래법 적용 가부

앞서 본 바와 같이 구 해상운송사업법 및 해운법에서는 정기선 협약의 취지를 반영하여 명시적으로 정기선 선사들간의 운임 등에 관한 공동행위를 허용하여 왔다. 그런데 해운법상 공동행위 허용 조항의 입법 이후인 1981. 12. 31. 법률 제3320호로 공정거래법이 제정되어 부당한 공동행위가 금지되면서, 외견상 해운법상 공동행위 허용 조항과의 충돌의 여지가 생기게 되었다.
공정거래법은 최초 제정 당시에는 제47조 제1항[6]에서 특정 사업

---

5) 해운항만청장에서 해양수산부 장관으로 변경되었으며, 해양수산부가 국토해양부로 통합된 시기에는 국토해양부 장관이 수리의 주체였다.
6) 독점규제및공정거래에관한법률(법률 제3320호, 1980. 12. 31. 제정) 제47조(법령에 따른 정당한 행위) ① 이 법의 규정은 특정한 사업에 대하여 특별한 법률이 있거나, 특별한 법률에 의하여 설립된 사업자 또는 사업자단체가 법률 또는 그 법률에 의한 명령에 따라 행하는 정당한 행위에 대하여는 이를 적용

에 대한 특별법이 있는 경우 공정거래법의 적용을 배제하였으나,
해당 조항은 1986. 12. 31. 공정거래법 개정 당시 "특정 사업에 대
한 특별법이 있는 경우"가 삭제되고, "사업자 또는 사업자단체가 법
률 또는 그 법률에 의한 명령에 따라 행하는 정당한 행위"에 대해
서만 공정거래법이 적용되지 않는다는 취지로 개정되었고 그 후로
는 현재까지 큰 변화 없이 공정거래법에 존속하고 있다.

즉, 공정거래법에는 해운업에 대해서 명시적으로 공정거래법 적
용 여부를 규정하는 조항이 없으며, 해운법에도 해운법 제29조에
따른 외항화물운송사업자의 공동행위 외에는 해운업에 대한 공정거
래법 적용 여부를 명시적으로 규정하는 조항은 없는 상황이다.

해운업에 대한 공정거래법 적용 여부에 대해서는 현재까지 대법
원의 판례는 없으나, 공정거래위원회는 후술하는 한−동남아 노선,
한중 노선, 한일 노선에서의 컨테이너 정기선사들 간 공동행위 사
건에서, 정기선 선사들의 공동행위는 공정거래법 제58조의 정당한
행위에 해당할 경우에만 예외적으로 공정거래법의 적용이 배제된다
고 결정하였다(공정거래위원회 2022. 4. 11. 의결 제2022−90호 등 참
조). 특히 공정거래위원회는 해당 사건들에서 선사들의 공동행위가
해운법에 따른 정당한 행위가 되기 위해서는, ① 사전에 화주단체
와 서면으로 협의하고, ② 공동행위의 내용을 해양수산부 장관에게
신고하여야 하며, ③ 선사들의 공동행위로부터의 가입·탈퇴를 제
한하지 않아야 한다는 해운법 제29조의 세 가지 요건을 모두 충족
해야 한다고 하면서 한 걸음 더 나아가 (해운법의 주무부처로서 행정
법상 제1차적 유권해석권이 있는 해양수산부의 유권해석과는 달리) 위 해
운법상 요건들의 충족 여부는 공정거래위원회가 스스로 판단한다는
입장을 밝힌 바 있다.

하지 아니한다.
  ② 제1항의 규정에 의한 특별한 법률은 따로 법률로 지정한다.

그러나 이러한 해석은 외항화물운송사업자가 신고한 협약의 내용이 "부당하게 운임이나 요금을 인상하거나 운항 횟수를 줄여 경쟁을 실질적으로 제한하는 경우" 즉 부당한 공동행위에 해당하는 경우에 해양수산부는 그 협약의 시행 중지, 내용의 변경이나 조정 등 필요한 조치를 명하고 그 조치의 내용을 공정거래위원회에 통보하여야 한다는 해운법 제29조 제5항의 규정에 정면으로 반하는 해석이라고 하겠다. 왜냐하면 해운법 제29조는 명문으로 외항화물운송사업자가 부당한 공동행위를 한 경우에는 해양수산부가 적절한 조치를 취하고 공정거래위원회에는 그 내용만 통보하도록 함으로써 공정거래위원회에 아무런 권한을 부여하지 않고 있기 때문이다. 이 점은 해운법 제29조가 단순한 국내법이 아니라 조약을 국내법화한 것이므로 그 기초가 된 조약의 취지에 비추어 보더라도 명백하다고 할 수 있다. 특히 위 한-동남아 노선 사건에서는 예외적으로 해양수산부가 직접 나서서 동건에 적용된 해운법 제29조의 유권해석을 공정거래위원회에 제시하면서 공정거래위원회의 해운법 제29조 해석의 부당성을 지적하였음에도 불구하고 공정거래위원회는 이를 받아들이지 않았다. 이에 다수의 선사들이 공정거래위원회의 위 의결에 대하여 불복하는 행정소송을 제기한바, 향후 이에 대한 법원의 판결을 지켜볼 필요가 있다.

정기선사간 공동행위에 대하여 공정거래법과 해운법이 어떠한 관계에 있는지 명시적으로 규정하지 않은 한국과는 달리, 일본의 경우 한국의 해운법에 해당하는 해상운송법(海上運送法)에서 해운산업에 대한 경쟁법 적용을 배제하는 명문의 규정을 두고 있다.[7] 즉 일본 해상운송법은 선사들이 공동행위를 할 경우 이를 국토교통대신에게 신고하도록 하고,[8] 이러한 신고가 이루어진 운임 및 요금,

---

[7] 일본 해상운송법 제28조 (사적독점의 금지 및 공정거래의 확보에 관한 법률의 적용제외) 제4호 참조.

기타의 운송조건, 항로, 배선, 적취에 관한 사항을 내용으로 하는 협정, 계약 체결 또는 공동행위에 대해서는 일본의 경쟁법인 사적 독점의 금지 및 공정거래의 확보에 관한 법률(私的独占の禁止及び公正取引の確保に関する法律)의 적용을 배제하고 있다.

미국의 경우 1916년에 해운동맹을 허용하는 해운법(Shipping Act)이 제정되었으며, 이후 몇 차례의 개정을 거친 후 1998년 외항해운개혁법(Ocean Shipping Reform Act of 1998)이 제정되었다. 1998년 외항해운개혁법 역시 원칙적으로 동맹 등 선사간 협정에 대하여 독점금지법 적용면제를 인정하고 있으며(46 U.S. Code § 40307) 이러한 원칙적 적용면제는 1998년 이후 몇 차례 외항해운개혁법의 개정에도 불구하고 여전히 유지되고 있는 것으로 보인다. 다만 미국에서는 선사간의 공동행위를 허용하면서도 선사들의 독점으로 인한 폐해를 방지하기 위하여 선사가 동맹에서 결정한 운임과 달리 특정 화주에 대해서 우대운송계약을 비공개로 체결하는 것을 허용하고 있으며,[9] 선사들의 연방해사위원회(Federal Maritime Commission, FMC) 보고 의무 및 연방해사위원회의 검사 및 처벌이 엄격하게 규정되어 있다.

4. 해운업에 대한 경쟁법 이슈 규제 관할권

해운업에 대해서 실체적 법적으로 공정거래법과 해운법 간 규범의 충돌이 있는 것과 마찬가지로, 해운업에 대한 경쟁법 이슈를 어느 기관이 규제하고 집행하여야 하는지에 대해서도 현행법에서는 명시적인 규정이 없다.

미국의 경우 연방해사위원회가 해운사의 공동행위에 대하여 전속적 관할권을 갖고 있으며,[10] 유럽연합의 경우 별도로 해운산업에

---

8) 일본 해상운송법 제29조의2.
9) 양창호, 컨테이너선 해운경제, 박영사 (2022), p.291.

특화된 경쟁법 집행기구가 없고 유럽연합 차원의 일반 경쟁법 집행
기구인 유럽위원회(European Commission)가 해운업의 경쟁법 이슈
역시 관할하고 있다.

한국에는 미국의 연방해사위원회와 같은 해운사의 공동행위에
대한 별도의 전문 규제기관이 없으므로 해운법 제29조에 따른 외항
화물운송사업자들의 공동행위를 제외한 나머지 분야에서는 유럽의
경우와 유사하게 일반 경쟁법 집행 기관인 공정거래위원회가 경쟁
법 이슈를 관할하고 있는 것으로 파악된다. 해운산업의 기본법인
해운법에도 해운산업에서의 경쟁법 이슈(특히 공동행위)에 대한 별도
의 전문 규제기관에 대한 규정은 없는 상황이다.[11]

해운업계에서는 한국도 미국과 같이 해운 전문 규제기관을 설립
할 필요가 있다는 주장도 있고, 해양수산부에서도 해운시장위원회
(가칭)의 설립을 추진하려는 움직임도 있으나[12] 아직 본격적인 추진

---

10) 46 U.S. Code § 40103 (Administrative exemptions)
   (a)In General. –
   The Federal Maritime Commission, on application or its own motion,
   may by order or regulation exempt for the future any class of
   agreements between persons subject to this part or any specified activity
   of those persons from any requirement of this part if the Commission
   finds that the exemption will not result in substantial reduction in
   competition or be detrimental to commerce. The Commission may attach
   conditions to an exemption and may, by order, revoke an exemption.
   (b)Opportunity for Hearing. –
   An order or regulation of exemption or revocation of an exemption
   may be issued only if the Commission has provided an opportunity for
   a hearing to interested persons and departments and agencies of the
   United States Government.
11) 다만, 해운법 제29조 제5항은 "부당하게 운임이나 요금을 인상하거나 운항횟
   수를 줄여 경쟁을 실질적으로 제한하는" 정기선사간 공동행위에 대해서는 해
   양수산부장관이 협약의 시행 중지, 내용의 변경이나 조정 등 필요한 조치를
   명할 수 있다고 규정하고 있는데, 이를 근거로 정기선사간 부당한 공동행위에
   대해서는 해양수산부가 전문 규제기관으로서의 지위를 갖는다고 해석할 여지
   는 있다. 다만 해당 조항이 공정거래위원회의 관할을 배제하는지에 대해서는
   여전히 입법적으로는 모호한 상태이다.

은 이루어지고 있지 않은 것으로 보인다.

Ⅲ. 해운산업에 대한 공정거래법 적용의 구체적인 사례

이하에서는 해운산업에 대해서 공정거래법이 적용된 구체적인
사례를 살펴보기로 한다. 공정거래법상 규제의 기본축은 시장지배
적 지위 남용 규제, 기업결합 규제, 부당한 공동행위 규제 및 불공
정거래행위 규제로 나눌 수 있으나, 해운업계에 대한 공정거래위원
회의 실제 심결례는 기업결합과 부당한 공동행위가 대부분이므로
이하에서는 이 두 가지에 초점을 맞추어 검토한다.

1. 기업결합 규제 사례

(1) 'P3 네트워크' 설립 관련 기업결합 사건

2013. 6. 국제 해상운송 상위 3개 사업자인 덴마크의 머스크라
인(Maersk Line), 스위스의 MSC(Mediterranean Shipping Company),
프랑스의 CMA-CGM은 'P3 네트워크'라는 합작법인의 설립계획을
발표했다. 3개 회사는 P3 네트워크를 통해 아시아-유럽, 대서양,
태평양 노선을 공동으로 운행할 계획이었다. P3 네트워크의 설립은
국제 해상운송 시장에서 경쟁사업자간의 공동사업을 위한 합작법인
이었기 때문에, 위 3개 노선에 관련된 각국 경쟁당국의 기업결합
승인이 요구되었다.

미국에서는 3개 회사가 2013. 10. 연방해사위원회에 기업결합
신고를 하였고 2014. 3. 기업결합 승인을 받았다. 문제는 중국 상무
부였는데, 중국 상무부는 2013. 12. 기업결합 심사를 개시한 후

---

12) "해양수산부, 해운시장 불공정 행위 감독 '해운시장위원회' 설립 추진(종합)",
연합뉴스, 2021. 1. 25. 기사.(https://www.yna.co.kr/view/AKR20210125148
701530, 2023. 6. 29. 최종 방문)

2014. 6. 17. 기업결합을 금지하는 결론을 내렸다. 이로 인해 머스크라인 등 3개 회사는 P3 네트워크의 출범을 중지한다는 공식 입장을 표명하였다. 한국 공정거래위원회는 2014. 2. 이루어진 기업결합 신고에 따라 기업결합 심사를 하고 있었는데, 위 발표에 따라 기업결합 심사를 중단하게 되었다.

중국 상무부가 기업결합을 승인하지 않은 이유는 다음과 같다. ① 우선, 중국 상무부는 관련시장을 아시아-유럽 루트, 태평양 루트, 대서양 루트를 이용하는 국제 컨테이너 해상운송 서비스 시장으로 보았다. 특히 중국 상무부는 중국 경제에 영향을 주는 아시아-유럽 루트에서의 경쟁제한 효과를 주로 심사하였다. ② 중국 상무부는 관련시장에서 P3 네트워크 설립의 경쟁제한성이 매우 높다고 판단하였다. 해상운송사업이 워낙 자본집약적이고 사업의 위험성이 크기 때문에 선사 간 선박을 공동으로 사용하는 협력사업이 활발하다고 하더라도, 이러한 협력을 넘어 합작법인이라는 매우 견고한 결합체를 만드는 것은 시장의 경쟁을 심각하게 제한할 것으로 판단했다. 특히 P3 네트워크가 설립될 경우 아시아-유럽 루트에서 시장점유율은 46.7%에 이를 것으로 예상되었고, 시장의 집중도를 나타내는 HHI지수도 890에서 2240으로 크게 증가할 것이었다. 따라서 중국 상무부는 P3 네트워크가 이를 설립한 머스크라인, MSC, CMA-CGM 3개 회사의 시장지배력을 높여주고, 다른 경쟁사업자들의 경쟁을 제약하는 결과를 초래할 것이라고 판단했다. ③ 끝으로, 3개 회사는 이러한 경쟁제한효과를 상쇄할 만한 경쟁촉진효과를 입증하지 못했고, 해당 합작법인 설립이 공공의 이익을 위한 것이라는 점도 입증하지 못하였다.

(2) 머스크 라인의 함부르크쥐드 주식 취득 사건(공정거래위원회 2017. 11. 28.자 의결 제2017-358호)

머스크 라인은 위 P3 네트워크의 설립이 실패로 돌아간 후, 2016. 10. 28. 독일의 함부르크쥐드의 지분 100%를 취득하기로 하는 계약을 체결하고, 2017. 4. 24. 공정거래위원회에 기업결합신고를 하였다.

기업결합신고 당시 머스크는 전세계 컨테이너 정기선 운송업 시장에서의 선복량 보유 1위 선사였으며, 함부르크쥐드는 전세계 컨테이너 정기선 운송업 시장에서의 선복량 보유 7위인 사업자였다.

공정거래위원회는 이에 대해 심도있는 분석을 거쳐 조건부로 승인하였는데(공정거래위원회 2017. 11. 28. 의결 제2017-358호), 해당 기업결합의 경쟁제한성 판단을 위해 개별 사업자 단위에 기반한 분석과 컨소시엄[13] 단위 시장점유율에 기반한 분석을 모두 시행하였다. 특히 후자의 경우 컨소시엄 간 및 컨소시엄 내 구성사업자 간의 경쟁제한가능성을 모두 분석하였는데, 공정거래위원회는 컨소시엄 단위 시장 점유율도 함께 고려한 것이 다음과 같은 이유 때문이라고 밝혔다.

· 컨테이너 정기선 운송업자들은 컨소시엄을 통해 더 큰 영향력을 발휘함.
· 이 사건 기업결합으로 당사회사들 사이만 아니라 당사회사들이 소속된 컨소시엄 구성원들과도 연계가 되어 시장지배력이 강화됨
· 컨소시엄의 선박공유로 인한 협조효과 발생 가능성 등

---

13) 여기서 컨소시엄이란 특정 항로에서 컨테이너 정기선 운송업자들 공동으로 기술적·운영적·상업적 합의를 통해 사업상 합리화를 추구하기 위한 목적으로 체결한 계약을 의미함.

공정거래위원회는 경쟁제한성 분석을 위하여 관련 상품시장을 컨테이너 정기선 운송업 시장으로 획정하고, 관련 지역시장은 머스크와 함부르크의 컨테이너 정기선 운송업 활동이 중첩되는 항로들 중 국내 항구와의 연관성을 고려하여 아래의 총 10개 항로로 획정하였다.

① 극동아시아 – 중미 · 카리브해 항로,

② 극동아시아 – 남미 서해안 항로,

③ 극동아시아 – 남미 동해안 항로,

④ 극동아시아 – 북미 항로,

⑤ 극동아시아 – 지중해 항로,

⑥ 극동아시아 – 북유럽 항로,

⑦ 극동아시아 – 인도 아대륙 항로,

⑧ 극동아시아 – 중동 항로,

⑨ 극동아시아 – 오세아니아 항로,

⑩ 극동아시아 – 남아프리카 항로

공정거래위원회는 기업결합 후의 시장 집중도, 단독효과 및 협조효과 등을 종합적으로 고려할 때 이 건 기업결합 신고는 위 관련 시장 중에서 컨테이너 정기선 운송업 시장의 극동아시아 – 중미 · 카리브해 항로 및 극동아시아 – 남미 서해안 항로에서의 경쟁을 실질적으로 제한할 우려가 있다고 판단하였는데, 구체적인 근거는 다음과 같다.

먼저 시장집중도 측면에서 보면, 해당 기업결합 후 운송량 기준으로 결합당사회사(머스크와 함부르크)는 극동아시아 – 중미 · 카리브해항로, 극동아시아 – 남미 서해안 항로에서 아래와 같은 강력한 시장지배적 지위를 확보할 것으로 예상되었다.

· 극동아시아 – 중미 · 카리브해항로: 개별 사업자 단위 33.3%(1
 위), 컨소시엄 단위 54.1%
· 극동아시아 – 남미 서해안 항로: 개별 사업자 단위 37.6%(1위),
 컨소시엄 단위 65.9%

또한 공정거래위원회는 단독효과 측면에서 보면, 이 건 기업결합
으로 단독의 운임 인상 등의 경쟁제한 행위가능성이 높아진다고 판
단하였다. 즉, 함부르크가 속한 컨소시엄 구성원들과 머스크 간 연
계가 형성됨에 따라 머스크의 유력한 경쟁사업자들이 소멸되는 효
과가 발생하고, 결합당사회사의 컨소시엄을 통한 운임인상 등 경쟁
제한행위에 대한 관련시장의 유효한 경쟁압력이 존재하지 않게 된
다는 것이다.

다음으로 협조효과 측면에서 보면, 공정거래위원회는 다음과 같
은 이유로 이 건 기업결합으로 인해 협조효과 발생 가능성이 높아
진다고 판단하였다.

· 결합당사회사의 컨소시엄은 구성원 간 합의로 선복량 배분, 운
 항 일정, 기항지 등을 결정하므로 경쟁사업자들 간의 협조가
 매우 쉬워짐
· 컨소시엄이 구성사업자간 정보교환의 통로가 되어 경쟁적으로
 민감한 정보들까지 교환할 가능성이 있음
· 경쟁사업자 간의 협조를 기반으로 하는 컨소시엄의 특성상 합
 의 준수 여부에 대한 감시 및 위반자에 대한 제재도 쉬워짐

이에 따라 공정거래위원회는 다음과 같은 시정조치를 부과하였다.

- 함부르크는 극동아시아 – 중미·카리브해 항로의 컨소시엄에서 탈퇴하고, 극동아시아 – 남미 서해안 항로의 컨소시엄과의 계약기간 연장해서는 안됨
- 컨소시엄 탈퇴일 및 계약기간 만료일로부터 5년 간 기존 컨소시엄 구성원들이 참여하고 있는 어떠한 컨소시엄에도 가입 금지
- 컨소시엄 내 구성원의 운임 등 민감한 정보를 수취한 경우, 머스크와 함부르크 상호간 뿐만 아니라 다른 구성원에게도 제공 또는 공개 금지
- 컨소시엄 탈퇴일 및 계약기간 만료일로부터 3년이 경과되기 1개월 전까지 동 시정조치의 조기 종료를 요청하는 경우 관련자료 제출 및 사전 협의 의무 부과

해당 사건은 컨테이너 정기선 사업자의 관련시장의 구체적인 획정 방법론을 밝혔다는 점에서 선례로서의 가치가 큰 사건이라고 할 수 있다.

2. 부당한 공동행위 규제 사례

(1) 한 – 동남아, 한중, 한일 항로 컨테이너 정기선사들의 부당한 공동행위 사건

최근 해운업계에서 가장 크게 화제가 된 공정거래법 적용 사례는 공정거래위원회의 컨테이너 정기선사들에 대한 일련의 담합 사건 조사 및 처분이었다. 해당 사건은 2018년 한국목재합판유통협회가 공정거래위원회에 선사들의 담합이 의심된다고 신고하면서 촉발되었는데, 이후 한국목재합판유통협회는 한국해운협회와의 협의 후 신고를 취하하였으나[14] 공정거래위원회는 해당 사건에 대한 조사를 계속하여 2022년 시정조치를 부과하였다.

---

14) "해운업계가 공정위와 맞장 뜬 까닭은", 매일경제, 2021. 6. 29. 기사. (https://www.mk.co.kr/news/economy/9930774, 2023. 6. 29. 최종 방문)

공정거래위원회는 국내외 선사들 및 선사들이 속한 협회가 한－ 동남아 항로, 한일 항로, 한중 항로에서 운임에 대해 합의하고 이를 실행하였다고 판단하였으며, 이를 공정거래법상 부당한 공동행위 및 사업자단체금지행위로 의율하여 시정명령 및 과징금을 부과하였다. 각 항로별 사건의 개요 및 처분의 내용은 다음과 같다.

[한－동남아 항로]

공정거래위원회는 23개 국내외 선사들 및 사업자단체(동남아정기선사협의회)가 2003년 12월~2018년 12월 기간 동안 한－동남아 항로에서 총 120차례 컨테이너 해상 화물운송 서비스 운임에 대해 합의하고 이를 실행하였다고 판단하였으며, 이에 대해 시정명령 및 과징금(총 964억원)을 부과함 (공정거래위원회 2022. 4. 11. 의결 제2022-90호).

[한－일 항로]

공정거래위원회는 14개 국내외 선사들 및 사업자단체(한국근해수송협의회)가 2003년 2월~2019년 5월 기간 동안 한－일 항로에서 총 94차례 컨테이너 해상 화물운송 서비스 운임에 대해 합의하고 이를 실행하였다고 판단하였으며, 이에 대해 시정명령 및 과징금(총 804억원)을 부과함(공정거래위원회 2022. 8. 8. 의결 제2022-204호).

[한－중 항로]

공정거래위원회는 27개 국내외 선사들 및 사업자단체(황해정기선사협의회)가 2002년 1월~2018년 12월 기간 동안 한－중 항로에서 총 73차례 컨테이너 해상 화물운송 서비스 운임에 대해 합의하고 이를 실행하였다고 판단하였으며, 이에 대해 시정명령만을 부과함 (공정거래위원회 2022. 8. 29. 의결 제2022-220호).

위 세 사건에서는 각 사건별로 세부 쟁점들도 있으나, 여기에서

는 세 사건에서 공통적으로 다투어졌던 쟁점인 공정거래법 적용제
외 이슈에 대해서 주로 살펴보기로 한다.

선사들은 세 사건에서 공통적으로 (i) 해운법 제29조 제1항에서
공동행위를 명시적으로 허용하고, 같은 조 제5항에서 공동행위가
부당하게 경쟁을 실질적으로 제한할 경우 해수부가 이에 대해 조치
하도록 규정하여 자기완결적으로 경쟁제한 행위를 규제하고 있으므
로, 공정거래법이 적용될 여지가 없고, (ii) 설령 공정거래법이 적용
되더라도, 본 건에서 선사들은 해운법 제29조의 적용 요건을 모두
갖추었으므로 구 공정거래법 제58조가 적용되어 공정거래법 적용이
면제된다는 점을 주로 주장하였다.

특히 (ii)와 관련하여, 선사들은 크게 두 가지 주장을 폈는데, 첫
째는 해운법 제29조 제1항에 따라 공동행위가 허용되기 위한 실체
적 요건은 참가·탈퇴를 부당하게 제한하지 않을 것 하나뿐이고,
해수부 장관에 대한 신고 및 화주단체와의 협의는 절차적 의무에
불과[15]할 뿐이어서 설령 이를 위반하였더라도 해운법 제29조 제1항
에 따른 공동행위로서 공정거래법 적용 면제 대상이 된다는 주장이
고, 둘째는 해운법 제29조 제1항에 따라 허용되는 공동행위의 요건
이 공정거래위원회 주장과 같이 세 가지 요건(후술하는 공정거래위원
회 입장 참조)이 맞다고 하더라도, 선사들은 이를 모두 준수하였다는
주장이었다.

이에 대해서 공정거래위원회는, 해운법 제29조에서 공동행위를
허용한다는 점은 인정하면서도, 해운법상 공동행위가 허용되기 위
해서는 세 가지 요건, 즉 (i) 해수부에 대한 신고, (ii) 화주단체와의
협의, (iii) 가입·탈퇴의 자유가 구비되어야 하며, 이 세 가지 요건

---

15) 해수부 장관에 대한 신고의 불이행에 대해서는 해운법상 과태료 부과 처분만
    가능하고, 화주단체와의 협의를 누락한 경우에 대해서는 별도의 제재가 규정
    되어 있지 않음.

이 모두 구비되어야 비로소 구 공정거래법 제58조에 따라 공정거래
법 적용이 면제된다는 입장이었다. 공정거래위원회는, 선사들이 합의
내용을 전부 신고하지도 않았으며, 화주단체와의 협의도 제대로 이
행하지 않았고 합의 이행 준수를 감독하는 등 가입·탈퇴의 자유도
제한되었으므로 공정거래법 적용이 면제되지 않는다는 입장이었다.

그런데 해운법 제29조에 따른 공동행위가 허용되기 위한 요건이
무엇인지에 대해서는 판례도 없고 참고할 문헌도 찾기 어려워, 이
사건에 대해 현재 진행 중인 행정소송이 향후 중요한 해석의 참고
자료가 될 것으로 예상된다. 해운법 제29조는 조약인 정기선 협약
을 국내법화한 것이어서 다른 현행 법령에서는 유사한 입법례를 찾
아보기 어려운 조항으로, 공정거래위원회의 사전 또는 사후 통제
절차 없이 명문(明文)으로 공동행위를 허용하는 거의 유일한 조항이
기 때문에, 공정거래위원회가 주장하는 항공사업법[16] 등 다른 산업
규제법의 해석례는 참고하기 어렵다고 생각된다.

특히 향후 행정소송에서 주로 쟁점이 될 것으로 예상되는 사항
은 다음과 같다.

· 해운법 제29조에 따른 절차적 의무사항(해수부 장관 신고, 화주
단체와의 협의)이 공동행위의 적법 요건인지, 아니면 단순 절차적 의
무사항으로서 공동행위의 적법·위법 여부를 결정하는 요건은 아닌
지 여부. 또한 이에 따른 후속 쟁점으로는, 해운법 제29조에 따른
적법한 공동행위인지 여부를 판단하는 권한은 해수부와 공정거래위
원회 중 어느 쪽이 가지고 있는지 및 해양수산부가 문제가 없다고

---

16) 항공사업법 제15조 제1항은 항공운송사업자간 공동행위라고 할 수 있는 공동
  운항협정 등 운수에 관한 협정 또는 운항일정·운임·홍보·판매에 관한 영
  업협력 등 제휴에 관한 협정을 체결하는 경우 국토교통부장관의 사전 인가를
  받도록 하고 있으며, 같은 조 제4항은 국토교통부장관이 인가 전 미리 공정거
  래위원회와 협의하도록 규정하고 있어, 해운법과는 규제의 체계가 다르다.

판단하여 별다른 제재조치를 하지 않은 공동행위에 대해서 공정거래위원회가 해운법 제29조의 요건을 미충족했다고 판단하여 공정거래법 적용을 할 수 있는지 등.

· 선사들이 운임회복(Rate Restoration)을 공동행위로서 신고한 경우, 운임회복의 목표 달성을 위해 그보다 낮은 범위에서 최저운임(Agreed Minimum Rate, AMR) 및 기타 부대운임에 대해서 부속 합의를 한 것은 RR 합의 이행을 위한 후속적 합의에 불과하므로 별도의 신고가 필요 없는 것인지 아니면 별개 합의이므로 별도의 신고 및 화주단체와의 협의가 필요한지 여부

(2) 자동차 해상운송 사업자간 담합사건

공정거래위원회는 2017년 니혼유센(Nippon Yusen) 등 9개의 다국적 완성자동차 해상운송 사업자들이 글로벌 입찰에서 구 공정거래법 제19조 위반의 담합행위를 하였다는 이유로 시정명령 및 과징금을 부과하고 형사 고발을 하였다(공정거래위원회 2017. 9. 1. 의결 제2017－293호).

문제가 된 행위는 선사들이 서로 기존의 계약을 '존중(respect)'하기로 한 행위였다. 과거부터 선사들 간에는 기존 계약 선사를 존중하여 각자 기존 운송노선에서 계속 운행할 수 있도록 하자는 공감대가 있었고, 2002. 8. 26. 선사 고위급 회담에서 주요 선사들은 타사 계약 화물을 존중하고 침범하지 않는다는 합의에 이르게 되었다. 이후 9개의 자동차 선사들은 운송 노선별로 지금까지 계약을 체결해온 선사가 앞으로도 계속 낙찰을 받을 수 있도록 ① 입찰에 참여하지 않거나(No Service), ② 일부러 고가의 운임으로 투찰하는 방식(High Ball)을 통해 기존 계약 선사를 존중하였다.

공정거래위원회는 이를 구 공정거래법 제19조 제1항 제4호의 '거래지역 또는 거래상대방을 제한하는 행위'라고 보았다. 공정거래

위원회는 이 사건의 관련시장을 각 항로별 완성자동차 해상운송서
비스 시장으로 보았고, 선사들이 서로를 존중하는 합의 및 그 합의
의 실행이 서로 상대방의 시장에 진입하지 않기로 하는 합의로서
실질적인 경쟁을 제한하는 부당한 공동행위라고 판단했다. 이에 따
라 공정거래위원회는 9개 선사에 대해 완성자동차 해상운송서비스
와 관련된 거래지역이나 거래상대방을 공동으로 제한하는 행위 및
관련 정보 교환행위를 금지하는 시정명령을 내림과 동시에, 니혼유
센(41.5억 원), 유코카캐리어스(13.9억 원), 쇼센미쓰이(168.6억 원),
카와사키키센(128.2억 원), 발레니어스 빌헬름센 로지스틱스 에이에
스(41.2억 원), 니산센요센(12억 원), 콤빠니아 수드 아메리카나 데
바뽀레스 에스에이(6.8억 원), 이스턴 카라이너(2.6억 원) 등 8개 선
사에 각 과징금을 부과하였다.

(3) 유럽위원회의 컨테이너 정기선사 조사 관련 사건

앞서 살펴본 바와 같이 국제 해운시장에는 일종의 국제카르텔인
정기선 해운동맹(Liner Shipping Conference)이 존재해왔고, 이러한
정기선동맹은 각국의 경쟁법 적용대상에서 제외되어 왔다. 이러한
정기선 동맹은 규칙적이고 반복적으로 이루어지는 정기선 서비스의
특수성에 기인한 것으로 정기선사 간 과당경쟁을 방지하고 항로의
질서를 유지하는 것을 목적으로 한다.

그러나 EU는 2008. 10. 해상운송 서비스 시장의 경쟁을 촉진함
으로써 운임은 낮추고 질을 높인다는 목적으로 정기선동맹에 대하
여 경쟁법을 적용하기로 정책을 변경하였다. 이에 따라 2008. 10.
18.부터 운임 및 선복량을 통제하는 목적의 해운동맹 행위는 일체
금지되었고, 정기선사의 컨소시엄은 2010년까지 경쟁법 적용 일괄
면제 정책을 유지하기로 하되 그 이후로는 경쟁법이 적용되도록 하
였다. 이와 관련하여, 일각에서는 중소 정기선사들의 해운동맹 행위

가 금지됨으로써 국제 정기선 시장에서 EU의 대형 정기선사의 시장지배력이 강화되었다는 비판도 있었다. 실제로 머스크, MSC, CMA-CGM은 2006년에서 2008년 사이에 공격적인 영업전략과 확장적 투자정책으로 시장지배력을 키워가는 상황이었다.

이처럼 EU의 해운동맹 관련 정책이 변경되면서 EU 경쟁당국은 정기선사의 공동행위를 규제할 수 있게 되었다. 이에 따라 2021. 1. 23. 유럽화주협회(ESC)와 유럽 포워더단체(CLECAT) 등은 정기선사의 컨테이너 운임 급등에 관한 EU 집행위원회(EC)의 조사를 요구하였다. 이들은 ① 정기선사들의 결편(缺便) 증가, 정시도착률의 하락 등 서비스 수준이 저하되었고, ② 선사들이 계약상 합의된 수준을 벗어난 고액의 운임을 일방적으로 부과하고 있으며, ③ 일부 항로에서의 운임이 비정상적으로 상승했다는 점을 들어 정기선사들을 조사해야 한다고 밝혔다. 실제로 2020년 하반기부터 미주항로의 운임이 급격히 상승하였고 그러한 변화가 유럽 및 동남아항로까지 영향을 주는 상황이었다. 그러나 EU는 유럽화주협회 등의 요구를 거절했다. EU는 현시점에서 조사를 개시할 계획이 없다고 밝혔고, 추후 필요할 경우 미국, 중국 등 다른 국가의 해운 당국과 협의를 통해 급등 운임에 대해 조사할 용의가 있다는 정도로 사건을 마무리하였다.

(4) 울릉도·독도 여객운송사업자 담합 사건

공정거래위원회는 2014년 울릉도와 독도 사이를 운항하는 4개 운송사업자들이 운항일정, 운임 등에 관하여 부당한 공동행위를 하였다는 이유로 시정명령 및 과징금을 부과하고 형사 고발을 하였다(공정거래위원회 2014. 11. 25. 의결 제2014-259호).

① 4개 선사들은 2012. 8. 모임을 통해 각 선사에 소속된 전체 선박의 운항 시간, 증편 여부, 휴항 여부 등을 공동으로 협의하여

결정했다. 선사들은 매월 2회의 공동 협의를 통해 운항 일정을 결정하기로 하는 '공동 영업 협약서'를 작성했으며, 이에 따라 2012. 9.부터 2013. 6.까지 선박 운항시간 및 운항횟수를 공동으로 통제했다. ② 4개 선사는 2013. 3.부터 2013. 5.까지 관할 항만청에 기존 운임 대비 20~30% 인상한 운임으로 운임 변경 신고를 한 뒤, 2013. 5.부터 2013. 7. 사이에 인상된 운임을 적용하기도 했다.

이에 대하여 공정거래위원회는, ① 운항일정 등 합의에 관하여, 울릉도와 독도를 오가는 항로에서 80%에 가까운 시장점유율을 가진 4개 선사들이 거래량을 통제함으로써 경쟁을 감소시켰고 그로 인해 결국 운임도 증가했다는 점을 들어, 소비자 권익을 침해하는 결과를 초래한 부당한 공동행위라고 보고 ② 여객운임 합의에 대하여도 4개 선사간 경쟁을 회피하고 이윤을 극대화하기 위한 목적 외 다른 이유 없이 운임을 인상하기로 합의하였고, 실제로 운임을 모두 인상시켜 소비자의 권익을 침해한 부당한 공동행위라고 판단했다. 이에 따라, 공정거래위원회는 4개 선사에 대하여 운항일정, 여객운임 등에 관한 공동행위를 금지하는 시정명령을 내렸고, 대아고속행운(700만 원), 제이에이치페리(600만 원), 돌핀해운(2,400만 원), 울릉해운(1,000만 원)에 각 과징금을 부과하였다.

Ⅳ. 마치며

위에서 해운산업에 적용되는 경쟁법의 여러 쟁점들과 이들에 관한 공정거래위원회의 구체적 선례들을 살펴보았다. 해운산업의 중요성에 비하여 아직까지 경쟁법학계나 실무계에서 경쟁법을 적용함에 있어서 해운산업에 충분한 이해가 부족한 것 같아서 아쉬운 느낌을 지울 수 없다. 현재 법원에 계속(繫屬) 중인 한－동남아 항로 정기선사 사건 등의 소송사건을 계기로 이 분야에 대한 심층연구와

동 사건들에 대한 현명한 판결이 나와서 해운산업에서의 경쟁이 활
발해짐으로써 한국의 해운산업의 경쟁력이 강화되고 해운산업도 발
전하여 경제에 더욱 크게 기여하기를 기대한다.

❑ 참고문헌 ❑

길광수, 고병욱, 정기선사의 공동행위에 대한 국제적 규제 동향과 대응방
　　　안 연구, 한국해양수산개발원, 2009.
양창호, 컨테이너선 해운경제, 박영사, 2022.
최재수, 「UNCTAD Liner Code의 운명」, 해양한국, 2008.
"해수부, 해운시장 불공정 행위 감독 '해운시장위원회' 설립 추진(종합)",
　　　연합뉴스, 2021. 1. 25. 기사.
"해운업계가 공정위와 맞장 뜬 까닭은", 매일경제, 2021. 6. 29. 기사.

03 해운법 제29조와 공정거래법 제 58조의 관계와 개선에 대한 연구

김인현 교수*

Ⅰ. 서 론

운임 혹은 가격에 대한 공동행위는 경성 공동행위라고 하여 공정거래법 제19조에 의하여 엄격히 금지된다.[1] 그런데 정기선해운의 경우는 해운법 제29조에서 운임에 대한 공동행위를 허용한다. 다만, 공동행위가 무제한으로 허용되는 것은 아니고 일정한 제한이 있다. 해운법 제29조는 자기완결적인 법규범 체계를 가지고 있다. 원칙적

---

* 고려대 법학전문대학원 명예교수.
1) 본 논문은 필자가 이현균 박사와 공저로 발표한 "정기선해운에 대한 경쟁법 적용과 개선방안", 유통법연구 제17권 제2호(2020), 185면 이하 중에서 해운법 제29조의 운임에 대한 공동행위를 심도있게 집중논의한 점에서 선행연구와 다르다.

으로 운임 등에 대한 공동행위가 허용된다고 한 다음, 폐쇄적인 경우는 허용되지 않는다고 한다. 해운법상 연결되는 규정에 의하면 화주와의 협의, 해양수산부 장관에 대한 신고의무를 부과하고 있다. 해운법 제29조 제5항 3호상 실질적으로 경쟁을 제한하는 경우에 해당하는 경우에는 해수부 장관이 시행중지 등 필요한 조치를 명할 수 있고 공정거래위원장에게 통보를 하도록 하고 있다. 자세한 절차와 처벌규정도 있기 때문에 이것으로 완결적으로 보인다.[2]

그런데 공정거래법 제58조에서는 해운법과 같이 특별법에 따른 정당한 행위에 대하여는 공정거래법을 적용하지 아니한다고 규정하고 있다.[3] 그러므로, 해운법상 화주단체와 협의하지 않았거나, 해수부장관에 신고를 하지 않은 경우와 같은 절차적인 문제가 있는 경우, 부당하게 운임 등을 인상하여 실질적으로 경쟁을 제한하는 경우는 공정거래법 제58조의 정당하지 않은 행위에 해당하여 공정거래법이 직접 적용되는지 다툼이 있다. 그간 해상법 학계에서는 해운법과 공정거래법의 규정이 분명하지 않아서 이를 확실하게 하여 법적 안정성을 가져와야 한다는 지적이 있었다.[4] 현행 규정에 대하여 해운법 제29조는 독립적이어서 공정거래법이 전혀 개입할 수 없다는 입장과 정당하지 않은 경우에는 공정거래법 제58조에 따라 공정거래법이 개입할 수 있다는 입장으로 나누어져 있었다.[5]

---

2) 보험업법이나 항공사업법의 경우는 주무관청의 인가를 득해야만 그때서야 공동행위의 효력이 발생하는 구조인 점에서 해운법처럼 공동행위를 허용하고 일정한 제한을 두는 경우와 다르다. 해운법의 경우와 같이 완결적이지 않고 종속적이다.

3) 제58조(법령에 따른 정당한 행위) 이 법의 규정은 사업자 또는 사업자단체가 다른 법률 또는 그 법률에 의한 명령에 따라 행하는 정당한 행위에 대하여는 이를 적용하지 아니한다.

4) 김인현, "해운동맹 및 유사체제의 독점금지법 위반문제", 해양한국 2006.6., 104면; 이정원, "해운업에 있어 부당공동행위에 관한 연구", 한국해법학회지 제34권 제1호(2012); 김인현·이현균, 전게논문, 209면; 책임연구원 황진회, 해상운임시장의 공정성 및 투명성 제고방안연구, KMI(2011), 125면.

5) 자세한 논의는 이정원, 전게논문. 79면. 공정거래법이 적용되지 않는다는 견해

동남아 정기선사협의회 산하 정기선사들의 운임 공동행위에 대하여 공정위는 2003년부터 2018년까지 15년 동안 정기선사들이 공동으로 운임에 대한 협의와 해양수산부장관에 대한 신고가 미비되었기 때문에 공정거래법을 적용하여 5,000억원이 넘는 과징금을 부과한다는 조사관의 심사보고서가 발표되었다.[6] 이에 위에서 본 논리구조에 따라, 해운업계는 해운법 제29조는 독립적이고 자기 완결적이어서 규제관할권이 없는 공정위가 과징금을 부과하는 것은 잘못이라고 반발하고 나섰다.[7]

정기선사의 공동행위는 19세기말부터 논쟁을 거치면서 존속되어 온 것이다.[8] 정기선사의 수출입화물의 안정적인 운송에 지대한 영향을 미치는 만큼 운임을 일정하게 유지하게 하는 것이 전체 시장에 효용을 증대시킨다는 논리에 따라 동맹(conference)이라는 이름 하에 인정되어왔다.[9] 1980년대 이후 미국은 운임에 대한 공동행위를 완화하는 조치를 취해왔다.[10] 이에 반하여 EU는 운임에 대한 공동행위를 더 이상 허용하지 않지만 선복공급 등 다른 완화된 공동행위는 여전히 허용하고 있다.[11] 대만, 일본, 싱가포르는 우리나라

로는 정진욱, 한국해법학회지, 제33권 제2호(2011), 259면.

6) 동남아 정기선사협의회(이하 동정협)은 2001년 기준 고려해운, 동남아해운, 장금상선, 한진해운, 현대상선, 흥아 등 6개사였고, 2017년 현재 고려해운, 남성해운, 동진상선, 범주해운, 장금상선, 천경해운, 현대상선, 흥아해운, SM상선이었다. 그런데 동정협이 2003년부터 2018년까지 23개 정기선사를 소집하여 한-동남아 항로 컨테이너 해상화물운송서비스의 운임을 공동으로 결정하였고 합의된 운임의 준수를 독려하였다는 이유로 23개 사업자가 피심인이 되었다.

7) 공정거래위원회의 7월 발표 이후 해운업계는 이런 경향을 보인다. 이를 지지하는 일간지의 기사도 많이 보인다.

8) Kendall and Buckley, The Business of Shipping, *Cornell Maritime Press* (2001), p.91.

9) 김인현 · 이현균, 전게논문, 188면.

10) 1984년과 1998년 두 차례의 법률의 개정으로 이루어져왔다. 장기운송계약(service contract)의 허용이 대표적이다. 자세한 논의는 김인현 · 이현균, 전게논문, 195면.

11) 자세한 논의는 김인현 · 이현균, 전게논문, 197면; Andrea Lista, The application of the EC Competition Rules to the Maritime Sector, *Southampton on*

와 같이 운임에 대한 공동행위도 허용한다. 홍콩은 유럽과 같이 운임 및 노선조정에 대한 공동행위는 불허한다. 정기선해운은 국제적인 성격을 가지기 때문에 국제적인 동향을 함께 살펴보아야 한다.[12]

Ⅱ. 해운법 제29조

1. 정기선영업의 특수성과 해운법 제29조의 도입배경

해운법은 해상운송사업자의 사업을 육성하고 질서를 유지할 목적으로 만들어졌다. 해상운송사업자는 정기선사와 부정기선사로 나누어진다. 정기선사는 입출항 일정을 미리 공표하고 화주들의 운송의뢰에 대하여 사실상 이를 거부할 수 없는 자들이다.[13][14][15] 수출입화물의 운송을 위하여 바다에 버스나 지하철과 같은 정기선 제도를 만들어 일정한 시간마다 규칙적으로 운송서비스를 제공한다.[16]

우리나라에서 미국서부를 정기선사가 일정하게 운항한다고 할 때, 1주일에 월요일과 목요일에 출항을 하고 이를 연속으로 하려면 최소한 8척의 선박이 필요하다. 9월 첫 주에 부산항을 출항한 선박이 다시 부산항에 돌아오기까지는 1개월이 소요된다. 그러므로 이

Shipping Law, Informa(2008), 371면 이하가 있다.
12) 정기선사들의 운임에 대한 공동행위에 대한 국제적인 논의는 1974년 정기선 헌장(Liner Code)을 들 수 있다.
13) 김인현, 해상법(법문사, 2020), 228면.
14) 해상운송법(현 해운법)은 제정당시인 1963년부터 이런 규정을 가지고 있었다. 제12조 (운송인수의 의무) 선박운항사업자는 다음의 경우를 제외하고는 정당한 이유없이 여객 또는 화물의 운송을 거절하지 못한다. 1. 당해 운송이 법령의 규정에 위반하거나 선량한 풍속 기타 사회질서에 반할 때 2. 천재·지변 기타 부득이한 사유로 인한 운송상의 지장이 있을 때 3. 당해 운송이 제9조제1항의 규정에 의하여 인가를 받은 운송약관에 적합하지 아니할 때.
15) 1993년 해운법 개정시 제12조의 의무를 여객운송사업자에게 한정하는 것으로 개정되었다. 1999년 이도 삭제되어 해운법에서 사라졌다. 그러나 이는 이런 정기선사가 운송을 거부할 수 없는 의무는 계약상 의무로 완화된 상태로 있다.
16) 김인현, 전게 해상법, 228면.

노선을 운영하기 위해서는 8척의 선박이 필요하다. 최소한 8척의 선박이 마련되고, 정시성을 지키기 위해 컨테이너 부두도 필요하다.[17] 상당한 자본이 투하되어야 한다. 유럽노선을 운영하기 위해서는 12척의 선박이 필요하다.[18] 이러한 선대를 유지하기 위해서는 상당한 고정비용을 지속적으로 부담해야 하는데, 일정한 이윤이 보장되는 운임을 수령하지 못하면 정기선사는 도산되게 될 것이다.[19] 새로운 정기선사의 진입은 쉽지 않다. 또한 대형 정기선사들이 저가 운임 출혈 경쟁을 중소형 정기선사들과 벌이는 경우 중소형 선사들은 생존하기 어렵다. 이 경우 정기선 운송시장이 독과점화 되면 대형 정기선사들이 공급을 조절하면서 운임을 좌지우지할 수 있고 공급서비스를 조절할 수 있다. 이 경우 화주들은 운임인상에 따른 비용부담증가 및 서비스접근성에 제한을 받는 등 제반 피해를 겪게 된다. 다수의 정기선 선사들이 생존하도록 대항카르텔을 허용하여 일정한 범위 내에서 운임경쟁을 하도록 하여 독과점화에 따른 화주들 피해를 막을 수 있도록 한다. 이런 이유에서 정기선사들과 화주, 그리고 정부는 정기선사들이 일정한 운임을 유지하는 것을 허용하는 동맹제도 및 국제조약을 만들게 되었다.

2. 동맹제도 및 정기선헌장

정기선사들은 여러 회사들이 모여서 협조체제를 취하는 자체협약을 체결하는 제도인 동맹(conference)제도를 만들었다. 운임을 일정하게 유지하는 것을 골자로 한다. 이것은 일반적인 경쟁법 관점에서는 경쟁법에 위반되는 것이므로 이를 허용하는 특별법이나 별

---

17) 컨테이너 선사는 정시에 도착하고 출항하는 것이 생명이기 때문에 자신이 소유하거나 사용이 가능한 컨테이너 부두가 없으면 대기를 해야 하므로 영업에 큰 지장을 초래한다. 그래서 대형정기선사는 모두 컨테이너 부두를 소유하거나 사용이 가능한 제도를 구축하고 있다.
18) HMM이 2020년 인도받은 대형 컨테이너선박이 12척인 이유도 여기에 있다.
19) 우리나라만 하여도 2001년 조양상선이 2016년 한진해운이 파산되었다.

도의 제도가 없는 한, 경쟁당국으로부터 예외로 허용받아야 한다.
미국의 해운법은 정기선사들이 운임을 일정하게 유지하는 것을 허
용하는 제도를 도입했다.[20] 다만, FMC라는 정부기구에 사전신고를
하고 승인을 얻도록 했다.[21]

우리나라의 한진해운, 조양상선, 현대상선은 동맹의 회원이었지
만, 현재 운임을 결정하는 동맹은 와해되었기 때문에 이들이 가입한
동맹은 없다.[22] 다만, 동맹이 완화된 형태인 얼라이언스(Alliance)에
가입되어 있다. 얼라이언스는 운임에 대한 공동행위는 하지 않지만,
공동배선, 노선조정, 선복공유 제도 등을 통하여 안정된 운영을 도
모하고 있다. 현재 HMM은 The Alliance의 회원사이다.[23] SM라인
은 머스크라인과 전략적 제휴를 맺고 있다. 이에 반하여 장금상선,
고려해운, 남성해운, 천경해운 등 동남아선사들은 동남아 정기선사
협의회(동정협)라는 운임을 결정하는 연합체를 유지하고 있었다.[24][25]
일본에 기항하는 우리 정기선사들도 운임을 결정하는 연합체를 가
지고 있다.[26]

정기선 헌장(일명 Liner Code)에서는 공동행위에 관한 정기선사들

---

20) 자세한 논의는 김인현·이현균, 전게논문, 195면.
21) 자세한 논의는 김인현·이현균, 전게논문, 195면.
22) 대표적인 동맹으로 "TACA 동맹(Trans-Atlantic Conference Agreement)"과
    "FEFC 동맹(Far East Freight Conference)"이 있었다. 당시 현대상선(現
    HMM)은 FEFC에 가입하여 해운동맹의 회원 지위를 가지고 있었으나. 한진해
    운은 동맹에 가입하지 않았다.
23) 일본의 The One, 대만의 양밍, 독일의 하파크 로이드, 대한민국의 HMM이
    회원사이다. 이외에도 2M과 Ocean Alliance가 있다. Ocean Alliance에는 중
    국의 COSCO, 대만의 Evergreen, 프랑스의 CMA-CGM이 회원사이다.
24) 2019년 현재 고려해운, 남성해운, 동진상선, 범주해운, 장금상선, 천경해운, 흥
    아해운, SM상선이 회원사였다.
25) 아시아 역내항로운임협정(Intra Asia Discussion Agreement; IADA)가 1992
    년 결성되었다. 2004년 기준 총 회원사가 33개사였다. 현대상선, 고려해운, 장
    금상선, COSCO, APL(머스크)등 전세계 모든 정기선사들이 포함되어 있었다.
    2018년 해산되었다.
26) 한일항로에는 한국근해수송협의회(한근협)가, 한중항로에는 황해정기선사협의
    회(황정협)가 있다.

사이의 행동준칙을 규정하고 있다.[27][28] 물론 국제조약이기 때문에 처벌조항을 두지는 않았다. 1974년 채택된 정기선헌장을 우리나라는 1979. 5. 11. 비준가입하였고 이 협약은 1983. 10 .6.부터 발효되었다. 우리나라는 국내 입법조치로서 1978년 해상운송법에 제7조의2로 공동행위 허용 규정을 신설하였고 이후 해운법 제29조로 법명과 조문이 변경되어 현재에까지 이르게 되었다. 정기선 헌장은 여전히 국제조약으로서 유효하다.[29]

정기선 헌장 제9조와 10조는 동맹에서 정한 운임은 공표, 공유되도록 한다. 제11조에서는 동맹의 운임 등의 결정에는 여러 이해단체들이 협의절차를 거치도록 한다. 이해관계자의 요청에 의하여 협의절차가 시작된다. 제12조는 운임결정시 상업적 관점에서 최저액을 운임으로 해야 하고 합리적인 이윤(reasonable profit)을 운송인이 얻도록 해야 한다. 제13조는 운송인은 화주를 차별하지 않도록 정한다. 제14조는 연간 운임인상 시 그 금액은 통보되고 화주가 불만족할 경우에는 조약에서 정한 해결절차를 따르도록 한다. 제15조는 특별요금(surcharge)을 운송인은 화주에게 부과할 수 있다고 정한다. 제16조는 그 특별요금의 인상은 일시적인 것이고 상황이 종료되면 원상복귀가 되어야함을 정한다.

---

27) 정기선헌장은 유엔 운크타드(UNCTAD)가 주도한 것으로 선진해운국들에 대비하여 열악한 지위에 있던 개발도상국가들에게 정기선 운항의 기회를 제공하기 위한 것이 가장 큰 목적이었다. 선진국에서만 해운이 발달되어있었기 때문에 후진국의 화물은 선진국의 정기선사만이 실어 나를 수 있었다. 이에 자국의 정기선사는 40%, 수입국의 정기선사가 40% 그리고 제3국의 정기선사가 20%의 적취율을 가지도록 정했다. 그러나 이 비율은 지켜지지 않아서 사문화된 결과를 낳았다. 예를 들면 머스크와 같은 국가는 덴마크에는 수출입화물이 거의 없지만 전 세계의 화물을 실어 나르고 있다. 스위스의 회사인 CMA-CGM도 자국은 바다를 이용하는 수출입화물이 부족하지만 세계 3위의 대형컨테이너 선사로 활약 중이다.
28) 해운법 제29조 제5항 제1호에서 말하는 "국제협약을 위반하는 경우"에서 국제협약은 본 정기선 헌장을 의미한다.
29) 중국도 이 조약의 당사자이다.

3. 해운법상 공동행위에 대한 연혁

(1) 1978년 제정

1978년 당시 해상운송법에 운임공동행위 관련 조항이 제7조의2로 처음으로 추가되었다. 신고제도를 최초로 도입했다(제2항).

> **해상운송법 제7조의2 (운임과 요금등의 협약)**
> ① 국내항과 외국항간 또는 외국항간의 선박운항사업자(이하 "外航船舶運航事業者"라 한다)는 다른 외항선박운항사업자와 운임·요금·배선 및 적취 기타 운송조건에 관한 계약 또는 공동행위(이하 "協約"이라 한다)를 할 수 있다. 이 경우 협약에 참가하거나 탈퇴하는 것을 부당하게 제한하는 것을 내용으로 하는 협약을 하여서는 아니된다.
> ② 외항선박운항사업자가 제1항의 협약을 한 때에는 지체없이 그 내용을 해운항만청장에게 신고하여야 한다. 협약의 내용을 변경한 때에도 또한 같다.
> ③ 해운항만청장은 제1항의 규정에 의한 협약의 내용이 심히 부당하다고 인정되거나 선박의 이용자로부터 협약의 내용에 대한 조정의 요청이 있는 때에는 그 협약의 시행의 중지 또는 내용의 변경등 필요한 조치를 하게 할 수 있다.[본조신설 1978·12·5]

(2) 1984년 개정

1984년 해운업법으로 개정시 조문반호가 현재와 같은 세29조로 변경되었다.

(3) 1995년 개정

1995년 개정시 현재 규정과 유사한 형태로 변경되었다. 제3항에서 주무장관이 시정조치를 내릴 수 있는 사유로 국제협약의 위반을 추가했다.[30] 특히 제4항에서 하주단체와 정기선사에게 운임 등에 대하여 협의할 의무가 부과되었다.

---

30) 여기서 말하는 국제협약은 정기선헌장이다.

제29조 (운임등의 협약)

① 외항화물운송사업자는 다른 외항화물운송사업자(外國人貨物運送事業者를 포함한다)와 운임·배선 및 적취 기타 운송조건에 관한 계약 또는 공동행위(外航不定期物運送事業者의 경우에는 運賃에 관한 契約 또는 공동행위를 제외한다. 이하 "協約"이라 한다)를 할 수 있다. 다만, 협약에 참가하거나 탈퇴하는 것을 부당하게 제한하는 것을 내용으로 하는 협약을 하여서는 아니된다.<개정 1995·12·29>

② 외항화물운송사업자(國內港과 外國港간에서 外期運送事業을 營爲하는 外國人貨物運送事業者를 포함한다)가 제1항의 협약을 한 때에는 건설교통부령이 정하는 바에 의하여 그 내용을 해운항만청장에게 신고하여야 한다. 협약의 내용을 변경한 때에도 또한 같다.<개정 1995·12·29>

③ 해운항만청장은 제2항의 규정에 의하여 신고된 협약의 내용이 다음 각호의 1에 해당하는 경우에는 그 협약의 시행의 중지, 내용의 변경 또는 조정등 필요한 조치를 명할 수 있다.<개정 1995·12·29>

  1. 제1항 단서의 규정 또는 국제협약에 위배되는 경우
  2. 대한민국의 해운발전에 지장이 있다고 인정되는 경우
  3. 부당하게 운임 또는 요금을 인상한 경우
  4. 부당하게 운항을 감축한 경우

④ 제1항의 규정에 의하여 협약을 체결한 외항화물운송사업자와 대통령령이 정하는 하주단체는 건설교통부령이 정하는 바에 의하여 운임·부대비등 운송조건에 관하여 상호 충분한 정보를 교환하여야 하며, 제2항의 규정에 의한 신고를 하기전에 운임·부대비등 운송조건에 관하여 협의를 하여야 한다. 이 경우 양당사자는 정당한 이유없이 이를 거부하여서는 아니된다.<신설 1995·12·29>

(4) 1999년 개정

1999. 4. 15. 의미 있는 개정이 있었다. 공정거래위원회와의 관련성이 처음으로 언급되었다. 1999년은 일본이 海上運送法상 공동행위의 처리에 대하여 국토교통성과 공정거래위원회가 교통정리를 할 때였고, 우리도 이에 영향을 받은 것으로 보인다.

제29조 (운임등의 협약)

① (전과 동일)

② (전과 동일)

③ 해양수산부장관은 제2항의 규정에 의하여 신고된 협약의 내용이 다음 각호의 1에 해당하는 경우에는 그 협약의 시행의 중지, 내용의 변경 또는 조정등 필요한 조치를 명할 수 있다. 다만, 제3호의 경우에 대한 조치인 때에는 그 내용을 공정거래위원회에 통보하여야 한다.<개정 1995 · 12 · 29, 1997 · 12 · 13, 1999. 4. 15.>

  1. 제1항 단서의 규정 또는 국제협약에 위배되는 경우

  2. 선박의 배선, 화물적재 기타 운송조건등을 부당하게 정하여 해상 화물운송질서를 문란하게 하는 경우

  3. 부당하게 운임 또는 요금을 인상하거나 운항회수를 감축하여 경쟁을 실질적으로 제한하는 경우

  4. 삭제 <1999. 4. 15.>

④ (전과 동일)

(5) 2017년 개정

2017년 개정에서 해운법은 정기선사로부터 받은 신고에 대한 효력을 규정하는 큰 변화를 주었다. 해양수산부장관은 신고를 받은 다음 2일이내에 수리여부를 신고인에게 통지하여야 하고 신고 수리 간주규정을 두게 되었다. 2일이 지나도 특별한 통보가 없다면 신고한 내용은 수리된 것으로 간주되게 뇌어 영업에 안정화를 가져왔다.

제29조 (운임 등의 협약)

① 외항화물운송사업의 등록을 한 자(이하 "외항화물운송사업자"라 한다)는 다른 외항화물운송사업자(외국인 화물운송사업자를 포함한다)와 운임 · 선박배치, 화물의 적재, 그 밖의 운송조건에 관한 계약이나 공동행위(외항 부정기 화물운송사업을 경영하는 자의 경우에는 운임에 관한 계약이나 공동행위는 제외하며, 이하 "협약"이라 한다)를 할 수 있다. 다만, 협약에 참가하거나 탈퇴하는 것을 부당하게 제한하는 것을 내용으로 하는 협약을 하여서는 아니 된다.

② 외항화물운송사업자(국내항과 외국항에서 해상화물운송사업을 경영

하는 외국인 화물운송사업자를 포함한다)가 제1항의 협약을 한 때에는 해양수산부령으로 정하는 바에 따라 그 내용을 해양수산부장관에게 신고하여야 한다. 협약의 내용을 변경한 때에도 또한 같다.<개정 2008. 2. 29., 2013. 3. 23.>

③ 해양수산부장관은 제2항에 따른 신고 또는 변경신고를 받은 날부터 2일 이내에 신고수리 여부를 신고인에게 통지하여야 한다.<신설 2017. 3. 21.>

④ 해양수산부장관이 제3항에서 정한 기간 내에 신고수리 여부 또는 민원 처리 관련 법령에 따른 처리기간의 연장 여부를 신고인에게 통지하지 아니하면 그 기간이 끝난 날의 다음 날에 신고를 수리한 것으로 본다.<신설 2017. 3. 21.>

⑤ 해양수산부장관은 제2항에 따라 신고된 협약의 내용이 다음 각 호의 어느 하나에 해당하면 그 협약의 시행 중지, 내용의 변경이나 조정 등 필요한 조치를 명할 수 있다. 다만, 제3호에 해당하는 경우에 대한 조치인 때에는 그 내용을 공정거래위원회에 통보하여야 한다.<개정 2008. 2. 29., 2013. 3. 23., 2017. 3. 21.>

1. 제1항 단서 또는 국제협약을 위반하는 경우
2. 선박의 배치, 화물적재, 그 밖의 운송조건 등을 부당하게 정하여 해상화물운송질서를 문란하게 하는 경우
3. 부당하게 운임이나 요금을 인상하거나 운항 횟수를 줄여 경쟁을 실질적으로 제한하는 경우

⑥ 제1항에 따라 협약을 체결한 외항화물운송사업자와 대통령령으로 정하는 화주단체(貨主團體)는 해양수산부령으로 정하는 바에 따라 운임과 부대비용 등 운송조건에 관하여 서로 정보를 충분히 교환하여야 하며, 제2항에 따른 신고를 하기 전에 운임이나 부대비용 등 운송조건에 관하여 협의를 하여야 한다. 이 경우 당사자들은 정당한 사유 없이 이를 거부하여서는 아니 된다.<개정 2008. 2. 29., 2013. 3. 23., 2017. 3. 21.>

4. 해운법 제29조가 허용하는 경쟁법상 내용

해운법 제29조가 허용하는 경쟁법 내용은 아래와 같다.

첫째, 공동행위만 허용된다. 그러므로 기업결합, 부당행위,[31] 시

---

31) 불공정 거래행위의 일부는 해운법 제31조에서 규율된다.

장지배적 지위의 남용문제는 여전히 공정거래법이 적용된다.[32)]

둘째, 공동행위가 허용되는 영업은 정기선영업만이다.[33)] 정기선 운항을 적용대상으로 하는 국제조약을 국내법화한 것이기 때문이다. 그러므로 부정기선사들이 운임을 공동으로 정하는 것은 원천적으로 허용되지 않고 공정거래법 제19조가 직접 적용된다.

셋째, 화물을 운송하는 정기선사에만 해당한다. 그러므로, 여객선은 해당하지 않는다. 여객선사들이 운임을 공동으로 정하면 공정거래법에 의하여 처벌을 받게 된다. 계약운송인이 되는 포워더(2자물류회사)의 경우에는 적용되지 않는다.[34)]

넷째, 제29조에 의하여 운임에 대한 공동행위라면 모두 해운법의 적용을 받는가 아니면 공정거래법에 의거한 정당한 행위인 경우에만 해운법이 적용되고 아니라면 공정거래법이 적용되는지는 다툼이 있다.

다섯째, 정기선사들이 행하는 운임, 노선, 선복 등에 대한 공동

---

32) 공정거래법이 규율하는 행위는 기업결합(제7조 이하), 시장지배적 지위(제3조 이하), 부당한 공동행위(제19조 이하), 불공정한 거래행위(제23조 이하)가 있다. 예컨대, 우리나라 대형정기선사가 다른 정기선사와 기업결합을 하는 경우에는 공정거래법의 적용을 받게 된다. 중국정부가 2014년 내린 P3 Alliance 사건이 좋은 예이다. Maersk Line은 MSC와 CMA-CGM과 같이 P3 Network를 형성하기 위하여 중국상무성 반독금금지부에 승인신청을 내었다. 2014.6.17. 그들이 전 세계 공급망의 46.7%를 차지하게 된다는 점, HHI지수가 아시아-유럽노선에서 890이던 것이 결합 후에는 2240으로 급등하게 된다는 점 그리고 경쟁자들이 시장에 진입하는 것을 어렵게 한다는 등의 이유로 중국정부는 이를 불허했다. Zhu-Zuoxian, "The Shipping Competition Practices in China", Policy, Regulation & Cases, *Asian Business Law Review* Vol. 24, 2019, p.83.

33) 정기선 영업이란 일정한 시간에 입출항에 반복되는 영업을 하는 선박운항을 말한다. 개품운송이고 선하증권 또는 해상화물운송장이 통상적으로 발행된다. 이에 반하여 부정기선 영업이란 선박의 입출항이 시간의 정확성이나 반복성에 의존하지 않고 화물에 따라서 부정기적으로 행해지는 영업을 말한다. 항해용선계약의 체결로 성립된다.

34) 제29조의 적용대상은 정기화물운송사업자로 등록된 자로 국한된다. 선박을 가지지 않은 포워더가 운송인이 되는 경우는 제29조의 적용이 없다.

행위가 허용된다.[35] 일본과 대만은 운임에 대한 공동행위도 허용되지만, 홍콩과 같은 국가는 운임에 대한 공동행위는 허용되지 않는다.[36]

5. 해운법 제29조에서 행위절차

정기선사들이 운임의 조정, 노선의 조정, 선복의 조정을 하고자 하는 경우에는 시행령으로 정하는 화주단체와 협의를 거쳐야 한다 (제29조 제6항).[37] 화주단체는 협의에 협조할 의무가 부과되어 있다. 합의가 아니라 협의로 되어있는 점 및 서면협의(해운법 시행규칙 제20조 제7항)라는 절차로 규정되어 있는 점에 유의하여야 한다.[38] 협의가 되지 않는 경우에 어떻게 해야 할지에 관하여 별도로 마련된 특별한 절차는 없다. 그러나, 신고를 하도록 되어있으므로 협의의 성립과 무관하게 해양수산부 장관에게 신고를 하는 절차로 진행하게 된다. 신고를 받은 해양수산부장관은 2일 이내에 수리에 대한 의사를 표시해야 한다(제29조 제2항).[39] 수정할 사항이 있으면 수정을 요구할 것이다. 아무런 의사표시가 없다면 행정법상의 수리로 간주된다는 제29조 제4항에 따라 행정법상 신고수리의 효력이 발생한다.[40] 행정법상 신고가 수리되는 것으로 간주되는 일자가 지난 다음에는 정기선사들은 자신들이 행할 공동행위가 인정된 것으로

---

35) 공정거래위원회가 해운법에 따른 운임의 공동행위는 허용되지만 조건이 필요하다는 점은 확실하고 운임의 공동행위 자체를 불허하는 것은 아니다. 즉 해운법 제29조의 존재 및 필요성을 인정한다.

36) 위 다섯 가지 예에 대하여 공정거래위원회는 4가지는 인정하지만 공정거래법상 정당한 행위인 경우에만 해운법 제29조에 의한 운임의 공동행위가 허용된다고 보아 해운계의 입장과 다르다.

37) 일본, 미국, 대만 등은 화주와 협의하는 제도를 가지고 있지 않다.

38) 정기선헌장에서 화주와 협의를 하라고 정하고 있다.

39) 이 규정은 1978년부터 있었던 것이 아니라 2017년부터 새로이 도입된 것이다.

40) 신고의 수리 또는 수리거부는 준법률행위적 행정행위로서 행정쟁송법상의 처분성이 인정된다. 대법원 2010.11.18. 선고 2008두167 판결.

신뢰하게 될 것이다.

해양수산부 장관은 이렇게 신고한 정기선사들의 행위가 국제조약인 정기선헌장에 위반하거나 부당하게 운임을 인상하는 등으로 실질적으로 경쟁을 제한하는 경우 등에는 시정조치를 명할 권한이 주어져있다. 부당하게 운임을 인상하는 등으로 경쟁을 실질적으로 제한하면 해양수산부장관은 조치를 취한 다음에 공정거래위원회 위원장에게 통보하여야 하는지 아니면 조치를 취하지 않고 공정거래위원회 위원장에게 통보하여 조치를 구하는지 법문이 명확하지 않다.⁴¹⁾ 이 경우에만 해양수산부 장관이 아무런 조치를 취하지 않고 공정거래위원회 위원장에게 통보만 하도록 해석하는 것은 다른 경우는 직접 조치를 취할 수 있는 경우와 비교하여 이해하기 어렵기 때문에, 해양수산부장관은 조치 후 공정거래위원장에게 통보해야 하는 것으로 해석된다.

해양수산부 장관이 조치를 취하지 않은 경우에 어떤 절차를 거치는지 규정된 바가 없다.⁴²⁾ 일본의 경우 해상운송법(海上運送法)에

---

41) 전혀 공정거래위원회 위원장이 개입할 여지가 없다는 입장과 통보와 무관하게 위원장은 사안이 중대함에도 해양수산부 장관이 처리를 하지 않고 있는 경우에는 개입할 수 있다고 보는 입장이 있다. 후자의 경우에는 공정거래법 제58조에 따라 해운법상 공동행위가 정당하지 않은 경우라야 할 것이다.

42) 해운법 제31조의2 (위반행위의 신고 능) ③ 해양수산부장관은 제1항에 따라 신고된 내용이 제28조 제1항, 제29조의2 제1항·제2항 및 제31조에 해당하고 해상운송 시장의 건전한 발전을 해칠 우려가 있다고 인정되면 해양수산부령으로 정하는 바에 따라 그 내용의 변경이나 조정 등 필요한 조치를 명할 수 있다. 다만, 신고의 내용이 「독점규제 및 공정거래에 관한 법률」, 「하도급거래 공정화에 관한 법률」, 「대리점거래의 공정화에 관한 법률」 등 다른 법률을 위반하였다고 판단되는 때에는 조정 등 필요한 조치를 명하는 대신 관계부처에 신고의 내용을 통보하여야 한다. 제31조의2 제3항의 경우 해양수산부 장관이 제29조 제5항과 달리 조치를 내리지 않고 공정거래위원회에 신고의 내용을 통보하도록 되어 있다. 제29조의 경우는 제31조의2의 적용대상이 아니다. 이 규정을 상호 비교해보면, 제29조의 경우에는 해양수산부 장관에게 전속규제관할권이 있다고 보는 것이 타당하다. 제29조 제5항 제3호 위반의 소지가 있다고 해도 공정거래위원회가 해양수산부 장관에게 의견정도는 줄 수 있을지 몰라도 제31조의2 제3항과 비교해 보면, 공정거래위원회가 공식적으로 개입할

국토교통성과 공정거래위원회와의 관계가 잘 설정되어있다. 우리나라에는 교통정리를 하는 제도가 흠결되어있다.[43)]

이를 위반한 경우 정기선사는 1,000만원에 해당하는 과태료 처분을 받는다. 최악의 경우 해수부장관은 정기선사의 등록을 취소할 수 있다.

6. 해운법 제29조의 효과

(1) 공정거래법 적용배제

해운법 제29조 제1항에서는 외항화물(정기)운송사업자에게 운임·선박배치, 화물의 적재, 그 밖의 운송조건에 관한 계약이나 공동행위를 할 수 있다고 규정하고 있다. 즉, 외항화물(정기)운송사업자가 운임, 선박배치, 화물의 적재, 그 밖의 운송조건에 관하여 행하는 해운동맹 및 유사단체의 공동행위는 해운법 제29조 제1항에 따라 행하는 정당한 행위로 인정되어 제29조에 의하여 금지되거나 허용하지 않는 공동행위로 인정되지 않는 경우라면 공정거래법 제58조에 의해 공정거래법에 적용이 제외된다고 해석할 수 있다.[44)] 공정거래위원회가 부과하는 과징금이나 검찰에의 고발 등을 당하지 않을 수 있다. 그러나 공동행위라고 하여도 공동행위 사전인가제(제19조 제2항)와 같은 경우는 사전에 업종별로 받는 제도이므로 해운법에 규정이 없기 때문에 여전히 공정거래법의 적용이 대상이 된다. 정기선사는 해운업의 정기선영업 자체에 대하여 공동행위사전인가

수 있는 여지는 해석상 없어 보인다.
43) 공정거래위원회는 국토부가 조치를 취하지 않은 경우 조치에 대한 지시를 내리고 이를 관보에 게시하고 그럼에도 불구하고 1개월이 지나도 국토부가 조치를 취하지 않은 경우 공정거래위원회가 직접 조치를 취하게 된다.
44) 우리나라 법률체계하에서 해운동맹 및 유사단체의 공동행위는 해운법의 명시적인 경쟁법 적용배제 규정 없이도 공정거래법 제58조의 법률 해석을 통해 경쟁법 적용배제 효과를 누리고 있다고 평가할 수 있다는 견해가 있다. 정진욱, 전게논문, 261면.

제를 신청할 수 있다.

(2) 공정거래법 제19조의 입증책임과 관련하여

공정거래법 제19조에 의하면 부당한 공동행위는 처벌의 대상이
된다. 부당한 공동행위가 성립하기 위해서는 명시적 혹은 묵시적인
합의가 있어야 한다. 그리고 부당하게 경쟁을 실질적으로 제한하여
야 한다. 이 모두를 공정거래위원회가 입증을 해야 한다. 그런데,
제19조 제5항은 묵시적 혹은 명시적 합의의 입증이 필요 없도록 추
정하는 규정을 두고 있다. 따라서 어떤 둘 이상의 단체가 공동행위
를 하여 경쟁을 실질적으로 제한한 경우 행위가 외형상 일치한다는
것만 입증하면 제19조의 부당한 공동행위가 추정된다. 사업자는 불
리하게 된 것이다. 다만, 사업자들은 반대사실을 입증하면 그 추정
을 깨트릴 수 있다.

그런데 해운법 제29조는 운임에 대한 공동행위를 할 수 있다고
정하고 있다. 따라서 만약 공정거래위원회가 제58조의 부당한 공동
행위로 처벌을 하려면 부당한 공동행위가 있었다는 것은 적극적으
로 공정거래위원회가 입증해야 한다. 해운법 제29조를 두었기 때문
에 공정거래위원회가 공정거래법 제19조를 직접 적용하는 것에 비
하여 불리하게 되었다고 할 수 있다. 이것이 해운법 제29조 제1항
의 효과로 볼 수 있다.

7. 최근 동남아 정기선사의 사례

2003년부터 2018년까지 15년간 동남아 항로에서 우리나라 정기
선사들 및 외국 정기선사 들 23개사에 대하여 이 운임에 대한 공동
행위를 하여 공정거래법을 위반하였다는 이유로 공정거래위원회는
2021. 7. 약 8,000억원에 해당하는 과징금을 선사들에게 부과하겠
다는 보고서를 제출하였다.[45] 현재 공정거래위원회가 전원회의를

기다리고 있다.[46][47]

Ⅲ. 공정거래법 제58조

1. 공정거래법의 이념

공정거래법은 제1조에서 "이 법은 사업자의 시장지배적지위의 남용과 과도한 경제력의 집중을 방지하고, 부당한 공동행위 및 불공정거래행위를 규제하여 공정하고 자유로운 경쟁을 촉진함으로써 창의적인 기업활동을 조장하고 소비자를 보호함과 아울러 국민경제의 균형있는 발전을 도모함을 목적으로 한다"고 정한다. 즉, 공정하고 자유로운 경쟁의 촉진을 통하여 소비자를 보호함을 목표로 한다.[48]

2. 제58조의 입법취지

공정거래법 제58조는 각 산업을 규율하는 단행법의 예외규정은 정당한 행위인 경우에만 인정된다는 취지이다.[49] 즉, 해운법 제29조

---

45) 2021년 국정감사에도 이 문제가 다루어졌다.
46) 2014.11.25. 공정위는 2014-259재결에서 대아고속 등 4개 여객선사에 4,700만원의 과징금을 부과했다. 2014년 울릉도와 독도에 대하여 여객운송 서비스를 제공하는 여객선사들은 함께 모여서 운임을 일정하게 인상하는 담합행위를 했다. 이에 대하여 공정거래위원회는 과징금을 부과했다. 이들 여객선사들은 해운법상 여객사업운송업자이기는 하지만 이들이 제29조의 공동행위가 허용된 주체가 아니라고 운임에 대한 공동행위를 하면 바로 공정거래법 제19조에 의한 처벌의 대상이 된다.
47) 2016년 2월 중국에서는 유코카캐리어스, 발레니우스 빌헬름슨, NYK, MOL, K라인, ECL, CSAV, CCNI 등 8개 선사에 대해 723억 원의 과징금이 부과되었다. 중국 국가발전개혁위원회는 8개 외국 해운사가 전화나 회의, 식사 모임, 이메일 등을 통해 운임을 담합해 중국 기업 및 소비자에게 피해를 입혔다는 이유로 각 회사 연매출 대비 4~9%까지 차등 벌금을 부과하였고, 한국계 유코 카캐리어스에게 연매출의 9%라는 가장 높은 과징금을 부과하였다. 담합 사실을 최초로 공개한 NYK는 당초 10% 과징금에서 전면 면제되었다.
48) 이에 비하여 상법은 기업(상인)을 위한 법이다.
49) 다른 법률 또는 그 법률에 의한 명령에 따라 행하는 정당한 행위에 대하여

의 운임에 대한 공동행위가 정당하지 않은 경우에는 공정거래법이
바로 적용된다는 것이다.

그런데 정당한지 아닌지의 기준은 해운법에 의하는지 아니면 공
정거래법에 의하는지가 문제된다. 예를 들면 해양수산부가 해운법
절차에 이상이 없다고 보는 경우에도 공정거래위원회가 그들의 행
위가 공정거래법상 정당하지 않다고 말할 수 있는가가 쟁점이다.
이미 해운법에 공동행위를 허용하고 있고 해양수산부 장관의 조치
후 통보를 전제로 하고 있기 때문에 입법자의 입법의도는 해운법의
기준에 따르는 것으로 보아야 할 것이다. 또한 수범자인 정기선사
들은 공정거래법의 내용을 일부러 공부하거나 찾지 않을 것이고 해
운법에만 의존할 터인데, 다시 공정거래위원회가 별도의 자신들의
잣대를 제시하면 법적 안정성을 해치는 결과가 된다.

3. 대법원의 판시내용

정당하지 않은 경우란 어떤 것인지 해석의 문제가 있다. 대법원
은 공정거래법 제58조 적용이 문제된 각 사안에서 각 단행법에서
허용되는 공동행위는 "필요최소한에 그쳐야 한다"고 판시한 바가
있다.[50] 대법원은 "정당한 행위란, 해당 사업의 특수성으로 경쟁제
한이 합리적이라고 인정되는 사업 또는 인가제 등에 의하여 사업자
의 독점적 지위가 보장되는 반면 공공성의 관점에서 고도의 공적규
제가 필요한 사업 등에 관하여 자유경쟁의 예외를 구체적으로 인정
하고 있는 법률 또는 그 법률에 의한 명령의 범위 내에서 행하는
필요최소한의 행위를 말한다"고 판시했다.[51]

공정거래법이 적용되지 않는다는 취지이다.
50) 대법원 2011.5.26. 선고 2008도6341 판결.
51) 이외에도 전기통신사업법과 관련하여 대법원은 유사한 취지의 판시를 한 바
　　있다. 대법원 2008.12.24. 선고 2007두19584 판결; 대법원 2009.6.23. 선고
　　2007두19416 판결.

개별법에서 허용하는 공동행위는 (i) 사업자체의 특수성이나 공공성으로 경쟁제한이 불가피한 사업영역일 것 (ii) 자유경쟁의 예외를 허용하는 범위 내에서 최소한일 것을 조건으로 한다. 즉 필요최소한이어야 공정거래법 제58조의 정당한 경우가 되어서 공정거래법을 적용하지 않게 된다는 취지이다.

필요최소한의 행위는 문제가 된 해운법 제29조와 관련하여 본다면, 제29조 제5항 3호가 될 것이다. 3호는 "부당하게 운임이나 요금을 인상하거나 운항 횟수를 줄여 경쟁을 실질적으로 제한하는 경우"는 해양수산부 장관이 공정거래위원회에 조치 후 통보하는 사안으로 정해두고 있기 때문이다.[52]

공정거래법 제19조에서 처벌하는 사업주의 행위는 "부당한" 공동행위이다. 경쟁이 실질적으로 제한되어도 부당하지 않으면 처벌의 대상이 아닌 것이 된다. 대법원 판례에 의하면 사회적 효율성 증대가 경쟁제한의 효과보다 큰 경우에는 부당하지 않다고 본다.[53] 해운산업의 합리화, 불황의 극복, 중소선사의 경쟁력 향상, 원활하고 안전한 운송, 이용자 편익의 향상이나 국민경제의 발전에 이바지한다면 사회적 효율성 증대가 실질적 경쟁제한보다 커서 부당하지 않다고 볼 것이다.[54]

정당한 행위가 아니라면, 단행법의 처벌규정을 적용할 것인지, 아니면 공정거래법의 처벌규정을 적용할지 논란이 있다.[55] 만약, 그

---

52) 이정원 교수는 이를 기준으로 공정거래법 제58조에서 허용되는 정당한 행위와 허용되지 않는 부당한 공동행위를 구분하고 있다. 전게 논문, 302면.
53) 사업자단체의 가격을 결정....하는 행위에 의하여 일정한 거래 분야의 경쟁을 실질적으로 제한하는 행위를 하더라도...같은 법 제19조 제2항 각호(예외적 인가사유)에 정해진 목적 등에 이바지하는 효과가 상당히 커서 소비자를 보호함과 아울러 국민경제의 균형있는 발전을 도모한다는 법의 궁극적인 목적에 실질적으로 반하지 아니하는 예외적인 경우에 해당한다면 부당한 가격제한 행위라고 할 수 없다(대법원 2005.9.9. 선고 2003두11841 판결).
54) 동지, 이정원, 전게논문, 316면.
55) 정당한지 여부는 개별 법률의 관점에서 파악한다는 주장으로는 이정원 교수가

경우에 공정거래법을 적용한다면, 해운법에 있는 처벌규정은 언제 적용하는지 의문이 제기된다. 정당한 행위임에도 처벌되는 경우는 없기 때문에 해운법의 처벌규정이 의미를 가지려면 해운법상 정당하지 않은 공동행위의 경우에는 해운법의 처벌규정을 적용해야 한다고 해석된다. 다만, 현행 해운법상 처벌규정이 너무 약하기 때문에 강화시킬 필요는 있다.

4. 공정거래법 제58조가 정기선사의 공동행위에 적용되는 경우

공정거래법 제58조가 해운법 제29조에 적용되는 경우는 "다른 법률"에 따라 행하는 정당하지 행위인 경우이다. 그러므로 해운법 제29조에 의거하여 행하는 정기선사들의 행위가 정당하지 않은 행위인 경우에는 공정거래법이 적용된다.

(1) 제29조에 따른 운임공동행위를 신고하지 않은 경우

정기선사들이 외항화물운송사업의 등록을 하지 않고 나아가 운임에 대한 공동행위를 하면서 해양수산부 장관에게 신고하지 않은 사안은 제29조에 의한 행위가 아니고 위법성이 높으므로 그 적용이 면제되지 않고 공정거래법이 바로 적용되게 된다.

(2) 제29조 제5항 제3호의 경우

정기선사들이 운임에 대한 공동행위를 해양수산부 장관에게 신고를 했지만 부당하게 운임 등을 인상하여 실질적으로 경쟁을 제한하는 경우는 공정거래위원회에 조치 후 통보하여야 할 사항으로 규정하고 있다. 부당하게 운임 등을 인상하여 경쟁을 실질적으로 제한하는 경우는 입법자들이 공정거래위원회와 관련을 짓고 있다는 점에서 공정거래법 제58조의 정당하지 않은 행위의 예로 일응 볼

있다. 이정원, 전게논문, 10면.

수 있을 것이다. 제3호는 부당성과 경쟁의 실질적 제한성을 두 가지 요소로 하고 있다.

경쟁의 실질적 제한성이란 공정거래법 제2조 제8호의2에 의하면 "일정한 거래분야의 경쟁이 감소하여 특정 사업자 또는 사업자단체의 의사에 따라 어느 정도 자유로이 가격 수량 품질 기타 거래조건 등의 결정에 영향을 미치거나 미칠 우려가 있는 상태를 초래하는 행위"를 말한다.[56] 경쟁력의 실질적 제한성 판단에는 시장지배력이 중요한데, 그 판단에는 (i) 시장점유율, (ii) 진입장벽의 존재 및 정도, (iii) 경쟁사업자의 상대적 규모 등을 종합적으로 고려해야 한다(공정거래법 제2조 제7호). 경쟁제한성이 인정되어도 정당화사유가 존재하면 부당성이 없는 것으로 된다.

해양수산부 장관이 통보를 하지 않았음에도 공정거래위원회가 개입하여 정기선사에게 공정거래법 제58조를 연결고리로 삼아 제19조를 적용할 수 있을지 문제된다. 이에 대하여도 의견이 나뉜다.

(3) 제29조의 협의와 신고에 문제가 있는 경우

협의가 완결되지 않은 상태에서 정기선사들이 신고를 하였고 신고에 대하여 해양수산부장관이 특별히 통지하지 않은 사안은 정당한 행위로 처리되었다고 보아야 한다. 해운법에서 수리 간주규정을 두어 행정법상의 효력을 신고자에게 부여했고 운임공표제가 실시되어 화주보호가 다른 제도로 보완되고 있기 때문이다. 이는 공정거래법 제58조에 의한 정당한 행위로서 공정거래법은 더 이상 적용될 수 없다.

---

56) 대법원은 경쟁의 실질적 제한성을 시장에서의 유효경쟁을 기대하기 어려운 상태를 초래하는 행위로서 시장지배력의 형성을 말한다고 한다. 시장에서 실질적으로 시장지배력이 형성되었는지의 여부는 해당업종의 생산구조, 시장구조, 경쟁상태 등을 고려하여 개별적으로 판단하여야 한다고 했다. 대법원 1995.5.12. 선고 94누13794 판결; 대법원 2009.7.9. 선고 2007두26117 판결.

다만, 협의를 아예 처음부터 하지 않은 사항이나 신고를 아예하지 않은 사항은 절차상 하자가 있지만 과태료로 처벌하도록 되어있고, 제3호의 경쟁을 실질적으로 제한하는 경우와 달리 해양수산부장관의 공정거래위원회 위원장에 대한 통보사항이 아니기 때문에 공정거래법 제58조에 의한 정당하지 않은 행위의 유형으로 볼 수 없다고 판단된다. 화주를 보호하는 운임공표제가 실시되는 점도 고려되어야 한다.

Ⅳ. 외국의 사례

1. 미 국

미국은 해운법에 운임에 대한 공동행위를 허용하고 있다.[57) 여기에 따른 공동행위는 반독점금지법의 적용에서 제외된다.[58) 그런데, 서비스계약이 가능하게 한다. 서비스계약이란 정기선사와 대량화주가 장기적인 운송의 계약을 약정하는 것이다.[59) 1주일에 100TEU를 매주 제공할 것을 화주가 약속하고 정기선사는 이에 대하여 일반화물보다 낮은 운임으로 선복을 제공할 것을 약속하는 계약이다. 서비스계약은 정기선 운송계약을 체결하는 화주들의 운임이 각각 다를 수 있다는 것을 인정하는 것이다. 따라서 운임에 대한 공동행위를 하는 동맹은 와해되게 되었다.

운임에 대한 공동행위를 한 경우에도 FMC에 신고를 하여 운임에 대한 승인을 받아야 한다. 미국에서는 화주와의 협의제도는 두지 않고 있다.

---

57) 미국의 해운법에 의한 것이다. 제403절 제1조에 의하면 정기선사들은 운임을 상의하고 결정할 수 있다. 제2조에 따라 FMC에 신고를 해야 한다.
58) 제403절 제7조 제1항은 본 절에 따라 신고되고 유효한 공동행위는 독점금지법이 적용되지 않는다고 한다.
59) 제405절 제2조에 의하면 장기운송계약에 대한 자세한 내용이 기술되어 있다.

2. 일 본

일본도 우리나라와 유사한 법제도를 가지고 있다. 공정거래법을 두면서도 해상운송법(海上運送法)에서 정기선사의 운임 등에 대한 공동행위가 가능한 제도를 두고 있다. 운임에 대한 화주와의 협의 제도는 없고 공동행위에 대한 신고를 국토교통성에 하도록 하고 인가를 받도록 하고 있다(제29조). 몇 가지 사항에 대하여는 공정거래위원회가 직접 개입할 여지를 해상운송법에 명기하고 있다. 이 점이 우리나라와 다른 점이다. 국토교통성과 공정거래위원회 사이의 역할 분담에 대하여 공정거래위원회는 국토교통성이 정기선사들이 위반사항에 대하여 조치를 취하지 않을 경우 국토교통성에게 조치를 취할 것을 권고하고, 이를 이행하지 않으면 공정거래위원회가 조치를 취할 수 있도록 명기하고 있다(제29조의4).[60]

3. EU

EU국가들은 해운기업의 공동행위를 예외적으로 허용하고 있는데, 운임에 대한 공동행위는 1990년대부터 허용하지 않고 있다.[61] 화주 등에게 도움이 되지 않는다는 이유에서 이다. 그러나 노선의 조정, 선복의 공유 등에 대한 공동행위는 허용하고 있다. 그러므로 사안과 관련하여서는 비교할 대상이 아니다.

---

60) 일본의 경우 우리와 유사한 구조이다. 차이가 나는 것은 해상운송법(海上運送法) 규정에 명문으로 공정거래법과의 관계를 두고 있다는 점이다. 단서에서 3가지 경우(불공정한 거래 방법을 이용할 때, 일정한 거래분야에서 경쟁을 실질적으로 제한함으로써 이용자의 이익을 부당하게 해치는 때, 제29조의 3, 제4항의 규정에 의한 공시가 있은 후 한 달이 경과한 때)는 공정거래법이 적용된다고 명시하고 있다. 그 외에 제28조에서 정한 절차를 따른 운임의 공동행위에는 해상운송법의 적용을 받는다. 이 경우에 다시 국토교통성이 제대로 하지 않은 경우 공정위가 시정조치를 국토교통성에 요구하고 1개월이 지나도 조치가 없으면 공정위가 처리한다.
61) 김인현·이현균, 전게논문, 199면 이하가 있다.

4. 홍 콩

홍콩은 동아시아 국가들 중에서 가장 엄격한 제도를 운영하고 있다. 정기선사의 공동행위는 EU와 같은 입장이다. 운임의 공동행위는 물론, 노선조정에 대한 공동행위도 허용하지 않고 있다.[62] 정기선사의 공동행위에 대한 특별한 규정을 가지고 있다.[63] 운임의 공동행위를 허용하지 않기 때문에 이에 대한 화주와의 협의제도나 정부당국에 대한 신고제도도 가지지 않고 있다.

5. 대 만

대만도 우리나라와 유사한 입장이다. 해운을 위한 특별법(Shipping Act) 제35조에서 다른 정기선사와 공동행위를 할 때에는 그 내용을 교통부에 신고하도록 되어있다.[64] 운임에 대한 조종이 있는 경우도 동일하다. 교통부의 승인여부에 대하여 언급은 하지 않고 있다. 대만의 선사간의 공동행위에 대한 규정은 상대적으로 빈약하다. 정기선기타에 대하여는 공정거래법의 적용을 받는다고 해석된다. 화주와의 협의제도를 가지지 않고 있는 점은 우리나라와 다르다.

Ⅴ. 해운법 제29조에 대한 합리적인 해석

1. 국제조약과 국내법률과의 관계

(1) 충돌이 없는 경우

우리나라는 국제조약인 정기선헌장을 비준하였기 때문에 헌법에

---

62) Kelly Kim, "The Balance between Cooperation and Competition: How the Shipping Industry Responds to the Hong Kong Competition Ordinance" *ABL* Vol. 27(2021), 16면; 김인현·이현균, 전게논문, 203면.

63) Kelly Kim, ibid., p.16.

64) https://law.moj.gov.tw/ENG/LawClass/LawAll.aspx?pcode=K0070001

따라 국내법과 동일한 효력이 있다. 국내법과 국제법의 충돌이 없는 경우 각기 서로 다른 규정을 사안에 적용하면 된다.

정기선 헌장에는 적취율은 운송물이 수출되는 국가가 40%, 수입국이 40% 그리고 제3국이 20%를 가진다고 한다. 우리 해운법에는 이에 대한 규정이 없으므로 만약 우리나라에서 수출하는 상품에 대하여 적취율이 각국 간의 정기선사 사이에 획정되어야 할 때에는 동 조약 제2조 제4항에 의하게 된다.

또한 정기선사와 화주사이의 분쟁절차는 우리 해운법에 특별히 정한 바가 없으므로 정기선헌장 제23조 이하의 분쟁절차에 의한다.

정기선 헌장에서는 운임의 정도에 대하여도 정한다. 상업적 관점에서 최소화가 되어야 하지만 정기선사의 합리적인 이익을 허용해야 한다(제12조).[65] 이는 해운법에는 없는 내용으로 충분히 반영되어야 한다.

(2) 충돌이 있는 경우

동일한 규정이 국제조약과 국내법률에 동시에 존재하여 충돌이 있는 경우는 신법이 우선하고 특별법이 우선한다.

해운법에서는 정기선사는 공동행위로 운임을 정하기 전에 화주와 운임협의를 하고 신고할 것으로 정한다(제29조 제2항 및 제6항). 정기선헌장에 의하면 운임을 인상하면 화주와 협의를 하고 분쟁이 생기면 헌장에 따른 분쟁해결절차를 따르도록 한다(제14조 제5항). 화주와의 협의제도는 조약을 구체화한 것으로 보아야 하므로 국내 해운법이 적용된다. 그런데, 해운법은 협의가 실패시 후속절차에 대하여 구체적으로 정한 바가 없다. 이 경우는 국제조약인 정기선헌

---

65) Article 12(a) Freight rates shall be fixed at as low a level as is possible from the commercial point of view and shall permit a reasonable profit for shipowners.

장의 절차규정을 적용해야 할 것이다.

2. 해운법상 경쟁법 규정의 반영

(1) 원칙 – 해운법의 입장을 반영

우리나라는 1963년에 해상운송법을 두어 해운업을 발전시키면서
도 시장질서를 유지하기 위하여 노력하였다. 아직 경쟁법이 우리나
라에 본격적으로 도입되기 전이었기 때문에 해상운송법을 통하여
해운시장질서를 확립하기 위한 선각자들의 노력이 곳곳에 감지된다.
해운법의 공동행위에 대한 독자성, 완결성을 입증하는 자료이다. 따
라서 공정거래법 제58조를 해석함에 있어서 가능한 해운법의 입장
을 우선해야 한다.

나아가 국내법 상호간에도 특별법우선의 원칙이 적용되어야 한
다. 해운법의 경쟁법적 규정은 일반법인 공정거래법의 규정보다 먼
저 적용되어야 한다.[66][67]

(2) 운임관련

운임은 인가제로 하여 교통부 장관의 인가를 받도록 했다(제7조).
인가된 운임보다 낮은 운임을 받아서 시장을 교란하지 못하게 했다

---

66) 도선법에 의하면 도선사는 면허를 받아야 하고(제4조) 운임도 도선운영협의회
   의 협의를 거쳐 신고한 운임(제21조)에 의한다. 도선사의 승선 시 어느 도선
   사가 승선하여도 요금은 동일하다. 이는 운임에 대한 자유경쟁을 막는 결과를
   낳지만 공정거래법 제19조의 위반사항이 아니며 공정거래법 제58조에서 말하
   는 법령에 의한 정당한 행위이기도 한다. 도선법이 공정거래법보다 특별법으
   로 먼저 적용되기 때문이다. 또한 항만운송사업법 제4조에 의하여 등록한 사
   업자는 운임을 관리청으로부터 인가받거나 혹은 신고하면 된다(10조). 이 역
   시 사용요금에 대한 자유경쟁을 저해하지만, 공정거래법에 대한 특별법으로서
   기능한다.
67) 1999년 근해수송협의회의 운임풀 협약에서 회원사가 탈퇴시 채무가 완제될
   때까지 회원사의 백지어음을 반납시켜주지않는 것은 경쟁을 제한한다고 판시
   하였다. 이 사례에서 운임풀제는 묵시적으로 유효한 것으로 인정되었다. 2000.
   10.31. 공정위 2000단체 0119.

(제8조). 운송약관을 사용하게 하고 그 내용도 교통부장관의 인가를 받도록 했다(제9조). 운임은 게시하도록 하고 있다(제10조).[68]

(3) 운송인에게 운송의무 및 차별대우 금지의무 부과

제12조에서 운송인은 정당한 사유없이 화물의 운송을 거절하지 못하도록 의무화했다.[69] 제13조에서는 운송인은 특정한 이용자에게 부당한 차별적 대우를 하지 못하도록 했다.[70] 공정거래법이 제정되기 훨씬 이전인 1963년부터 해운업에서는 불공정거래행위를 규율해 왔다는 증거이다.

---

68) 제7조 (운임과 요금) 선박운항사업을 경영하는 자(이하 "船舶運航事業者"라 한다)는 교통부령이 정하는 바에 의하여 운임과 요금을 정하여 교통부장관의 인가를 받아야 한다. 이를 변경하고자 할 때에도 또한 같다.
  제8조 (운임 또는 요금의 일부 환급 금지) 선박운항사업자는 인가된 운임 또는 요금보다 저액의 금액을 받거나 저액의 금액을 받기 위하여 수수한 운임 또는 요금의 일부를 환급하지 못한다.
  제9조 (운송약관) ① 선박운항사업자는 교통부령이 정하는 바에 의하여 운송약관을 정하여 교통부장관의 인가를 받아야 한다. 이를 변경하고자 할 때에도 또한 같다. ② 운송약관에는 여객 및 화물의 운임·요금 기타의 운송조건과 운송에 관한 사업자의 책임에 관한 사항을 정하여야 한다.
  제10조 (운임·요금등의 게시) 선박운항사업자는 제7조와 제9조제1항의 규정에 의하여 인가를 받은 운임·요금과 운송약관을 영업소 기타 이용자가 보기 쉬운 장소에 게시하여야 한다
69) 제12조 (운송인수의 의무) 선박운항사업자는 다음의 경우를 제외하고는 정당한 이유없이 여객 또는 화물의 운송을 거절하지 못한다.
  1. 당해 운송이 법령의 규정에 위반하거나 선량한 풍속 기타 사회질서에 반할 때
  2. 천재·지변 기타 부득이한 사유로 인한 운송상의 지장이 있을 때
  3. 당해 운송이 제9조제1항의 규정에 의하여 인가를 받은 운송약관에 적합하지 아니할 때
70) 제13조 (차별적 대우의 금지) ① 선박운항사업자는 운송의 청약을 받은 순위에 따라 운송하여야 한다. 다만, 위급한 상병환자 또는 부패·변질하기 쉬운 화물을 운송하여야 할 경우 기타 정당한 사유가 있을 때에는 예외로 한다.
  ② 선박운항사업자는 여객 또는 화물을 운송하는 경우에 특정한 이용자에 대하여 부당한 차별적 대우를 하여서는 아니 된다.

3. 화주와의 협의제도의 취약성

해운법 제29조 제6항에서 정한 화주단체와의 협의제도는 어떤 해운국도 도입하지 않고 있는 제도이다. 미국, 일본, 대만이 그러하다. 정기선헌장은 통고규정을 두고 있다. 이는 협의제도가 잘 지켜줄 수 없다는 이유 때문일 것이다. 우리나라도 연혁에서 알 수 있듯이 1978년 처음 도입 시에는 없던 제도가 새롭게 추가되었다.

제29조 제6항에 의하면 수많은 화주와 협의를 거쳐야 하지만, 시행령은 회원의 자격으로 회원의 연간 수출입액의 총계가 우리나라 총 수출입액의 100분의 25 이상일 것 및 단체의 구성 목적이 우리나라 수출입 화주의 권익증진일 것을 요구한다. 무역협회밖에는 없다. 협의상대방으로 지정된 무역협회산하 한국화주협의회는 전체 화주를 대표하는 성격을 가지지 못한다.[71] 그렇기 때문에 이들도 자신들의 의견을 정하기가 쉽지 않은 상태였다.

그렇기 때문에 이 제도의 위법여부를 따질 때에는 이런 국제적인 관행과 우리 법의 연혁을 충분히 고려해야 한다.

4. 신고와 인가의 효력, 그리고 운임공표제

해운법 제29조는 1963년에 있었던 운임의 인가제와는 다르다. 운임에 대한 공동행위를 신고하도록 하고, 2일 이내에 해수부장관이 특별한 통보가 없으면, 수리된 것으로 간주된다. 신고는 인가와 달리 신고의무자에게 아주 낮은 불이익이 부과되는 것이다. 대법원은 법령이 정한 요건 이외의 사유를 들어 수리를 거부하는 것은 위 법령의 목적에 비추어 이를 거부해야 하는 중대한 공익상의 필요가 있는 경우에 한 한다고 한다.[72] 해양수산부 장관이 특별한 통보를

---

71) 해운법 시행령 제15조 제1항.
72) 대법원 1998.9.25. 선고 98두7503 판결; 대법원 2019.10.31. 선고 2017두

한 바가 없으므로 신고는 수리되어 아무런 문제가 없는 것이 된다.

우리 해운법은 정기선사가 화주가 알 수 있도록 사전에 운임을 공표하도록 하는 운임공표제를 실시하고 있다.

VI. 동남아 정기선사 사안에 대한 견해

1. 쟁점의 추출

공정위 조사관의 보고서는 정기선사들은 공동의 행동으로 화주단체와 협의를 하지 않았고 신고의무를 다하지 않았음을 지적한다. 이와 같은 운임에 대한 인상은 실질적으로 경쟁을 제한하였다고 한다. 공정거래법 제19조를 적용하여 공정거래법에 따른 과징금을 부과하였다. 그러므로 본 사안에서의 쟁점은 (i) 화주단체와의 협의 (ii) 신고의무 (iii) 실질적으로 경쟁을 제한하였는가? (iv) 정당한 행위의 여부로 나누어 볼 수 있다.

2. 화주단체와의 협의

정기선사들이 화주단체와 협의를 전혀 하지 않은 것은 아니다. 협의를 화주단체와 하고자 하였지만 처음부터 혹은 두 번째부터는 화주단체는 답을 주지 않았다. 정기선사는 더 이상의 협의는 멈추고 신고절차로 들어갔다. 이러한 정기선사의 화주단체와의 협의는 국제조약에 임의제도로 되어있지만,[73] 미국이나 일본등도 화주와의 협의절차를 두지 않고 있다. 현실적으로 협의가 어렵다는 점을 반영하는 것으로 보인다. 운임인상에 대하여 화주는 반대를 할 터이고 인상분을 내려야 하면 운송인은 이에 반대를 하는 경우 합의에

74320 판결.

73) 동맹에서 먼저 운임을 정하면 이해관계자의 요구에 의하여 협의절차에 들어가는 것으로 되어 있다(제11조).

이르는 절차가 있어야 할 터인데, 이런 제도가 마련되어 있지 않다. 국제조약에 의하면 특별한 절차가 마련되어있다. 합의에 이르지 못할 경우 화주측이 정기선 헌장에 따른 절차를 시작하였어야 하지만, 이는 사실상 사문화되어 있다. 국내법률에 절차를 만들었어야하지만, 그렇지 못하고 신고절차로 넘어가도록 되어 있다. 앞에서 본 바와 같이 제29조 제6항의 운송인의 협의 대상으로 법률상 무역협회 산하의 한국화주협의회가 협의대상으로 전체 화주를 대표하는지도 의문이다.

3. 신고절차

정기선사들은 해마다 기본운임에 대한 협의를 거친 다음 신고를 해양수산부 장관에게 했다.[74] 이에 대하여는 공정거래위원히도 문제를 삼지는 않는다. 문제가 되는 것은 기본운임에 부속되는 하부운임에 대한 공동행위에 대한 신고이다. 공정거래위원회는 신고가 없었기 때문에 절차상 문제가 있다는 입장이다.[75]

신고를 하는 목적은 운임인상이 합리적인지 해양수산부가 검토하여 정당한지를 판단할 기회를 제공하는 것이다. 신고하여 검토한 결과 이상이 있어서 시정조치를 해양수산부가 내린 적이 있다.[76] 신고 후 2일 이내에 조치가 없으면 수리되었다는 간주규정을 해운법은 두고 있다(제29조 제3항과 제4항). 신고가 있었고 아무런 조치가 없으면 수리로 간주되는 것이므로 비록 협의절차가 완전한 합의에 이르지 못했다고 하더라도 유효한 신고가 되고 그 효력을 인정

---

74) 2003년부터 2017년까지 총 19회에 걸친 운임공동행위에 대하여는 해양수산부 장관에게 적법하게 신고했다.
75) 국회 국장감사에서 해수부는 신고한 기본운임하의 하부운임에 대한 공동행위는 신고할 의무가 없다는 입장을 취하고 있다는 점이 알려졌다.
76) 2003. 10. 15. 정기선사들의 신고에 대하여 화주와 협의가 없었던 점에 대하여 해양수산부 장관의 시정조치가 있었다.

받게 된 것이다.

문제가 된 것은 신고를 하지 않은 하부의 운임회복을 세부실행을 위한 공동행위이다. 연초에 하는 운임회복을 위한 기본운임의 인상에 대한 신고가 있고 이의 하부를 이루는 운임의 인상을 위한 공동행위가 있었는데, 이 하부공동행위에 대하여 공정위는 신고가 되지 않았다는 입장이다. 만약, 신고되었어야 하는 사항이라면 행정법상 수리의 효력도 없는 것이므로 공정거래법 제58조의 정당하지 않은 행위가 되어 공정거래법 제19조가 적용될 여지가 생기는 것이지만, 앞에서 본 바와 같이 제58조의 적용대상이 아니다.

한해마다 기본운임(100만원)을 설정해도, 경쟁이 심하기 때문에 기본운임에 대한 인상은 이루어지지 않는다. 시장에서 50만원으로 운임이 형성된다. 다시 이를 지지하기 위하여 제2의 합의(90만원)를 가진다. 경쟁이 치열하므로 다시 운임은 70만원으로 내려간다. 제3의 합의(80만원)를 하게 된다. 시장에서 운임은 60만원으로 형성된다. 제2, 제3, 그리고 제4의 합의는 연초에 신고한 기본운임을 하회하는 것이므로 이를 신고할 의무가 없다는 것이 운송인 측의 주장이다.[77] 이에 대한 어떠한 규정이 있는 것도 아니다. 100만원 이하는 운송인들이 적자를 보는 운임이고 국제해운시장이 꾸준히 불경기여서 운송인이 이런 운임을 위한 공동행위를 통하여 이익을 본 것이 없다고 주장한다.

한편, 공정위는 100여건이 넘는 하부 실행행위로서의 운임공동행위도 모두 신고대상이라고 본다.

4. 실질적 경쟁제한성과 부당성

위 절차적 요소와 무관하게 부당하게 경쟁을 실질적으로 제한하

---

77) 한국해법학회도 이러한 입장의 의견서를 제출했다.

는 경우는 해양수산부 장관의 공정거래위원회에 대한 조치 후 통보
사항이기 때문에 동남아선사들의 공동행위가 경쟁을 실질적으로 제
한하여 화주들이 손해를 보았는지가 중요한 쟁점이 된다.

운송인으로서는 2003년에서 2018년까지 불경기라서 영업상 손해
가 났을지 몰라도 화주측은 이런 공동행위가 없었다면 더 낮은 가
격으로 즉 위의 예에서 50만원으로 운임이 설정될 것을 60만원을
지급했으니 손해를 보았고, 동남아 선사들의 운임에 대한 공동행위
때문에 경쟁이 실질적으로 제한되었다고 보는 것 같다. 결국, 대법
원이 말하는 공정거래법 제58조에서 허용하는 단행법의 "필요최소
한"에 거치는 공동행위가 아니라고 보는 것이다.

(1) 실질적 경쟁제한성

경쟁을 실질적으로 제한하는지의 여부는 시장지배력이 중요하다.
일반 경쟁법 사안에서는 시장에 대한 점유율이 곧 지배력이 된다.
그렇지만 해운산업 중에서 정기선운항은 그렇지 않다. 우리나라 정
기선사들이 60% 정도의 시장점유율을 차지한다. 그렇지만, 이 시장
에서 시장지배력은 아주 낮다고 평가된다. (i) 머스크, NYK, 완화
이와 같은 외국 정기선사들이 같이 경쟁하고 있고, (ii) 운송인들이
더 이상 화주와의 관계에서 甲의 지위에 있지 않기 때문이다.[78]

또한 2000년대 이후 정기선 시장에서의 운임은 소형화주와 정기
선사 사이의 계약으로 결정되는 것이 아니다. 7대 2자물류회사들이
성장해서 이들이 화주와 제1운송계약을 체결한다. 이들은 대량화주
로서 실제운송을 해줄 정기선사를 찾고 이들 사이에 제2운송계약이
체결된다. 삼성SDS, 판토스, 현대글로비스, CJ대한통운 등과 같은
대형 2자물류회사와 운송계약을 체결한다.[79] 정기선사는 乙의 위치

---

78) 이에 대한 자세한 논의는 김인현, "해상법과 경쟁법에 반영되어야 할 개품운
송 시장의 변화", 2021.9.16.자 법률신문이 있다.

에 놓인다. 국제해상운송법은 운송인이 甲이고 화주가 乙이라는 전제에서 화주를 보호하는 조약인 헤이그 비스비규칙을 만들었고, 상법 해상편도 동일하다. 그래서 상법에서 정한 것보다 화주에게 불리한 약정을 체결하면 무효가 되도록 한다.[80] 그런데 이런 것은 더 이상 통하지 않게 되었다. 운송인이 더 불리한 지위에서 운송계약이 체결된다. 이런 현실을 반영하면, 동남아 정기선사들의 시장지배력은 30%에 지나지 않을 것이다. 시장점유율과 시장지배력은 구별하여야 할 것이다.

(2) 부당성

실질적으로 경쟁을 제한하여도 부당하지 않았다면 공정거래법 제19조의 처벌 대상이 아닌 것이 된다. 그러므로 부당성을 따져보아야 한다. 공동행위가 효율성을 증대시킨 것이 경쟁제한성보다 크다면 부당하지 않은 것이 된다.

최소한의 운임을 지지하기 위한 행위가 없었다면 운임은 더 낮아졌을 것이다. 화주들은 조금 더 높은 운임을 지급했을 수 있다. 그렇지만, 동남아 정기선사들은 수입이 적어졌을 것이므로 도산되는 선사가 나왔을 것이다. 원양에서 한진해운이 파산하던 것과 마찬가지이다. 도산되지 않고 정상적인 운항을 통하여 공표된 대로 정기선사가 입출항하여 주었기 때문에 수출입 화물이 적기에 운송되어왔다. 그 효과는 2020년 후반부부터 시작된 코로나 사태하에서 극명하게 들어났다. 우리나라에서 미국이나 유럽가는 항로에서 운임은 10배 가까이 인상되었다. 그렇지만, 동남아 항로에서는 2배 인상에 그쳤다. 운임에 대한 공동행위로 적자를 최소화했기 때문에

---

79) 이에 대한 자세한 논의는 김인현, "2자 물류회사의 법적 지위와 개선방안", 「상사법연구」 제38권 2호(2019), 221면 이하가 있다.
80) 헤이그 비스비 규칙 제3조 제8항 및 한국 상법 제799조이다.

정기선 선박을 건조하고 선원들 봉급을 지급하고 공표된 대로 선박을 공급하고 있는 것이다. 15%이상의 예비선박과 컨테이너 박스를 보유하고 있었기 때문에 중국에서의 코로나 발생으로 인하여 하역이 이루어지지 못하고 선박이 항구에 묶인 상태에서도 추가선박을 투입하여 치솟는 공급수요를 제공한 것이다. 15%의 예비선박을 보유하기 위하여는 일정한 수입이 없다면 불가능한 일이다.

이렇게 본다면, 위의 예에서 10만원을 더 받은 행위는 전체적으로 안정적인 운송서비스의 제공을 가능하게 한 것이다. 따라서 경쟁을 제한했지만, 시장의 효율성을 그보다 더 크게 증대시킨 것이다. 결론적으로는 대법원이 말하는 "필요최소한에 그친 운임에 대한 공동행위"라고 보아야 한다.

따라서 122건의 세부운임인상을 위한 정기선사들의 공동행위는 실질적으로 경쟁을 제한하지 않았기 때문에 해양수산부 장관이 시정을 하거나 더구나 공정거래위원회 위원장에게 통보할 사항도 아니다. 시장의 효율성을 보다 크게 증대시켰으므로 나아가 부당한 공동행위도 아니다.

5. 소 결

쟁점이 된 사안은 화주단체와의 협의, 신고 등에 대하여 정기선사들은 전체적인 절차를 지켰기 때문에 정당하지 않다고 말할 정도의 부당함이 없다고 판단된다. 실질적으로 경쟁을 제한하는 가의 여부도 최근 20여 년 간 운송인이 을의 지위에 놓이는 사항들을 반영하면 부정적으로 보아야 할 것이다. 부당성의 측면에서도 운임공동행위의 효율성 증대측면이 있었기 때문에 부당하지 않다고 본다.

그럼에도 불구하고 해운법과 공정거래법의 규정이 불분명한 점을 분명히 할 필요성은 있다는 점은 인정된다.[81]

---

81) 아쉬운 점은 공정위가 다른 많은 분야에 대하여는 지침을 주면서 수범자에게

VII. 제 안

1. 정기선운임협의체

현행 법률을 그대로 두고 해운법 제29조의 시행규칙으로 "정기선 운임협의체"를 규정하고 운영하는 방안이 유력하다. 운송인 측 3인, 화주 측 3인 그리고 공익을 대변하는 전문가 3인 총 9인이 협의체를 구성하고 마치 도선법상 중앙도선협의회와 같이 작동하게 된다.[82] 운송인이 화주와 운임에 대한 인상협의가 되지 않을 때에는 협의체에 가져오면 협의체가 열리고 여기서 가부를 정하게 된다. 다수결로 처리하게 될 것이다. 이런 협의체가 운영되어서 인상의 가부를 정했다면 공정거래법 제58조의 정당한 행위가 되어 더 이상 공정위가 개입할 수 없게 된다. 현재는 이런 조직이 없다. 그래서 화주측이 승인하지 않은 경우가 공정위가 공정거래법 제58조의 정당한 행위가 아니라고 말할 여지가 있다. 이런 여지를 원천 차단하는 것이 제안의도이다.[83]

이 방안은 해운법과 공정거래법의 관계는 현상과 같이 애매한 관계를 해소하지 못하는 점은 있지만, 정당하지 않은지의 문제를 해결할 수 있다.

2. 미국의 FMC와 같은 독립기구를 두는 방안

공정거래위원회는 공정거래법 제19조의 공동행위 규정을 적용했

어떤 경우에는 처벌대상인 점을 홍보하고 계도했지만, 해운법 제29조에 대하여는 전혀 그런 지침을 마련하여 주지 않았다는 점이다. 이번의 조사관의 보고서와 과징금부과의 시도는 계도와 지침의 성격으로 완화하여 이번 사건을 마무리하는 것이 바람직하다고 생각한다.

82) 도선법 제34조의2, 도선법 시행령 제18조의2.

83) 정기선 헌장에도 제14조에는 연간 운임 인상 시에는 운송인의 인상통보에 따라 협의절차를 거치도록 하고 있다.

다. 공정거래위원회는 동남아 정기선사의 15년간의 운임공동행위가 결국 동법 제58조의 정당한 행위가 아니라고 보는 것이다. 해운법 제29조의 독자성과 완결성이 부정되었다. 이의 당부는 물론 공정거래위원회 상임위에서 크게 다투어야질 내용이다.

이런 공정거래위원회의 입장에 의하면 해운법상의 운임공동행위는 (i) 정당한 경우 (ii) 정당하지 않은 경우로 나눌 수 있고, (ii)의 경우는 공정거래법이 전면 적용된다. (ii)의 경우 과징금 처분을 당하게 된다.

국회개정안은 "해운법 제29조의 운임에 대한 공동행위에는 공정거래법을 적용하지 않는다"는 취지의 규정을 넣고자 한다. 개정의 목적은 정기선사의 운임 등 공동행위는 모두 해운법의 전속적용을 하자는 것이다. 그렇다면, (ii) 정당하지 않은 경우에도 해운법을 적용하자는 것이 된다. 개정안은 또한 과태료를 10억 정도까지 인상하고 있다. 앞에서 본 쟁점을 입법으로 해결하자는 시도로 간명하다.

운임 공동행위에 대한 신고자체가 없는 경우, 화주와 아예 협의가 없는 경우, 외국 정기선사들이 시장지배력을 악용하여 실질적으로 경쟁을 제한하는 경우는 공정거래법 제58조의 정당한 행위가 아닌 지 다툼의 여지가 있는데, 이 법안이 통과되면 모두 해운법의 적용을 받게 된다. 현행의 해운법에서 해양수산부가 취할 수 있는 징계조치는 제한적이다. 공정거래위원회가 가지고 있는 검찰에 대한 고발권, 리니언시의 반영, 공동행위사전인가제 등을 가지지 못한다. 해운법 개정안과 같이 해양수산부가 자기 완결적인 지위를 획득한다고 하여도 현재 제도로는 해운관련 경쟁법상의 목적을 달성할 수 있을지 의문이다.

개정안과 같은 목적을 달성하기 위하여는 해양수산부로부터도 완전 독립적이고 강력한 해운시장위원회가 설치·운영되어야 할 것으로 본다. 해양수산부의 산하에 있다면 자신의 산업분야를 느슨하

게 관리한다는 비난을 면하기 어렵다. 따라서 해양수산부와 완전
독립된 기구를 설치하는 안도 좋은 대안이 된다. 미국의 예에 의하
면 FMC의 수장과 위원들은 대통령이 임명한다.[84] 공동행위에 대한
신고를 받고 심사를 하고 허가를 하는 고유의 업무를 수행하게 된다.
실질적인 과징금 부과 및 검찰에 대한 고발권도 가진다. 해양수산부
는 완전히 독립된 기관이 되어야 객관성이 보장된다는 의미이다.

3. 추가 처리될 해운관련 거래행위

현행 해운법 제29조는 정기선사의 운임, 노선의 조정, 선복의 공
유 등에 대한 공동행위만을 허용한다. 제30조는 불공정거래행위의
일부를 다루고 있다. 기타 경쟁법의 규제대상인 기업결합, 시장지배
적 지위는 적용대상이 아니다. 그러므로 이들은 공정거래법의 적용
을 직접 받게 된다.

미국의 해운법에 의하면 정기선사 및 터미널 운영자가 대표적인
규제의 대상이다. 우리나라도 터미널운영자에 대한 경쟁법의 문제
를 별도로 다룰 필요가 있다. 터미널 운영자들이 공동으로 운임을
인상하거나 일방의 운송인에 대하여 하역료를 인하하면 경쟁법위반
이 된다. 그렇지만 대형화물을 하역하는 대형컨테이너 선사에 대하
여 하역료를 인하해 줄 필요가 있다. 이 행위가 경쟁법위반이 아니
도록 해줄 필요가 있다. 이 행위는 경쟁을 제한할지는 몰라도 물류
흐름의 효용을 증대시키는 것이므로 부당하지는 않는다고 보아야
한다.

우리 법은 무선박운항자(NVOCC)에 대한 배려가 없다. 해운법은
NVOCC를 해상운송사업자로 보지 않는 입장이다. 이들도 서비스계

---

84) 1961년 설치된 FMC는 위원장을 포함하여 5인의 위원은 대통령이 임명하고
    의회의 승인을 얻어야 한다. US FMC Handbook, International Business
    Publication USA, 2016, 31면.

약의 주체가 될 수 있으므로, 우리 해운법도 이를 반영해야 한다.

VIII. 결 론

정기선운항은 국가가 자국 화물의 수출입을 위하여 바다에 고속도로를 건설하는 것과 같다. 또한 상법상 개품운송을 정기선사가 이행하는 것이다. 그러므로 그 이행이 계속하여 반복적으로 행해지게 해야 한다. 그 최선의 방안은 운임, 노선, 선복을 정기선사들이 공동으로 처리할 수 있도록 하는 것이다. 이렇게 함으로써 정기선사들은 도산되지 않고 선복을 꾸준히 제공할 수 있게 된다.

우리 해운법은 제29조에서 국제조약의 예를 따라 운임에 대한 공동행위도 가능하다고 정한다. 미국과 일본은 우리나라와 유사한 제도를 가지고 있다. 그런데, 공정거래법 제58조가 있어서 해운법에 의한 운임공동행위임에도 다시 이 규정이 적용된다는 해석이 나왔다. 제58조에서 말하는 정당하지 않은 행위는 해운법 제29조 제5항 3호의 경쟁을 실질적으로 제한하는 경우에 그 적용의 여지가 있다. 그러나 동남아 정기선사들의 운임에 대한 공동행위는 시장점유율은 높지만 시장지배력은 낮은 상황이라서 경쟁을 실질적으로 제한하지 않았다고 보았다. 그리고 시장에 대한 효율성을 높여준 것이므로 부당하지도 않다는 결론에 이르렀다. 결국 공정거래법 적용이 없는 사안이 된다.

개선안으로서 협의절차가 미비한 점을 보충하기 위하여 정기선 운임협의체의 설치를 독립성을 더 보장하기 위하여 미국의 FMC와 같은 독립 경쟁법 기구를 만들 것을 제안했다.

❏ 참고문헌 ❏

김인현, 「해상법」 제6판, 법문사, 2020.

이기수, 유진희, 「경제법」 제9판 , 세창출판사, 2012.

落合誠一, 「海法大系」, 商事法務, 2003.

海事産業硏究所, 「1984年 美國海運法の解說」, 成山堂書店, 1984.

황진회 외, 「해상운임시장의 공정성 및 투명성제고방안연구」, 국토해양부, 2011.

Kendall and Buckley, 「The Business of Shipping」, Cornell Maritime Press, 2001.

김인현 · 이현균, "정기선해운에 대한 경쟁법 적용과 개선방안", 유통법연구 제17권 제2호(2020).

김인현, "해상법과 경쟁법에 반영되어야 할 개품운송 시장의 변화", 2021. 9.16.자 법률신문

김인현, "2자 물류회사의 법적 지위와 개선방안", 「상사법연구」 제38권 2호(2019).

박광서, "선화주 균형발전을 위한 해운법 및 독점규제법의 개정방향에 관한 연구", 「무역상무연구」 제49호, 한국무역상무학회, 2011.

이정원, "해운업에 있어 부당공동행위에 관한 연구", 한국해법학회지 제34권 제1호(2012).

정진욱, "해운동맹관련 국제적 규제동향과 우리 나라에서의 향후 규제방향연구", 한국해법학회지 제33권 제2호(2011).

Kelly Kim, "The Balance between Cooperation and Competition: How the Shipping Industry Responds to the Hong Kong Competition Ordinance" ABL Vol. 27(2021).

Zhu−Zuoxian, "The Shipping Competition Practices in China; Policy, Regulation & Cases, 「Asian Business Law Review」 Vol. 24, 2019.

04 공정거래위원회의 해운산업 과징금 부과 사례

− 한일항로 중심 기술 −

김근홍*

Ⅰ. 들어가며

　　공정거래위원회에서(이하 "공정위") 운임 및 요금 등 공동행위를 허용하고 있는 해운법에 의한 적법한 공동행위를 실행하였다는 국내외 선사와 해양수산부 주장에 대하여 지난 2022년 1월 한−동남아항로 및 동년 6월 한일항로에 부당한 공동행위금지 규정을 적용, 천문학적인 과징금(약 1,800억 원)을 부과하였고 지난 1993년부터 한중해운회담을 통해 양국 해운 담당 정부당국에서 관리하였던 한중

---

* 한국해운협회 한국근해수송협의회 국장.

항로에 대하여도 2022년 6월 시정 명령을 내린 사례에 대하여 현재 서울고등법원의 행정소송을 진행하고 있는 1년이 경과한 2023년 6월 현 시점에서 미약하나마 지금까지 진행된 경과에 대하여 기록을 남기는 것이 필요하다 판단되어 이 글을 작성하였다.

Ⅱ. 해운산업에 부당한 공동행위금지 규정 적용 사례

"공정위"의 해운산업에 대한 부당한 공동행위금지 규정을 적용한 사례에 대한 발단은 다음과 같다. 2018년 8월 목재 수입 단체의 신고를 계기로 동년 12월 "공정위"에서는 한-동남아항로의 해운 기업(HMM, 장금상선, 흥아해운)과 단체인 동남아정기선사협의회(4사)에 대하여 운임 및 요금 등의 공동행위에 대하여 부당성 여부를 조사하였고 조사과정에서 한중항로에서도 일부 부당한 공동행위가 있는 것으로 인지, 한중 양국 정부의 지침에 따라 설립한 황해정기선사협의회까지 조사를 확대하였다.

1. 인트라아시아항로 전격 조사

해운산업, 특히 정기선(컨테이너) 부문은 해운법에 의거 운임 및 요금등 기타 운송조건에 대하여 공동행위를 허용하는 유일한 법으로 주무부처인 해양수산부에서 동 조사에 대하여 지대한 관심을 가지고 주시하고 있는 상황에서 "공정위"는 2019년 5월 부당한 공동행위금지 규정을 가지고 해운산업에 대하여 전반적 조사, 즉 인트라아시아항로(한일, 한중, 한-동남아항로)의 국내외 주요선사에 대하여 전격적으로 조사를 실시하였다. 한일항로(국적선사 13사, 외국적 1사, 한국근해수송협의회 총 15사) 및 한중항로(국적선사 15사, 외국적선사 11사, 황해정기선사협의회 총 26사), 한-동남아항로(국적 11사, 외국적 11사, 동남아정기선사협의회 총 23사)를 조사하였다. 목재 수입단체에서는 자사의 신고가 해운산업 전반으로 일파만파 파장이 커짐에 따라 신고 취하서와 탄원서를 "공정위"에 제출하였음에도 조사는 중단되지 않고 계속되었다. 당초 "공정위"는 공식, 비공식 소환 조사 등의 방법을 통해 공동행위의 부당성에 대한 선사 및 관계자의 자백을 통해 조기에 결론 도출코자 하였으나 해운법에 의거 정당한 공동행위라는 선사 측의 주장에 가로막혀 조사와 심결을 위한 검토 기간이 상당히 많이 소요되게 되었다. 특히 조사가 시작된 지 4년차인 2021년에 이르러서야 한-동남아항로를 시작으로 한일항로, 한중항로의 취항선사 임원들을 대상으로 소환 조사가 시작된 것이다.

2. 공정위의 일방적 시정조치 및 과징금 부과

한편 한국해운협회(한국근해수송협의회)는 해양수산부로부터 정기선(컨테이너)의 신고된 공동행위는 해운법에 의거 정당하다는 유권해석을 2021년 7월 받게 되었다. 주요 내용으로는 ① 해운법 제29조에 의거 선사들이 해양수산부에 협약 신고한 후 세부내용을 논의한 사항에 대하여 재협의와 신고를 하여야 하는지, ② 해운법 제29조의 절차를 미이행하였을 경우 적용 법률(해운법 또는 경쟁법중)에 대하여 유권해석을 질의한 바, 해양수산부에서는 "이미 신고한 공동행위의 시행을 위하여 세부사항을 논의한 경우에는 화주단체와 협의하거나 해양수산부에 신고할 필요가 없음" 및 "해운법에 근거를 둔 선사들의 공동행위에

절차적 하자가 있다면 이를 규율하고 있는 해운법에 따라 처분하여야 함"이라는 유권해석을 확보하여 선사 측은 "공정위"조사에 반박할 수 있는 기반을 확보하였다. "공정위"의 조사가 오랜 기간 진행되는 가운데 2021년 5월 한-동남아 항로 심사보고서를 발송하였고 이후 선사 측에서는 수차례 정당성을 표명하는 의견을 제시하였다. 해운산업의 특성과 해운법에서의 공동행위가 허용된 근거

와 경과, 우리나라 해운법과 경쟁법과의 관계, 공동행위에 따른 경제성 및 효용성 분석 등 수많은 의견을 제시하였음에도 2022년 1월 "공정위"는 전원회의를 개최하였다. 선사 측에서는 해운법 제29조에 의거 정당하게 협약 신고된 사항 이외 세부내용 논의한 사항에 대하여는 해운법에 재신고 의무가 없다는 주장 및 "공정위"에서 주장하는 세부내용은 한국만이 아닌 일본, 중국, 홍콩, 싱가포르 등 해외에서 통상적으로 허용하는 세계 해운산업의 일반적 행위임을 주장하였으며 해양수산부 또한 전원회의에 참석, 동 사항은 해운법 소관임을 강력하게 주장하였음에도 "공정위"에서는 세부내용을 논의한 사항도 "공정위"의 일방적으로 자의적 해석을 통해 모든 협의사항(세부 내용 포함)은 해운법에 의거 신고가 필요하다는 주장을 하면서 절차상 위반은 경쟁법에서 규정하고 있는 "타 법령에 의한 적용 제외"가 적용되지 않는다는 일방 논리를 주장하면서 시정조치 및 과징금을 부과하였다.

> [해운법 제29조 (운임 등의 협약)]
> ① 외항화물운송사업의 등록을 한 자(이하 "외항화물운송사업자"라 한다)는 다른 외항화물운송사업자(외국인 화물운송사업자를 포함한다)와 운임·선박배치, 화물의 적재, 그 밖의 운송조건에 관한 계약이나 공동행위(외항 부정기 화물운송사업을 경영하는 자의 경우에는 운임에 관한 계약이나 공동행위는 제외하며, 이하 "협약"이라 한다)를 할 수 있다. 다만, 협약에 참가하거나 탈퇴하는 것을 부당하게 제한하는 것을 내용으로 하는 협약을 하여서는 아니 된다.
> ② 외항화물운송사업자(국내항과 외국항에서 해상화물운송사업을 경영하는 외국인 화물운송사업자를 포함한다)가 제1항의 협약을 한 때에는 해수부령으로 정하는 바에 따라 그 내용을 해수부장관에게 신고하여야 한다. 협약의 내용을 변경한 때에도 또한 같다.
> ③ 해수부장관은 제2항에 따른 신고 또는 변경신고를 받은 날부터 2일 이내에 신고수리 여부를 신고인에게 통지하여야 한다.
> ④ 해수부장관이 제3항에서 정한 기간 내에 신고수리 여부 또는 민원처리 관련 법령에 따른 처리기간의 연장 여부를 신고인에게 통지하지

아니하면 그 기간이 끝난 날의 다음 날에 신고를 수리한 것으로 본다.
⑤ 해수부장관은 제2항에 따라 신고된 협약의 내용이 다음 각 호의 어
느 하나에 해당하면 그 협약의 시행 중지, 내용의 변경이나조정등 필요
한 조치를 명할 수 있다. 다만, 제3호에 해당하는 경우에 대한 조치인
때에는 그 내용을 공정위에 통보하여야 한다.
  1. 제1항 단서 또는 국제협약을 위반하는 경우
  2. 선박의 배치, 화물적재, 그 밖의 운송조건 등을 부당하게 정하여
     해상화물운송질서를 문란하게 하는 경우
  3. 부당하게 운임이나 요금을 인상하거나 운항 횟수를 줄여 경쟁을
     실질적으로 제한하는 경우
⑥ 제1항에 따라 협약을 체결한 외항화물운송사업자와 대통령령으로
정하는 화주단체(貨主團體)는 해수부령으로 정하는 바에 따라 운임과
부대비용 등 운송조건에 관하여 서로 정보를 충분히 교환하여야 하며,
제2항에 따른 신고를 하기 전에 운임이나 부대비용 등 운송조건에 관
하여 협의를 하여야 한다. 이 경우 당사자들은 정당한 사유 없이 이를
거부하여서는 아니 된다.

　이후 한－동남아항로 "공정위"전원회의 결론 도출 이후 2022년
3월 "공정위"는 한일항로 및 한중항로에 대하여도 한－동남아항로
와 같이 운임회복(RR) 신고 이후 세부내용을 논의치 않은 것은 해
운법에서 규정한 절차를 위배한 것이므로 경쟁법 적용 대상이라는
논리로 심사보고서 발송과 더불어 동년 6월 "공정위"전원회의 개최
를 통지하였다. 이에 따라 한일항로 전원회의 시 선사 측에서 우리
나라는 1978년 UN의 Liner Code(UNCTAD)를 수용하였고 1978년
해상운송사업법(현 "해운법")을 통해 공동행위를 할 수 있도록 규정
하였다. 이는 경쟁법 제정(1980년) 이전에 규정 수립된 것으로
1999년 카르텔 관련 법 일괄 정리 시 "공정위"에서 해운법에 의한
부당한 경쟁제한 행위에 대한 처분 시 사전에 "공정위"와 협의하여
줄 것을 요구하였으나 해양수산부에서는 고유권한이므로 불필요하
다는 입장 확인 및 해운법 일부 개정을 통해 처분 후 통보키로 개
정된 사항 등을 주장하면서 경쟁법 적용 제외는 해운법만이 유일하

게 되었다.

[해수부의 2021.7.12.자 해운법 제29조 관련 질의 회신 중 일부]

○ 특히, 부당하게 경쟁을 제한하는 공동행위에 대해서는 해양수산부 장
관이 위와 같은 처분을 하고 이를 공정거래위원회에 통보하도록 하고
있음

- 당초 해운법상 해양수산부장관이 공동행위에 대한 조치를 한 경우 공
정거래위원회에 통보하는 규정이 없었으나 '99년 해운법 개정을 위한
부처협의 시 공정위의 의견을 일부 수용*하였음

  * 공정위는 해수부가 조치하기 전에 공정위와 협의하도록 요구하였으나 해수부는 해
  수부의 고유권한이므로 협의가 불필요하다는 입장 ⇒ 양 기관이 재협의한 결과, 해
  수부에서 조치하고 그 내용을 공정위에 사후 통보하기로 합의

○ 또한, 공정거래법이 제정 ('90. 1)되기 전부터 舊 해상운송사업법에 공동
행위 규정을 신설('78. 12)하여 현재까지 운영되고 있으며, 공정거래법
제58조에 따라 다른 법률에 따른 정당한 공동행위에 대하여는 공정거
래법을 적용하지 않는 등 해운법은 공정거래법에 대한 특별법으로서
의 지위를 갖고 있음

또한, "공정위"에서 부당한 공동행위 시점으로 지적한 2003년 11
월 운임회복(Rate Restoration; RR)과 최저운임가이드(Minimum Guile
Line; MGL, Agreed Minimum Rate; AMR등) 관련 해양수산부에 협약
신고가 늦은 절차상 위반 사항에 대하여 한국근해수송협의회는
2004년 1월 해양수산부로부터 행정처분을 받아 실질적으로 절차상
처벌 권한은 해양수산부가 있음을 강력하게 주장하였고 더불어
2004년 1월 한국복합운송협회(현 한국국제물류협회)의 신고로 "공정
위"에서 해당 운임 회복(2003년 11월 RR과 MGL)에 대한 신고 여부
및 절차상의 위반 여부 등에 대하여 한국근해수송협의회를 조사,
증거 자료 등을 수집, 검토한 결과 최저운임제등의 MGL은 운임회

복(RR)에 해당되며 해운법에서 인정하는 공동행위임을 확인하였으며 절차상 위반에 대하여도 "공정위"는 동 사항은 해운법 소관 업무임을 명확하게 밝혀 지난 2004년 동일한 방식으로 운임회복(RR과 MGL 방식)으로 현재까지 지속 운영하였던 사항을 "공정위"는 약 20년이 지나서는 절차 위반이므로 경쟁법 적용대상이라는 이중적 잣대를 적용한 것이다.

[2004.1.16. 수출입물류개선협의회 결과 보고 중 일부]

해 양 수 산 부

수신자   한국근해수송협의회
(경유)

제목   해운법 위반사항에 대한 행정처분 결과 통보

1. 해운정책과-156('04.1.14)호 관련입니다.

2. 귀 협의회가 '03.10.17 제정한 한/일항로 운임 할인율 축소를 위한 공동행위와 관련하여 귀 협의회에서는 해운법 제29조 및 동법시행규칙 제23조의 규정에 의한 협약신고 절차상 법정기한 내에 이행하지 않고 '04.1.8 우리부에 신고한 사실이 있어 이에 경고 조치함을 통보하며

3. 이후에 위와 같은 위법행위가 발생할 경우에는 해운법 관련 규정에 따라 엄중 조치할 계획이니 법규 미이행에 따른 불이익을 받지 않도록 업무에 철저를 기하기 바랍니다. 끝.

해 양 수 산 부 장

그리고 우리나라 물류 경쟁력 제고를 위해 2004년 1월 수출입물류개선협의회(산업자원부, 해양수산부, 한국화주협의회(법정 화주단체), 한국근해수송협의회, 황해정기선사협의회, 동남아정기선사협의회, 화주와

선사)를 개최하여 2003년 11월 운임회복(RR과 MGL, AMR등)에 대하여 논의한 바, 운임회복(RR 및 MGL, AMR등)이 수출입업체에 대한 물류 경쟁력을 약화시키지 않다는 확인을 받았던 사실을 증거 자료로 제시하면서 "공정위"조사의 위법성과 운임회복(RR 및 MGL, AMR등)에 대한 이해 정부부처와 단체 모두 적법성을 확인하는 증거들을 제시하였으나 "공정위"에서는 마치 짜여진 각본처럼 한-동남아 항로와 같이 한일항로에 대하여도 시정명령 및 과징금을 부과하는 결론을 도출하였다.

- 복합운송협회의 공정거래위원회 질의에 관한 사항
 1. 최저운임제등의 선사의 공동행위
  ▶ 공정거래위원회 답변 : 최저운임제라는 방식의 선사간 공동행위는 해운법에서 허용, 정당한 행위임을 복운협에 답변
 2. 선사들의 협약 절차상의 문제
  ▶ 공정거래위원회 답변 : 동 사항은 해운법 소관업무임에 해양부로 이 첩, 처리코저 하였으나 복운협에서 질의에 대한 회신 필요없다고 하여 공정위에서도 이첩 처리하지 않고 해양부에 유선 질의

  ▷ 해양수산부 : 공정위에서 유선상 질의시 적법한 절차에 의한 합법적 공동행위라 답변

이 과정에서 미국, 유럽 등 제3국에서 수출된 화물이 부산에서 다른 선박에 화물이 옮겨져 일본으로 보내지는 환적화물(FEEDER)에 대하여도 "공정위"는 부당성을 제기하면서 과징금을 부과하였는데 미국 및 싱가포르 등의 경쟁법에는 환적화물은 자국 수출입업체에 영향을 미치지 않는 관계로 경쟁법을 적용치 않는다고 규정하고 있는 상황이며 우리나라 경쟁법이 국외에서 행한 행위가 국내 시장에 영향을 미칠 경우 경쟁법을 적용하도록 규정하고 있지만 환적화물(FEEDER)은 우리나라 수출입업체의 물류비와 전혀 연관이 없고 오

히려 항만 산업 발전과 고용창출 유도, 외화 가득 등 해양수산부의 전략적 유치 화물임을 주장하였음에도 이를 무시하고 일방적으로 경쟁법을 적용, 과징금을 부과하였다.

마지막으로 한중항로에 대하여는 양국 해운당국의 관리 체제를 의식해서인지 과징금은 부과치 않고 시정명령만 내림으로써 우리나라 "공정위"스스로가 3개 항로 동일 선사들의 동일 행태에 대하여도 차별적인 결과를 도출하였던 것이다. 그 이유는 한일항로 또한 한일 양국 정부 당국 간 고위급 해운회담이 지속되어 왔고 양국 정부당국에서 시장 상황을 관리, 감독하였음에도 "공정위"는 이처럼 다른 결론을 도출한 것이다. 이에 따라 선사측은 "공정위"결과에 대하여 한—동남아항로 심결에 대하여 이의 신청을 제기하였으나 "공정위"측에서는 기각을 결정하여 한일 및 한중, 한—동남아항로 3개 항로 모두 서울고등법원에 행정소송을 제기하였다.

Ⅲ. 경 과

현재 한일 및 한중, 한—동남아항로 모두 행정 소송을 진행 중에 있는 가운데 서울고등법원의 제3행정부 및 제6행정부, 제7행정부에 사건 배당되어 변론을 진행 중에 있는 상황이다. 재판의 1심 격인 "공정위"전원회의 심결에 대하여 그동안 무수히 제기되었던 사항들을 서울고등법원 재판부에 문제 제기하면서 해운산업의 공동행위의 정당성과 해운법 소관임을 강력하게 주장하고 있는 상황이다.

특히, 해운산업, 정기선(컨테이너)는 전 세계를 대상으로 화물을 수송하기 때문에 상당수의 선박이 필요하고 광범위한 지역에서의 선박의 입출항과 화물 집하를 위해 업무를 수행하는 지점(사)과 대리점 등이 필요하며 선박이 화물을 적양하기 위한 터미널과 보관장소(Container Yard), 도로육송업체 등을 보유하거나 이용 계약 등의 방법으로 서비스를 제공하는 산업으로 초기에 막대한 자본 및 투자가 요구된다. 이러한 다수의 선사들이 일정한 항로에서 화물을 집하하기 위해 과도하고 출혈적인 운임경쟁을 한다면 대규모 투자를 한 선사의 이익률이 치명적으로 감소할 수밖에 없어 적자 노선의 운항횟수를 축소하거나 노선 자체를 폐지하는 방식으로 운영되는 문제점이 발생할 수 있으며 계속적인 경쟁으로 종국에는 도산, 파산까지 이를 수 있다.

정기선(컨테이너) 산업은 일반적인 제조업체와 달리 한 국가 내에서의 영업이 아닌 국제적인 영업을 전개해야 하는 관계로 여러 국가를 넘나드는 움직이는 공장이 바로 선박 자체가 된다. 제조업은 관세, 노동 등 무역장벽을 통해 자국의 취약 산업을 보호할 수단을 가지고 있으나 국제적인 완전 자유경쟁에 있는 해운산업은 보호 수단이 마땅치 않다. 다수의 선사들이 화물이 많은 1개 화주기업에게 경쟁적으로 화물 유치를 위한 운임 인하 경쟁을 지속적으로 할 경우 화물을 놓칠 수 없는 선사 입장에서는 고정비를 포함하여 연료비, 하역료 등의 가용비용을 포기하고서라도 화물을 유치해야 하는 파멸적 경쟁 상태까지 이르게 된다. 국가 간의 무역을 증진시키기 위해서는 각국의 컨테이너 노선의 확충이 필요하지만 과다한 운임경쟁이 발생되면 부득이하게 노선 감축이 요구될 수밖에 없이 컨테이너 시장은 일반적인 시장과 달리 완전 경쟁이 효율성 제고를 하지 못하고 대형선사 위주의 시장집중할 수밖에 없는 산업의 특수성이 있다. 이러한 파멸적 경쟁에 의한 시장 붕괴, 즉 독점화, 과점화 방지를 위해 컨테이너 선사들의 서비스에 운임 하한을 두는 경쟁제한(선사간 공동행위)이 필요한 것이다.

Ⅳ. 공동행위의 예외적 규정

우리나라 산업 중에서 경쟁업체간 공동행위를 허용하고 있는 유일한 산업이 외항 정기선(컨테이너)이다. 공장이라는 물체(선박과 비행기)를 활용해 국경을 넘나드는 해운과 항공산업이 있는데 항공은 국가 간 협정이 체결되어야 하며 우리나라 "공정위"로부터 인가를 받아야 하는 반면 해운산업은 경쟁업체간 공동행위를 체결하고 일정 절차만 갖춰 주무부처인 해양수산부에 신고하면 되는 것으로 그 이유는 항공은 양국 정부의 허가가 필요한 반면 해운은 항만을 개방한 전 세계 어느 항만이라도 자유롭게 기항 여부를 선사 스스로 결정하면 되는 것으로 무한 경쟁이 파멸적 경쟁으로 연결될 수 있어 선사들에게 공동행위를 허용하는 것이다.

정기선(컨테이너) 산업이 운임 등 공동행위를 예외적으로 허용한 구체적 배경은 다음과 같다. 첫째, 해운산업은 글로벌 경쟁시장이고 만성적 공급과잉시장이며 화주 중심의 시장으로 선사들이 공동행위를 통해 이용자인 화주에게 피해를 줄 수 있는 시장구조가 아니었기 때문이다. 실례로 지난 2021년 코로나 바이러스가 유행할 당시 정기선(컨테이너)항로의 선박은 각국에 멈춤 없이 운항 중에 있어 공급과잉 상태가 유지되었음에도 항만의 적체와 항만 노동자의 원활한 하역 작업의 불가로 선박이 바다에서 대기하는 등 원활한 해운물류가 동맥경화처럼 막혀있을 당시 해상운임은 사상초유로 치솟아 40ft 컨테이너의 중국발 미국향 해상운임이 US$ 20,000에 육박할 정도였으나 코로나 엔데믹 이후 운항선박은 동일 또는 감축되었음에도 현재는 1/10 수준으로 하락된 상태는 해운산업은 화주를 중심으로 화물에 따라 운임이 결정되는 수요자 중심의 시장이기 때문이다.

둘째로 위의 사례에서 보듯 무역 확대에 필요한 정기선 항로의 확대를 유도하기 위해서는 다수의 선사들이 경쟁토록 시장을 유도하는 것이 필요한데 이러한 경쟁 상태를 유도하기 위해서는 자본력과 보유 자산 등이 약한 선사들 간 공동행위를 통해 대형선과의 경쟁 체제를 유지하는 것이 화주에게 유리하며 국가경제에도 도움이 된다는 취지이다. 각 국가들은 정기선(컨테이너) 업체가 감소되어 항로 서비스가 축소되는 것을 우려할 수밖에 없다. 무역 증진과 자국의 수출입화주의 해운물류 경쟁력 제고를 위해서는 다수의 업체가 수출입화주에게 더 낮은 운임과 해운 서비스 항로 등을 제공토록하는 것이 화주에게 절대적으로 유리하므로 선사간의 공동행위를 허용, 최소한의 이윤 보장을 통해 공급과잉 시장이 유지되도록 하는 것이 자국의 국민경제에 도움이 된다고 판단한 것이다.

우리나라 해운의 공동행위에 대한 특성을 돌아보아야 한다. 우리나라는 현재 HMM과 SM상선을 제외하고 모두 인트라아시아항로(한일, 한중, 한–동남아항로) 서비스에 국한되고 있다. 그 이유는 대부분의 국적선사들이 재정 상황이 열악한 중소, 중견기업이어서 정기선(컨테이너)의 자율적 규제가 없을 경우 초대형 외국적선사들의 규모의 경제에 의한 원가 경쟁력에서 생존의 문제를 걱정해야 하는 상황이 될 수 있다. 2008년 EU의 해운동맹에 의한 경쟁법 적용 제외제도를 폐지한 이후 소수의 초대형선사로 집중, 과점 상태가 되었고 이후 일본 또한 2018년 3개 컨테이너 선사들은 1개로 합쳐 Ocean Netwok Express(ONE)로 통합, 운영 중에 있고 중국 또한 원양항로는 COSCO로 통합, 1개 선사로 운항 중에 있으며 이러한 과정에서 수많은 M&A를 통해 소수의 초대형 선사들이 전 세계 해운시장을 지배하고 있는 상황에서 이들 초대형 선사들과 경쟁해야 하는 우리나라 선사들은 해운동맹, 얼라이언스(Alliance) 등 정기선(컨테이너) 선사 간 공동행위가 허용되어야 다수의 중소형 국적선사들이 초대형 선사의 무차별 선대 투입과 저가운임 공세에서 생존할 수 있는 것으로 한-동남아항로는 동남아정기선사협의회를 통해 선사 간 공동행위로 해운 불황기에 극심한 출혈경쟁의 파고를 어느 정도 막아냈고 한일 및 한중항로는 공급 조절이 어느 정도 보장되는 해운동맹에 의해 수익성이 유지될 수 있어서 우리나라 국적선사들이 운항을 지속할 수 있었다. 우리나라 수출입 화주들이 안정적으로 무역을 유지하고 해운물류 경쟁력을 확보하게 된 것은 지난 40여년이 넘도록 인트라아시아항로(한일, 한중, 한-동남아항로)에서 해운동맹 및 공동행위 등을 통해 많은 국적선사들이 생존하여 선박의 안정적 제공과 운임급등의 안전판을 역할을 하여 왔기 때문이다. 상기의 해운 산업 특성과 우리나라 해운산업의 현주소 등을 서울고등법원에 제기하면서 해운법 제29조는 공동행위의 체결, 절차, 처벌 규정 등 완결성을 보유한 법 규정임을 주장하자 최근 서울고등법원에서는 금번 사건은 해운법 제29조와 관련한 법리가 핵심 사안으로 판단하여 해운법은 운임 등에 대하여 공동행위를 할 수 있도록 규정하고 있는데 예외적으로 "공정위"가 심결한 경우로 "공정위"는 공동행위의 부당성 여부를 판단하기 위해서는 일정한 단계별 심사, 분석(1단계 공동행위의 성격 및 시장 분석, 2단계 경쟁제한성 여부 분석, 3단계 효율성 여부 분석, 4단계 비교 형량)을 하고 있는데 이번 사건은 "공정위"가 일반 가격담합 사건과 같이 가격공동행위 등의 경성공동행위로 판단, 1단계에서 부당성을 추정한 것으로 보이나 해운법에서는 공동행위를 허용하고 있으므로 "공정위"처럼 경성공공행위라 하여 1단계에서 심사하고 부당성 판단을 내릴 것인지 아니면 1~4단계까지 차례차례 분석, 심사를 하고난 후 부당성 여부를 판단해야 하는 것인지 문제가 될 수 있다고 판단되어 서울고등법원의 재판부는 1단계에서 심사, 분석을 끝내서는 안 되고 해운법과 같은 예외적인 경우에는 1~4단계까지 각 단계별로 분석, 심사해야 한다고 판단하고 있다는 의견을 제시하였다.

Ⅴ. 나가며

재판부는 "공정위"가 정기선(컨티어너)선사들이 화주단체와의 사전 협의나 해양수산부장관 신고와 같은 절차를 밟지 않아 해운법상에 규정된 절차를 밟지 않았으므로 이는 해운법에서 규정한 절차 위반에 해당하므로 공정거래법 제59조에서 규정한 정당한 행위에 해당하지 않아 경쟁법 위반에 해당하므로 해운법 제29조 제5항 제3호 "부당하게 운임이나 요금을 인상하여 실질적으로 경쟁을 제한하는 경우"에 관한 검토 및 심사는 필요없다고 주장하는데, 재판부 판단은 절차적으로 신고나 협의 절차와 같은 사항들을 가지고 해운법 제29조 제5항 제3조의 개별적인 부당성 사유에 대한 검토 없이 해운법 위법성의 근거로 삼아 바로 경쟁법 위반으로 볼 수 있는지 의문이 있으므로 "공정위"는 해운법과 경쟁법 중 어느 법에 근거하여 어느 단계까지 부당성 심사를 했었는지 밝힐 것과 해운법의 부당성에 관한 "공정위"의 입장을 밝힐 것을 주문하였다. 또한, 재판부는 해운법상 해수부장관은 해운법 제29조 제5항 제3호에서 규정된 부당한 공동행위가 있는 경우 이에 대하여 시정조치를 취하고 그 결과를 피고에게 통보하도록 되어 있는데, 해양수산부 장관이 이 사건 공동행위에 대하여 시정조치를 취한 바도 없고 따라서 "공정위"에게 통보한 적도 없었기에 이와 관련하여 해운 법 제29조 제5항 단서의 통보 규정에 따라 해양수산부장관의 통보만 있으면 통보로 끝나는 것인지, 아니면 통보하면 "공정위"가 개입할 수 있는 것인지 여부도 문제될 수 있을 것으로 판단되므로 동 사건은 해양수산부장관이 시정조치도 취한 바 없고 "공정위"에게 통보를 한 바도 없는데 "공정위"가 바로 개입한 사건으로 보여서 적절한 것인지

여부가 문제가 될 수 있어 보인다고 의견을 제시하면서 계속 변론
을 이어 나갈 상황이다.

〈제7행정부의 제안과 서울고등법원 판결에 대하여〉

제7행정부에서 파격적인 제안을 하였다. 제7행정부에서는 현재
서울고등법원에 이와 유사한 사건이 많은 관계로 모든 사건에 대하
여 판결을 내리는 것은 비효율적이므로 대표 사건을 선정하겠다는
이사를 표명하였다. 대표사건에 대하여 판결을 내리면 "선사" 또는
"공정위" 양측 모두 대법원까지 재판을 진행할 것으로 예상되므로
제7행정부에서는 총 6개의 사건(에버그린(동남아), 국적5사(동남아),
CNC(동남아), OOCL(동남아), HMM(한일/한중))을 담당하고 있는 가운
데 최종적으로 대만선사인 "에버그린"사건을 대표사건으로 선정하
고 2024년 2월 1일 판결에서 "해운법상 공동행위에 대한 규제권한
의 소재"를 쟁점으로 해운법과 공정거래법 입법 연혁 및 관계, 공
동행위 허용하는 타 법과의 비교, 외국의 사례 등을 통해 최종 주
문은 "동 사건의 공동행위는 해양수산부장관이 배타적 규제권한을
가지며 공정위는 규제권한이 없으므로 경쟁제한성 내지 부당성 여
부를 살필 필요가 없음에 이 사건 처분은 위법함"을 판결하였다.
이후 제7행정부의 대표사건이 "공정위"의 대법원 상고로 진행 중에
있어 최근 제6행정부는 대법원의 결과를 기다려보겠다는 입장으로
속행(추후지정)하였고 제3행정부 또한 변론기일을 통일시키는 등 양
재판부에서는 공공연하게 대법원 판결이 나올 때까지 기다리겠다는
입장을 표명하고 있는 상황이다.

공동행위를 허용하고 있는 정기선(컨테이너) 해운산업에 대한 "공
정위"와의 행정소송을 진행 과정에 이러한 내용을 밝히는 것이 맞
는지 여부는 판단하기 어려우나 2018년부터 6년여에 걸쳐 "공정위"
조사 및 전원회의, 행정소송 진행 등을 지근거리에서 지켜본 입장

에서 "법"을 해석에 따라 이중적으로 적용 가능하다는 안타까운 현실에 2023년 7월 무더운 날씨가 휘감고 있는 오후 여의도 사무실에서 씁쓸함을 느꼈다.

※ 해운법상 공동행위 규정 배경과 기능(한국해운협회 양창호 부회장 자료 일부 인용)

05 조선업 관련 경쟁법적 이슈

정 환 · 지수빈*

Ⅰ. 현대중공업 주식회사(한국조선해양 주식회사)의 대우 조선해양 주식회사 주식 인수 거래에 관한 기업결합 사례

1. 사안의 개요[1]

한국산업은행과 현대중공업 주식회사(이하 현대중공업)는 2019. 1. 31. 대우조선해양 주식회사(이하 대우조선해양)의 경영정상화 및 국내 조선업 경쟁력 강화를 목적으로, 현대중공업과 대우조선해양간

---

* 법무법인(유한) 광장 변호사.
1) 산업통상자원부 2022. 1. 13.자 보도자료, 공정거래위원회 2022. 1. 14.자 보도자료 및 한국조선해양 홈페이지 보도자료 등 참조.

기업결합을 추진하기로 하는 내용의 합의서를 작성하였다. 이어서 현대중공업은 2019. 3. 8. 대우조선해양의 최대주주인 한국산업은행 으로부터, 대우조선해양의 주식 약 55.7%(약 2조 원 상당)을 인수하 는 계약을 체결하였다(이하 "현중 기업결합"). 위 합의서 및 계약의 이행을 위해, 현대중공업은 2022. 6. 3. 물적분할을 통해서 한국조 선해양 주식회사(존속법인, 이하 "한국조선해양")로 사명을 변경하였 고, 한국조선해양이 대우조선해양의 인수 주체가 되었다.

2. 국가별 기업결합신고 및 심사의 경과[2]

현중 기업결합은 세계 조선업체 1위가 4위 업체를 인수하는 거 래로서 조선 산업 전반에 미치는 효과가 클 것으로 예상되었으며,[3] 경쟁법의 관점에서 국내뿐 아니라 EU, 일본, 중국, 싱가포르 및 카 자흐스탄 등 다수의 국가에서 기업결합에 대한 승인을 받을 필요가 있었다. 이에 한국조선해양은 2019년 4월경부터 유럽집행위원회(이 하 EC)와 사전 협의를 개시하였고, 2019. 7. 1. 한국 공정거래위원 회(이하 공정위), 그리고 2019. 11. 12. EC에 각각 신고하였으며, 그 외 국가의 경쟁당국에 관하여도 기업결합신고를 진행하였다. 이에 2019. 10. 25. 카자흐스탄에서, 2020. 8. 25. 싱가포르에서, 2020. 12. 21. 중국에서 별도의 시정조치 부과 없는(조건 없는) 승인이 이 루어졌으나, EU의 경쟁당국인 EC는 2022. 1. 13. 본 건 기업결합 으로 인해 경쟁제한이 발생할 우려가 있다는 이유로 본 건 기업결 합을 불승인하였고, 이에 따라 같은 날 한국조선해양이 한국 공정 위에 신고 철회서를 제출하여 한국 공정위의 심사도 "심사절차 종 료"되었다. 구체적인 각 경쟁당국의 판단은 다음과 같다.

---

2) 각주 1과 동일.
3) 2016년~2020년 수주환산톤수(CGT) 기준 추산 시장점유율: 현대중공업 19.0%, 중국선반공업집단공사(CSSC) 14.1%, 삼성중공업 7.0%, 대우조선해양 6.8%. (공정거래위원회 2022. 1. 14.자 보도자료 참조)

(1) 한국 공정거래위원회[4]

한국 공정위는 본 건 기업결합의 관련 시장을 LNG 및 LPG 운반선, 컨테이너선 등 상선 9개, 해양플랜트 2개, 함정 2개, 선박 엔진 2개 및 협력업체 관련 구매시장 등 총 16개의 관련 시장을 획정하여 경쟁제한성을 검토하였다. 관련 시장 중 (i) 정부 수요독점 시장인 함정 시장, (ii) 원천기술보유사(MAN)의 판매 지역 제한이 있는 추진 엔진 시장 및 (iii) 협력업체 관련 구매 시장의 관련 지역 시장은 국내 시장이고, 나머지는 세계 시장으로 획정되었다.

한국 공정위는 (i) 수평적 결합 관련, 전 세계 LNG 운반선 시장에서 당사회사들의 합계 점유율이 약 61.1%라는 점에서, 당사회사들의 기술력, 입찰 자료, 공급 능력 지수 등을 살펴보았고, (ii) 수직적 결합 관련, ① 국내 추진 엔진 시장에서 본 건 기업결합 이후 대우조선해양의 추진 엔진 구매처가 현대중공업 기업집단으로 전환되면, 기존 공급업체의 국내 판매선이 봉쇄될 가능성을 분석하였으며, ② 국내 협력업체 관련 구매 시장에서 당사회사들의 구매 점유율 합계가 약 71.8%라는 점에서, 본 건 기업결합 이후 협력업체들의 판매선 및 가격협상력 감소 가능성 등을 평가하였다. 그리고 2021. 12. 29. 본 건 기업결합의 종합적인 경쟁제한성을 분석한 심사보고서를 위원회에 상정하였는데, 당사회사들의 신고 철회에 따라 심사절차를 종료하게 되었다.

(2) EC[5]

EC는 2019. 12. 17. 본 건 기업결합에 관한 심층 심사를 개시하

---

4) 공정위 2022. 1. 14.자 보도자료 참조.

5) EC 2022. 1. 13.자 보도자료 "Mergers: Commission prohibits proposed acquisition of Daewoo Shipbuilding & Marine Engineering by Hyundai Heavy Industries Holdings" 및 국내 언론 보도 자료(연합뉴스 2019. 12. 18. 자 기사 https://www.yna.co.kr/view/AKR20191218005500098; 가스신문 2022.

였고, 2019. 12. 18. 앞서 진행한 예비 심사 결과를 발표하였다. EC
는 예비 심사 결과, 본 건 기업결합으로 인해 (i) 대형 컨테이너선
(Large containerships), (ii) 유조선(Oil tankers), (iii) 액화석유가스
(LPG) 수송선(Liquefied petroleum gas carrier) 및 (iv) 액화천연가스
(LNG) 수송선(Liquefied natural gas carrier)의 4개의 시장에서, 대우
조선해양이라는 중요한 경쟁 압력이 사라진다는 점이 우려된다고
밝혔다. 구체적으로, EC는 (i) 나머지 경쟁사업자들이 당사회사들에
대한 충분한 경쟁 압력으로 작용하기 어렵다는 점, (ii) 고객사인
선사들이 합병된 업체를 억제할 충분한 협상력을 갖지 못할 것으로
보인다는 점, (iii) 위 시장들이 진입 장벽이 높아 본 건 기업결합에
따른 부정적 영향에 대응할 다른 조선 업체가 적시에 진입할 가능
성이 없다는 점, (iv) 기업결합 당사회사가 1단계 심사기간(예비 심
사) 중 EC의 경쟁제한 우려를 해소할만한 시정조치안을 제출하지
않았다는 점을 들었다. 결론적으로 EC는 예비 심사에서 본 건 기업
결합으로 인해 화물 조선 시장에서 경쟁이 상당히 줄어들 수 있고,
가격 상승(higher price), 선택권 축소(less choice) 및 혁신 유인 감
소(reduced incentives to innovate)가 발생할 수 있다고 판단하였다.

결국 EC는 2022. 1. 13. (i) 본 건 기업결합으로 인해 결합당사
회사가 지배적인 지위를 창출하게 되고, (ii) 세계 LNG 운반선 시
장의 경쟁이 감소할 것이며 (iii) 결합당사회사들이 EC의 우려를 해
결하기 위한 구제책을 공식적으로 제공하지 않았다는 점을 들며,
EU 기업결합 규정(EU Merger Regulation)에 따라 본 건 기업결합을
금지하였다. EC는 이러한 결정이 오직 대형 LNG 운반선 시장에 관
한 것이라고 명시하였고, 해당 시장에서 경쟁의 감소 요인들을 아

---

1. 18.자 기사 http://www.gasnews.com/news/articleView.html?idxno= 103198;
연합인포맥스 2022. 1. 13.자 기사 https://news.einfomax.co.kr/
news/articleView.html?idxno=4193665; ICN2022. 1. 14.자 기사 https://
icnweb.kr/2022/49983/ 등) 참조.

래와 같이 제시하였다.

① 매우 크고 증대하는 시장점유율(very large and increasing market shares): 결합당사회사들은 이미 집중되어 있는 시장에서 세계 최대 기업이 될 것이고, 그 합산 점유율은 최소 60%가 될 것이며, 이는 더 증가할 것으로 예상됨

② 고객을 위한 대체거래선이 거의 없음(Very few alternatives for customers): 결합당사회사들 외에 시장에서 유력 경쟁사는 1개 회사밖에 없고, 해당 회사의 공급능력(capacity)은 당사회사들에 대한 제약으로 충분하지 않음

③ 시장에서 공급 능력(capacity)이 제한됨(Limited capacity in the market): EC의 상세한 수요 및 공급 분석에 따르면, 결합당사회사들이 시장에서 중추적인 위치를 차지할 것이고, 나머지 경쟁업체는 예상 수요를 감당할 수 없음

④ 진입 장벽이 매우 높고 구매자의 협상력이 없음(Very high barriers to entry and no buyer power): 대형 LNG 운반선은 그 건조가 매우 복잡하고 고도로 정교하며 차별화되어 있는 선박으로서, 시장 진입 및 성공적인 운영이 매우 어려움. 그리고 고객 기반이 매우 파편화되어 있으며 소량 주문이 통상적이므로, 고객이 매우 제한된 선택지만을 보유함

코로나 바이러스의 영향력이 없음(No Impact of the coronavirus pandemic): 대형 LNG 운반선의 수요가 코로나 바이러스의 영향을 받지 않고, 향후 수요 전망도 긍정적임

3. 시사점[6]

EC는 LNG가 EU 내 에너지 소비량의 약 4분의 1을 차지하며

---

6) 위 산업통상자원부 2022. 1. 13.자 보도자료, 위 EC 2022. 1. 13.자 보도자료, 위 가스신문 2022. 1. 18.자 보도 참조.

유럽의 에너지원 다변화에 기여하므로 에너지 안보와도 연관이 있
는데, 이는 대부분 수입산으로서 대형 LNG 운반선이 LNG 공급 사
슬(supply chain)의 필수적인 요소이며, 본 건 기업결합에 관한 결정
으로 유럽 선사들이 대형 LNG 운반선의 확보에 충분히 많은 선택
지를 갖게 된다고 밝혔다. 그러나 EC의 결정은 아래와 같은 쟁점이
존재하며, 그 경과가 명확히 확인되지는 않지만 현대중공업지주는
이에 관한 소송도 제기한 것으로 보이는바,[7] 소송의 결과에 따라
향후 조선업 관련 기업결합 심사에 다소나마 영향을 미칠 수도 있
을 것으로 예상된다.

먼저, 세계적인 법률자문사인 프레시필즈(Freshfields), 경제분석
컨설팅 기업인 컴파스 렉시콘(Compass Lexicon)의 자문 내용과 같
이, 조선업 시장은 단순히 기존의 시장점유율만으로 시장지배력을
평가할 수 없다. 조선 산업의 경쟁은 입찰이라는 특수한 환경에서
이루어지고, 입찰 시장에서 중요한 것은 '단 하나의 유효 경쟁자라
도 실제로 존재하는지 여부'이다. 특히 입찰 승패 여부에 따라 그
점유율이 크게 변동하기 때문에, 현재의 시장점유율이 높다고 하더
라도 섣불리 독과점을 판단할 수 없다는 것이다.

또한, LNG선 시장의 경우, 이미 삼성중공업 주식회사, 중국 후
동조선소, 일본 미쓰비시 및 가와사키, 러시아의 즈베즈다 등 유효
한 경쟁사업자들이 시장에 존재한다는 점을 간과해서는 안 된다.
LNG선 건조를 위해서는 LNG 화물창 기술이 가장 중요한데, 이는
프랑스의 GTT사와 노르웨이의 모스 마리타임(MOSS Maritime)사가
그 독점권을 보유하고 있으므로, 해당 회사들로부터 화물창 기술에
관한 라이선스를 받아야 LNG 선박 건조가 가능하다. 현재 LNG 화
물창 라이선스를 보유한 조선소(Licensee)는 전 세계적으로 30개 이

---

7) 이코노믹리뷰 2022. 3. 28.자 기사.
   https://www.econovill.com/news/articleView.html?idxno=570169

상이 존재하고, 생산과 기술의 관점에서 언제든지 입찰 경쟁에 참여할 수 있다.

Ⅱ. 한화에어로스페이스 주식회사 등 대우조선해양 주식회사 주식 인수 거래에 관한 기업결합 사례

1. 사안의 개요

한화에어로스페이스 주식회사, 한화시스템 주식회사, 주식회사 한화컨버전스, 한화임팩트파트너스(미국 소재), 한화에너지코퍼레이션(싱가포르 소재) 등 5개 한화 계열사(이하 "한화에어로스페이스 등")는 2022. 12. 16. 방산·에너지 분야에서의 동반 상승 효과를 도모할 목적으로 대우조선해양이 제3자 배정방식으로 발행한 보통주식 49.3%를 취득하는 내용의 신주인수계약을 체결(이하 "한화 기업결합")하였고, 같은 해 12. 19. 공정위에 기업결합 신고를 진행하였다.

한화 기업결합에 관하여, 2023. 2. 튀르키예를 시작으로 일본, 베트남, 중국, 싱가포르에 이어 2023. 3. EU를 마지막으로 해외 경쟁당국의 조건없는 승인이 이루어졌으나, 한국 공정위의 경우 조선산업부문뿐 아니라 방위산업부문까지 검토가 이루어져야 하였기 때문에 당초 예상보다 결정이 늦어졌다.

2. 한화 기업결합 심사에 대한 예상 및 실제 판단 결과

필자는 지난 2022년 11월경 해운 경쟁법 연구회 세미나에서 '조선업 관련 경쟁법적 이슈'를 발표하며 한화 기업결합 건에 대한 예상 심사결과를 논한 바 있다. 당시 필자는 (i) 한화에어로스페이스 등은 방산 시장에서 레이더 장비, 탄약 및 유도무기 등을 제조·판매하고, 대우조선해양은 함정 시장에서 수상함, 잠수함 등을 건조하는 사업자로 유력한 함정 부품 구매자인 점, (ii) 한화에어로스페이스 등은 선박 및 해양플랜트용 기자재 시장에서 가스 압축기 등을 제조·판매하며, 대우조선해양은 LNG 운반선을 건조하는 사업자인 점 등을 고려하여, 한화 기업결합은 원재료 의존, 유통과정상 인접 관계에 관한 수직형 기업결합이 문제될 것으로 예상하였다. 다만, 수직형 기업결합의 경쟁제한성 판단 기준인 시장의 봉쇄효과와 협조효과를 분석한 결과 경쟁제한 효과는 크지 않을 것이며, 정부가 대우조선해양 매각을 오랜 기간 추진하였다는 점 등을 고려하여 한화 기업결합의 승인 가능성이 높을 것이라고 보았다.

실제 심사결과, 공정위는 2023. 5. 1. 시정조치를 부과하는 조건으로 한화 기업결합을 승인하였다.[8] 공정위는, 한화에어로스페이스 등은 각 함정 부품 시장에서 독점이거나 유력한 사업자이며, 대우조선해양은 국내 수상함 시장에서 2위, 잠수함 시장에서 압도적인 1위 사업자라는 점을 고려하여 국내 함정 부품시장(상방)[9]과 국내 함정 시장(하방)[10]에서 경쟁제한 우려가 있다고 판단하며 수직형 기업결합을 검토하였다.[11] 이외에도 공정위는 세계 가스 압축기 시장(상방)과 세계 LNG 운반선 시장 및 세계 해양플랜트 시장(하방)도 관련 시장으로 검토하였으나, 당사회사의 시장점유율 및 경쟁적인 시장환경 등을 고려하여 경쟁제한 우려가 없다고 판단하였다.

공정위는 한화에어로스페이스 주식회사, 한화시스템 주식회사가 국내 함정 부품 시장에서 최근 5년간 매출액 기준 함정 부품 13개 시장 중 10개 시장에서 시장점유율 64.9~100%에 달하는 1위 사업

---

8) 공정위 2023. 4. 27.자 보도자료, 공정위 2023. 5. 1. 의결 제2023-076호 참조.
9) 13가지 함정 부품(통신체계, 레이더장비, 전자광학장비, 함정항법장비, 함정전 투체계, 함정피아식별장비, 함정사격통제장비, 함포, 유도탄능동유인체, 함정용 발사대, 잠수함용 리튬전지체계, 함정용 엔진, 함정 통합기관제어시스템) 시장
10) 수상함, 잠수함 시장.
11) 군수품의 경우 의무적으로 국산품을 우선 구매하여야 하고, 국산화 비율이 입 찰 평가항목으로 포함되어 있으며, 실제 국내 방산업체들이 독과점적으로 공 급하는 상황이므로 관련 지역시장을 국내시장으로 획정하였다.

자인 점, 대우조선해양이 국내 함정 시장에서 수상함 시장점유율 25.4%의 2위 사업자, 잠수함 시장점유율 97.8%의 1위 사업자인 점 등을 고려하여, 국내 함정 부품시장과 함정 시장에서 구매선 봉쇄 효과 및 협조효과가 발생할 우려가 있다고 보아 시정조치를 부과하였다. 구체적으로, (i) 한화에어로스페이스 등이 대우조선해양에 경쟁사업자에 비해 함정 부품 정보를 차별적으로 제공(차별적인 정보 제공), (ii) 한화에어로스페이스 등이 함정 부품의 견적 가격을 대우조선해양과 그 경쟁사업자에게 차별적으로 제공(차별적인 견적 제공), (iii) 한화에어로스페이스 등이 대우조선해양의 경쟁사업자로부터 취득한 함정 관련 영업비밀을 대우조선해양에 공유, (iv) 한화에어로스페이스 등이 대우조선해양을 통해 경쟁사업자들의 함정 부품에 대한 정보 등을 입수하여 공정한 경쟁을 저해할 우려가 있다고 판단하였다. 따라서 공정위는 10개 함정 부품시장 중 함정 건조업체가 직접 부품을 구매하는 도급시장[12]에서, 당사회사 중 방위사업 및 조선사업을 영위하는 한화에어로스페이스 주식회사, 한화시스템 주식회사, 대우조선해양 주식회사만을 대상으로, 방위사업청 발주 수상함 및 잠수함 입찰과 관련하여 (i) 함정 부품의 견적 가격을 대우조선해양과 경쟁 함정 건조업체 간에 부당하게 차별 제공하는 행위, (ii) 함정 건조업체(상대회사의 경쟁사업자)가 입찰 제안서 작성을 위해 필요한 함정 부품의 기술정보를 방사청을 통해 요청하였음에도 부당하게 거절하는 행위, (iii) 경쟁사업자로부터 취득한 함정 부품 또는 함정 관련 영업비밀을 동의 없이 피심인들 및 그 계열회사에 제공하는 행위를 금지하는 행태적 시정조치를 부과하였다.

---

12) 방사청이 함정 부품을 부품업체로부터 구매하여 함정 건조업체에 제공하는 관급시장은 제외되었다.

3. 의 의

공정위에 의하면 한화 기업결합 건은 방위산업 시장의 기업결합에 대해 시정조치를 부과한 최초의 사례로, 국가가 유일한 구매자인 수요독점 시장이라고 하더라도 입찰 과정에서 경쟁제한 효과가 발생할 우려가 있는 경우 이를 해소하기 위한 시정조치를 부과하였다는 점에서 의의가 있다.

한화그룹은 한화 기업결합을 통해 조선산업분야 진출을 통한 외형 확대와 방위산업분야에서의 압도적 위용을 구축할 수 있게 되었다. 특히 방위산업부문에서는 기존 사업과 더불어 육·해·공을 아우를 수 있게 되었다. 대우조선해양은 외환위기 이후 대우그룹이 공중분해되면서 워크아웃에 들어갔고, 2001년 산업은행의 자회사가 되었으나 이후 매각 필요성이 꾸준히 제기되어 왔다. 본 기업결합을 통해 한화그룹은 에너지 생산·운송과 관련된 상선 및 해양플랜트 사업과 함정 사업을 확보하게 되어 방산·에너지 분야에서의 시너지 효과가 기대되며, 국내 조선산업 전반의 경쟁력 역시 도모될 것으로 전망된다.

III. GTT 시장지배적지위 남용행위 등에 대한 건[13]

1. 사안의 개요

가즈트랑스포르 에 떼끄니가즈(Gaztransport et Technigaz S.A., 이하 "GTT")는 멤브레인형 LNG 화물창 기술 라이선스를 조선업체 등에게 제공하고 그 대가로 실시료를 징수하는 프랑스 국적의 사업자이다. LNG 화물창 기술 특허권은 LNG 화물창 관련 특허 및 노하우 등을 사용할 수 있는 법적인 권리를 부여하는 것으로서, GTT는

---

13) 공정위 2020. 12. 2. 의결 제2020-305호.

매출액 또는 선박 수 어느 기준에 따르더라도 LNG 화물창 기술 특허권 시장의 압도적 1위 사업자에 해당한다[14]. 한편 LNG 화물창 기술지원 서비스란 LNG 화물창 기술 특허권을 실제 선박에 구현하기 위한 공학적인 작업을 의미하는데, GTT는 멤브레인형 LNG 화물창 기술지원 서비스 시장도 독점하고 있어 현재 GTT 기술이 적용된 LNG 선박에 대하여는 전부 GTT가 기술지원 서비스를 제공하고 있다. 공정위는 GTT가 LNG 선박을 건조하는 국내 조선업체를 대상으로 (i) LNG 화물창 기술 특허권을 제공하면서 기술지원 서비스까지 구매하도록 강제한 행위, (ii) 조선업체가 특허권의 유효성을 다툴 경우 계약을 해지할 수 있도록 거래조건을 설정한 행위를 제재하였는데, 구체적인 내용은 다음과 같다.

2. 제1행위: LNG 화물창 기술 라이선스에 멤브레인형 LNG 화물창 엔지니어링 서비스를 끼워판 행위

(1) 행위사실

GTT는 그 동안 멤브레인형 LNG 화물창 기술 라이선스를 조선업체들에게 허여하면서 해당 기술을 구현하는 기술지원 서비스도 한꺼번에 조선업체들에게 제공하고, 이에 대한 대가도 구분하지 않고 단일 실시료를 청구하여 왔다. GTT는 국내 조선업체들과도 멤브레인형 LNG 화물창 기술 라이선스 기본계약(Technical Assistance and License Agreement, 이하 "TALA")을 체결해 왔는데, 여기에는 조선업체의 필요와는 무관하게 GTT로부터 고정된 엔지니어링 서비스를 받도록 하는 것이 포함되었다. 대우조선해양, 현대중공업 및 삼성중공업 등 국내 조선업체들은 2015년도 이후 GTT에게 기술 라이

---

14) 현재 LNG 화물창 기술 시장은 소수의 사업자(GTT, MOSS)가 독점하는 구조이고 2018년도 말 매출액 기준 GTT의 시장점유율은 95%에 달하며, 국내 조선사들도 GTT 멤브레인 기술에 대한 의존도가 절대적이다.

선스만 구매하면서 기술지원 서비스는 필요 시 별도로 거래할 것을
수차례 요구하였으나, GTT는 이와 같은 제안을 계속 거절하였다.

(2) 공정위의 판단

공정위는 GTT의 제1행위가 시장지배적지위를 남용하여 다른 사
업자의 사업 활동을 어렵게 하는 행위(부당하게 거래상대방에게 불이
익이 되는 거래 또는 행위를 강제하는 행위)에 해당한다고 판단하였다
(구 공정거래법[15] 제3조의2 제1항 제3호, 같은 법 시행령 제5조 제3항 제
4호). 공정위는 LNG 화물창 기술 라이선스와 기술지원 서비스가 그
기능 및 효용성 측면에서 구별된다는 점에서 별도의 상품 시장으로
구분하였고, GTT가 매출액 기준 관련 시장에서의 점유율이 단독으
로 50%를 상회하고 화물창 기술 라이선스 시장이 신규 진입이 어
려운 시장이며, 2020년도 전세계 운항 LNG 선박 중 약 74%, 건조
중인 LNG 선박의 100%에 GTT 기술이 적용되었다는 점에서, GTT
가 LNG 화물창 기술 라이선스 시장 및 멤브레인형 LNG 화물창
엔지니어링 서비스 시장의 시장지배적사업자라고 판단하였다.

공정위는 GTT의 행위가 선택권 침해 및 높은 비용 지급 등의
불이익을 초래하고, 관련 시장의 특성 및 라이선스의 필요성 등에
따라 조선업체들이 GTT의 요구를 수용할 수 밖에 없었다는 점을
들어, GTT가 거래상대방에게 불이익이 되는 거래 또는 행위를 강
제하였다고 보았고, ① GTT가 분리 거래 요청을 거절함으로써 조
선업체들의 시장 진입을 봉쇄하는 효과가 발생한 점, ② 잠재적 경
쟁사업자의 비용을 상승시키는 결과를 초래한 점, ③ 기술 지원 서
비스 시장의 다양성이 감소된 점 등에 비추어, 경쟁제한적 효과를
인정하고 그 의도를 추정하였다.

---

15) 2020. 5. 19. 법률 제17290호로 일부개정되기 전의 것, 이하 본 목차 3.에서
    같음.

한편, 공정위는 동시에 (i) GTT의 시장력이 인정된다는 점, (ii) 관련 기술이 필수적이었던 조선업체에 대한 기술지원 서비스 구매가 강제된 사실이 인정된다는 점, (iii) 경쟁제한적 효과가 발생하였고 종된 상품 시장인 기술지원 시장에서도 잠재적 경쟁사업자의 시장진입이 봉쇄되었다는 점을 들며, GTT의 제1행위를 공정거래법상 불공정거래행위 중 거래강제(끼워팔기)로도 인정하였다(구 공정거래법 제23조 제1항 제3호, 동법 시행령 제36조의1 [별표 1의2] 제5호 가목).

3. 제2행위: 특허권의 유효성을 다툴 경우, 계약을 해지할 수 있게 거래조건을 설정한 행위

(1) 행위사실

GTT는 조선업체가 GTT가 보유한 특허권의 유효성을 다투는 경우, GTT가 서면으로 언제든지 라이선스 계약을 해지할 수 있는 조항을 TALA에 설정하였다.

(2) 공정위의 판단

공정위는 GTT의 제2행위가 공정거래법상 불공정거래행위 중 거래상지위 남용행위(불이익제공)에 해당한다고 판단하였다(구 공정거래법 제23조 제1항 제4호, 동법 시행령 제36조 제1항 [별표 1의2] 제6호 라목). 공정위는 (i) GTT가 LNG 화물창 기술 라이선스 시장의 시장지배적 사업자인 점, (ii) 조선업체들의 거래의존도가 높고 대체거래선이 존재하지 않는 점, (iii) 조선업체들이 GTT와의 계속적 거래를 위해 특화된 투자를 막대한 규모로 실시하였다는 점에서, GTT의 거래상지위를 인정하였으며, 라이선스 대상 특허가 무효인 경우 조선업체들이 법적 절차를 통해 실시료 지급 의무 등을 면할 수 있으나, 이러한 법적 절차에 상당한 시간이 소요됨에도 일방적 통보로 계약을 즉시 해지할 수 있다고 규정한 조항은 조선업체에 불이익이 되는 거래조건 설정이라고 보았다.

4. 공정위의 처분

공정위는 GTT의 제1행위에 대하여 (i) 조선업체 요청 시 계약에 대한 수정 등을 명령하는 시정명령 및 (ii) 125억 2,800만 원의 과징금을 부과하였고, 제2행위에 대하여는 계약조항의 수정 또는 삭제를 명령하는 시정명령을 부과하였다.

5. 법원의 판결 및 시사점

GTT는 위 공정위 처분에 불복하여 처분의 취소를 구하는 행정소송을 제기하였다. 원고(GTT)가 피고(공정위) 처분의 취소를 구하는 행정소송에서, (i) 원고의 끼워팔기 행위가 특허권의 정당한 행사에 해당하여 공정거래법의 적용제외 대상에 해당하는지, (ii) 원고의 '특허 라이선스'와 '엔지니어링 서비스'가 별개의 상품에 해당하는지, (iii) 원고가 국내 조선업체들에게 엔지니어링 서비스 구매를 부당하게 강제하여 경쟁을 제한하였는지, (iv) 피고의 시정명령이 계약체결의 자유를 침해하여 위법한지 여부가 주 쟁점이 되었다.

서울고등법원은 원고(GTT)가 'LNG선 멤브레인형 화물창 기술 특허를 라이선스'하면서 해당 라이선스의 내용에 포함되지 않은 '엔지니어링 서비스'까지 구매하도록 강제한 행위는 지식재산권의 정당한 행사에 해당하지 않는다고 판단하였다. 또한 'LNG선 멤브레인형 화물창 기술 특허 라이선스 시장' 및 '관련 엔지니어링 서비스 시장'의 시장지배적사업자에 해당하는 원고가 국내 조선업체들에게 별개 상품인 엔지니어링 서비스 구매를 강제하였고, 이는 국내 조선업체들에게 불이익을 초래하는 동시에 잠재적 경쟁사업자의 신규 진입을 저해하여 경쟁을 제한하는 행위에 해당하므로, 원고의 시장지배적지위 남용행위 및 불공정거래행위가 인정된다고 판시하였다. 이러한 판단을 기초로, 서울고등법원은 원고의 끼워팔기 행위를 금지하고 조선업체가 계약 수정을 요청하는 경우 협상 절차를 지정한 피고(공정위)의 시정명령이 적법하다고 판단하되, 과징금납부명령 중 일부만을 취소하였다(서울고등법원 2022. 12. 1. 선고 2020누69221 판결). 대법원은 이러한 서울고등법원의 판단을 최종적으로 확정하였다(대법원 2023. 4. 13.자 2023두30147 심리불속행기각 판결).

공정위는 2006년 마이크로소프트의 시장지배적지위 남용행위 사건 이후 최초로 특허 라이선스 시장에서 시장지배적사업자의 끼워팔기 행위의 위법성을 인정하였고, 법원은 피고 측 주장을 받아들여 공정위 시정명령의 취소를 구하는 원고(GTT)의 청구를 기각하여 LNG선 관련 기술 라이선스 시장에서 '특허 라이선스'와 '엔지니어링 서비스'의 오랜 끼워팔기 관행을 해소하고 분리 거래가 가능하도록 하는 내용의 공정위 시정명령이 최종적으로 확정되었다. 이로써 수십년 간 외국 사업자가 독점해 온 시장에서 국내 주요 조선업체들을 포함한 신규 사업자들의 진입 여건이 조성되어 경쟁이 촉진될 것으로 기대된다.

특히 이번 대법원 판결을 통해, LNG선 관련 기술을 선박 건조 시 구현하기 위한 '엔지니어링 서비스'를 어떤 사업자로부터 제공받을 것인지에 관하여 국내외 조선업체와 선주들에게 다양한 선택지가 제공될 것으로 전망된다. 또한 '특허 라이선스'와 '엔지니어링 서비스'를 분리 거래할 수 있게 됨으로써, 국내외 조선업체들은 GTT에게 지급하는 LNG선 1척당 약 100~200억원에 달하는 특허 실시료(로열티)의 상당부분을 절감할 수 있을 것으로 예상된다.

Ⅳ. 최근 조선업 관련 하도급거래 공정화에 관한 법률 (이하 하도급법) 이슈

1. 최근의 공정위 의결

(1) 한국조선해양㈜ 및 현대중공업㈜의 불공정하도급거래행위에 대한 건(공정위 2020. 12. 3. 의결 제2020-306호)

(가) 행위사실

피심인은 2015. 6. 17.부터 2018. 1. 31.까지의 기간 동안 총 80개 수급사업자에게 선박 부문품 관련 제작도면 293건을 요구하여 보관하면서, 사전에 하도급법 제12조의3에 따른 서면을 수급사업자에게 교부하지 않았다. 피심인은 2017. 3. 8. 선주사로부터 발주 선박에 장착할 조명기구의 공급처를 A로 선정하여 줄 것을 요청 받고, 2017년 4월부터 2018년 4월까지의 기간 동안 공급업체를 이원화하여 선박용 조명기구의 납품가격을 낮출 목적으로, 기존 공급업체의 선박용 조명기구 제작도면 등 12건의 자료를 A에 제공하거나 자사 입찰시스템을 통해 제작도면 일부를 다른 공급업체에 유출하였다.

(나) 공정위의 판단

공정위는 위 293건의 승인도는 낭사사 간 계약상 비밀유지의무가 존재하고, 수급사업자가 별도 서버에 관리하거나 접근 권한 및 방법을 제한하는 등 상당한 노력으로 비밀로 유지하고 있으며, 실제 부문품 제조 및 개발에 필요한 외형 외의 광범위한 정보가 포함되어 있다는 점에서 기술자료에 해당한다고 보았다. 승인도는 발주자인 선주로부터의 승인 및 사양/승인 적합 여부 확인을 위해 제공받을 필요성이 있었으므로, 그 요구에 정당한 사유는 인정되나, 피심인은 승인도를 요구하면서 기술자료의 요구 목적, 비밀유지에 관한 사항, 권리 귀속 관계, 대가 등을 수급사업자와 미리 협의하여 정한 서면을 교부하지 아니하거나, 승인도를 수령한 후에야 서면을 교부함으로써 하도급법 제12조의3 제2항을 위반한 위법이 있다고 판단하였다. 또한 피심인은 기존 공급업체의 선박용 조명기구 제작 도면을 승인도로 보관하거나, 기존 공급업체의 동의 없이 다른 공급업체에 전달하거나 유출하였는바, 이는 (현행)하도급법 제12조의3 제4항에 위반된다고 판단하였다.

이에 공정위는 피심인에게 행위 금지의 시정명령 및 과징금 2억 4,600만 원 부과하였고, 2021년 11월경 중소벤처기업부의 요청으로 검찰에 고발하였다. 서울중앙지방검찰청 공정거래조사부는 수사 후 2022. 4. 18. 하도급법 위반 혐의로 한국조선해양을 기소하였다.

(2) 한국조선해양㈜ 및 현대중공업㈜의 불공정하도급거래행위에 대한 건(공정위 2021. 7. 11. 의결 제2021-194호)

(가) 행위사실

피심인은 2015년 4월경부터 2016년 11월경까지의 기간 동안, 선박 제조 관련 조장 등을 제조하는 수급사업자와 총 83건의 하도급 거래를 하면서, 작업이 진행되는 도중이나 다 끝난 후에 계약 서면을 늦장 발급하였고, 해당 서면에 양 당사자의 서명이나 날인도 없었다.

(나) 공정위의 판단

공정위는 하도급법 제3조에 따라 원사업자는 반드시 수급사업자가 작업을 시작하기 전에 계약 서면을 발급해야 하며, 해당 서면에는 위탁 작업 내용, 납품 시기와 장소, 하도급 대금 등 계약 조건을 기재하여 양 당사자의 서명 및 날인이 이루어져야 하므로, 피심인에 대하여 하도급법 제3조 위반을 인정하였으며, 행위 금지의 시정명령 및 과징금 2,000만 원을 부과하였다.

(3) 삼성중공업㈜의 불공정하도급거래행위에 대한 건(공정위 2021. 10. 6. 의결 제2021-246호)

(가) 행위사실

피심인은 2016. 1. 27.부터 2018. 11. 5.까지의 기간 동안 63개 수급사업자에게 조선기자재의 제조를 위탁하고 납품받는 과정에서, 제품 제작에 과한 도면 396건을 요구하면서 사전에 권리 귀속 관계, 비밀 유지 사항 및 대가 등을 정한 서면을 수급사업자에게 제공하지 않았다.

(나) 공정위의 판단

공정위는 피심인이 승인도를 수령한 이유는 발주처가 요구하는 사양, 성능, 기준 등을 충족하였는지 확인하고, 다른 제품들과의 정합성을 검토하기 위한 목적이었는바, 기술자료 요구의 정당성은 인정된다고 보았다. 다만, 피심인은 승인도를 요구하면서 기술자료 제공 요구 목적, 비밀 유지에 관한 사항, 권리 귀속 관계, 대가 등을 수급사업자와 미리 협의하여 정한 서면을 교부하지 아니하거나 승인도를 수령한 후에 서면을 교부함으로써, 하도급법 제12조의3 제2항을 위반한 위법이 있다고 판단하였다. 이에 공정위는 피심인에 대해 행위 금지의 시정명령 및 과징금 5,200만 원을 부과하였다.

(4) 대우조선해양 주식회사의 불공정하도급거래 행위에 대한 건(공정위 2021. 12. 16. 의결 제2021-322호)

(가) 행위사실

피심인은 2016. 1. 2.부터 2018. 12. 27.까지의 기간 동안, 조선기자재를 납품하는 총 91개 수급사업자에게 총 617건의 기술자료를 요구하면서 법정 서면을 교부하지 않았고, 고객인 선주의 특정 납품업체 지정 요구에 부응하기 위해 2018년 5월경부터 2019년 4월 경까지 세 차례에 걸쳐 기존에 선박용 조명기구를 납품하고 있던 수급사업자의 제작 도면을 유용하였다.

(나) 공정위의 판단

앞에서 살펴본 사례들과 마찬가지로 피심인이 승인도를 제공하도록 요구한 데는 정당한 사유가 있다고 인정하였으나, 미리 법정서면을 교부하지 아니한 행위는 하도급법 제12조의3 제2항 위반을 구성한다고 판단하였다. 또한, 피심인은 기존 수급사업자의 제작 도면과 고객이 지정한 새로운 수급사업자의 제작도면을 비교한 후, 그 차이점을 확인하여 새로운 수급사업자에게 기존의 제작도면을 전달하였는데, 선주의 요청이 있었더라도 유용행위가 위법하다는 결과는 달라지지 않으므로 하도급법 제12조의3 제4항 위반을 구성한다고 보았다. 이에 공정위는 피심인에게 행위 금지의 시정명령 및 과징금 6억 5,200만 원을 부과하였다.

2. 최근 공정위 의결의 시사점

위와 같은 공정위 의결을 살펴보면, 조선업계의 하도급법 위반에 대한 최근 공정위의 제재는 주로 기술자료 유용에 집중되었다는 점을 확인할 수 있으며, 실제로 공정위는 최근에도 실태조사 및 직권인지 등을 통해 하도급법상 기술자료 유용 관련 규정 위반을 적극적으로 제재하고 있음을 알 수 있다. 같은 맥락에서 공정위는 2022년 중소기업 기술탈취에 대한 법 집행을 강화하기 위해 한시 조직으로 운영되던 기술유용감시팀을 기술유용감시과로 정규직제화하였고, 중소벤처기업부(이하 "중기부")는 2019년도부터 기술자료 거래기록 등록 시스템을 도입하여 이메일, 녹취파일 등 기술거래 자료를 등록하고 피해발생 시 입증자료로 활용할 수 있도록 구축하였다.

이는 조선업계에서 만연하는 중소기업 기술에 대한 대기업의 무임승차 방지를 주된 목적으로 하는바, 이러한 실무 경향은 향후에도 한동안 유지될 것으로 보인다. 특히 공정위는 2022. 2. 18. 하도급법 개정을 통해서 수급사업자의 기술자료 제공 시 원사업자의 비밀유지계약 체결을 의무화하고(개정 하도급법 제12조의3 제3항), 표준계약서의 사용을 장려하였는바(개정 하도급법 제12조의3 제5항), 이로 인해 수급사업자의 기술 보호가 두터워지는 동시에 비밀유지계약 체결 및 갱신에 관한 원사업자의 부담은 커질 것으로 예상된다. 한편, 위 현대중공업 사건에서 공정위는 장기간 문제점으로 지적되어 온 '선시공 후계약'이라는 조선업계의 관행적인 불공정 행위를 규제하기도 하였다.

3. 최근의 대법원 판결

(1) 대우조선해양 주식회사의 불공정하도급거래행위에 대한 건

(가) 행위 사실

선박건조업을 영위하는 피심인은 중소기업자인 89개 수급사업자에게 선박블록 조립 등을 제조위탁하면서, 통상적으로 계약 기간을 1년으로 하는 "공사하도급 기본거래계약"을 체결하고, 이에 따른 "단가 계약" 및 "외주작업계약"을 별도로 체결하였다. 피심인은 기본거래계약에 따라, 세부공종별 시간당 임률, 즉 임률단가를 정하는 "단가계약"을 체결한 다음, 다시 매월 시공의뢰번호, 공사번호, 주야구분, 작업내용, 시공유형, 단위, 물량, 금액 및 공사기간 등을 정하는 "외주작업계약"을 개별적으로 체결해 왔다.

피심인은 매주 전산시스템을 통하여 수급사업자에게 주간 작업지시서를 보내고, 수급사업자는 그 작업지시서에 따라 해당 작업을 수행하는데, 하도급대금은 "작업 내용×기성시수(M/H)×임률단가

(W/MH-JOB)"를 기준으로 산정하였고, 그 구체적인 내용은 아래 그림과 같다.

□ **표준시수** = 물량 × 요소原단위 × 작업장 Factor(설비 및 작업환경 차이를 보정)

□ **목표시수** = 표준시수 × 표준시수 조정 × **생산성향상률(생산성지수)**[14]
  × 선주Factor(통상적인 선주에 비해 검사 등 선주의 과도한 요청으로 인한 작업시수 증가 양)
  × 신규Factor(건조 경험이 없는 새로운 선박에 대한 도면 개정 등 작업시수 증가 양)
  * Project Factor = 선주Factor + 신규Factor

□ **기성시수**[15] = 목표시수 × 생산성향상률 보정(3개월전 생산성향상률 적용)

□ **하도급대금** = 기성시수(M/H) × 임률단가(W/MH-JOB)[16]
  *임률단가: 단가계약서상의 작업내용(52개 세부공종)별 1시수 당 적용되는 단가

그런데 피심인은 2008년 1월부터 2009년 12월까지의 기간 동안, 자신이 임의적으로 결정한 생산성 향상률(2008년 6%, 2009년 7%)을 적용하여, 실제 위탁 내용을 기준으로 산정한 시수보다 낮은 기성시수를 기준으로 하도급대금을 지급하였으며, 결과적으로 수급사업자들에게 52,892,056,004원이 인하된 하도급대금을 지급하였다.

(나) 공정위의 판단(2013. 12. 3. 의결 제2013-195호)

공정위는 '시수'[16]라는 개념이 외관상 노동투입량이라는 물량지표라는 점은 인정할 수 있으나, 시수 산정 시 결과물인 생산성(생산성향상률)은 단가결정의 요인이므로, 이는 하도급법상 하도급대금으로 보아야 한다고 판단하였다. 공정위는 당사자들이 생산성향상률을 협의로 변경하는 것을 전제하지 않고 있고, 수급사업자들에게 변경을 위한 충분한 정보를 제공하지 않은 상태에서 일방적으로 계약서에 직접 날인하였다는 점 등을 들어 당사자 간 합의가 없다고

---

16) 시수는 특정 작업에 인정되는 작업 시간으로서, 작업 내용이라는 성격과 작업 대가를 산정하는 단가적 성격을 복합적으로 가지고 있으며, 하도급법이 의미하는 단가는 대가 산정의 지표(가격요소)임.

보았으며, 나아가 피심인이 생산성향상률 산출에 관한 근거를 제시
하지 않았고, 이를 객관적이고 타당한 근거에 따르지 않은 채 임의
적으로 산출하였으므로, 결정된 하도급대금이 낮은 단가에 해당한
다고 판단하였다. 이에 공정위는 피심인의 행위를 하도급법상 부당
한 하도급대금 결정(하도급법 제4조 제1항, 제2항 제5호)으로 인정하
고, 행위 금지 및 인하액을 지급하라는 내용의 시정명령과 약 267
억 원의 과징금을 부과하였다.

(다) 법원의 판단(대법원 2017.12.7. 선고 2016두35540 판결,
원심: 서울고등법원 2016.2.5. 선고 2014누40007 판결)

서울고등법원은 "생산성향상률"이 하도급법상의 "단가"에 해당하
지 않는다는 이유로 원고의 청구를 인용하였고, 대법원은 이와 같
은 이유에는 태도를 달리하였으나 결론에 있어서는 동일한 입장을
보였다.

대법원은 (i) 원고(대우조선해양)가 "임률"에 대하여 수급사업자들
과 개별적인 협의를 거쳐 합의로 정한 것이라고 볼 수 있고, (ii)
월별 하도급대금의 기준인 "당월 기성시수"도 수급사업자들과의 월
별 정산 합의 과정을 거쳤으므로, 설령 가격 요소 중 하나인 "생산
성향상률"을 합의없이 정하였다고 하더라도, 원고가 일방적으로 하
도급대금을 결정하였다고 단정할 수 없다고 판시하였다. 또한, 가격
산정과 관련된 구성요소를 변경하여 대금을 낮추는 행위가 하도급
법상 "낮은 단가"에 해당할 수 있다는 점은 인정하면서도, 이 사건
의 하도급대금이 같거나 유사한 용역에 대한 일반적인 지급 수준보
다 낮다는 점에 관하여, 공정위의 아무런 주장/증명이 없다고 판단
하였다.

(2) 성동조선해양 주식회사의 불공정하도급거래행위에 대한 건

(가) 행위사실

피심인은 2009년 2월경부터 2011년 8월경까지 총 10개 수급사업자에게 선박블록 조립작업을 위탁하면서 42건의 개별계약서를 발급하지 않았고, 2008년 8월경부터 2011년 5월경까지 총 16개 수급사업자에게 선박블록 조립작업을 위탁하면서 130건의 개별계약서를 지연 발급하였다. 그리고 2008년 4월경부터 2011년 9월경까지 총 18개 수급사업자와 선박 블록조립 관련 237건의 하도급계약을 체결하면서, 수급사업자와 합의 없이 일방적으로 최초 계약 시 적용하였던 시수를 낮춤으로써 총 2,302,728,000원의 하도급대금을 인하하였고, 2009. 4. 1. 5개 수급사업자, 2010. 3. 29. 6개 수급사업자에게 각 선박 파이프를 제조위탁하면서, 작업공종이나 품목과 관계없이 제작비 단가를 전년 대비 일률적인 비율로 인하함으로써 합계 1,286,428,000원의 하도급대금을 인하하였다.

(나) 공정위의 판단(공정위 2012. 10. 30. 의결 제2012-245호)

공정위는 위 각 행위들을 하도급법상 서면미발급 및 지연발급, 부당한 하도급대금 결정으로 인정하였다. 이에 공정위는 피심인에게 (i) 서면 미발급 및 지연발급에 대하여 재발방지명령을, (ii) 선박 블록 조립 관련 부당한 하도급대금 결정에 관하여는 재발방지 및 대금지급 명령을, (iii) 선박파이프 제조 관련 부당한 하도급대금 결정에 관하여는 재발방지 및 대금지급명령을 각각 부과하였고, 아울러 (iv) 교육이수명령 및 (v) 과징금 약 3억 8,600만 원을 부과하였다.

(다) 법원의 판단(대법원 2018.5.11. 선고 2015두38252 판결,
　　 원심: 서울고등법원 2015.1.16. 선고 2013누8778 판결)

1) 선박블록조립 제조위탁 부분

대법원은, 부당한 하도급대금 결정을 인정하기 위해서는 개별 요소의 인하 근거가 객관적이고 타당하지 아니할 뿐만 아니라, 일반적으로 지급되는 대가에 비해 "시수 × 임률"로 정해지는 하도급대금 전체가 현저하게 낮은 수준이라고 인정되어야 함에도 하도급대금의 결정 요소 중 어느 한 요소만이 낮아졌다는 사정을 중시하여 하도급대금 결정행위가 부당하다고 판단하는 것은 합리적이라 보기 어렵다고 판시하면서, 피고인 공정위로서는 시수 인하가 객관적으로 타당한 근거에 기반한 것인지 여부와 함께, 결정된 하도급대금이 종전 계약금액에 비해 일반적으로 지급되는 수준보다 낮은 수준에 해당하는지 판단하였어야 한다고 지적하였다. 이어서 원고가 시수를 인하하는 대신 임률을 인상해주었다면, 공정위는 이렇게 정해진 하도급대금이 현저히 낮은 수준인지 확인하였어야 함에도 임률은 물가상승률 등을 반영해 어차피 인상해 주어야 한다는 잘못된 전제하에, 피고가 원고의 임률 인상 부분을 도외시하고 위와 같이 정해진 하도급대금이 종전 계약금액에 비해 현저히 낮은 수준인지 여부를 검토하지 아니한 채, 오로지 시수 인하 부분만을 주목하여 이 사건 선박 블록조립 부분의 하도급대금 결정행위가 부당하다고 본 것은 합리적이라 보기 어렵다고 판시하였다.

2) 선박 파이프 제조위탁 부분

대법원은 6개의 수급사업자들의 매출액, 상시 종업원 수 등 경영 상황이 각각 다르고 원고와의 거래 기간도 상이하며, 문제된 기간 동안의 거래 규모의 차이가 큼에도 불구하고, 원고는 이러한 사정

을 반영하지 아니하고 모든 수급사업자들에 대하여 종전 계약단가 대비 2009년 10%, 2010년 20%의 각 동일한 비율로 부당하게 단가를 인하하였음이 인정하며 공정위 처분을 유지하였다.

(3) 시사점[17]

가격 산정에 관한 구성요소를 하도급법상 "단가"로 보아 하도급법 제4조를 적용할 수 있도록 한 것은 수급사업자의 보호에 충실한 판결들로 볼 수 있다. 동시에 가격 산정의 일방성이나 일반적인 지급 수준보다 높다는 점에 대한 입증책임을 공정위가 부담하게 한 것은 원사업자의 부담을 덜어주었다는 점에서 긍정적으로 평가할 수 있다.

특히 조선업종의 대금은 노동시간인 시수에 시수당 임률단가를 곱하여 이루어지고, 통상 도급인이 필요한 제반 시설물 및 자재를 제공하여 수급사업자는 단지 노동력만을 투입하게 되어, 공종 별로 "단가"를 정하기 매우 어렵다는 특성이 있으므로, "통상보다 낮은 단가"가 입증되지 않으면 그 규제는 신중할 필요가 있다. 조선업종에서는 발주자 파견 선주감독관이 작업 완성 후 추가 작업을 지시한다거나, 기상적 요인 등에 의한 작업 일정 변경 등 여러 제조 과정의 변수가 많으므로, 이러한 점을 하도급법의 적용에 있어서 고려할 필요성이 있다.

---

17) 황태희, "하도급 대금의 부당결정과 제재에 관한 법리 검토-조선업의 특수성을 중심으로", 조선해양 사내협력 연구회 발표문, 2019 참조.

4. 하도급법 관련 새 정부 시책: 납품단가 조정협의 및 연동제[18]

(1) 정의 및 제도 도입 상황

"납품대금 조정 협의 의무제"란 원자재 등의 가격 상승 등으로 납품대금 조정이 불가피한 경우 조정을 신청하는 제도를 의미하고,[19] "납품단가 연동제"란 원자재 등의 가격 상승시 별도의 요청 없이 원자재 가격 상승분을 납품단가에 반영하도록 하는 제도를 의미한다.[20]

현재 하도급법 제16조의2 제1항은 목적물 등의 공급원가가 변동되는 경우, 수급사업자가 대금 조정을 신청할 수 있도록 규정하고 있으나, 그럼에도 불구하고 실제로 납품단가의 조정은 원활히 이루어지고 있지 않다. 이에 대통령직 인수위원회는 2022년 5월경 "윤석열 정부 110대 국정과제"로서 "납품단가 조정협의의 실효성 강화"를 포함하고, 그 수단으로 자율적 납품단가 조정관행 확산 및 납품단가 연동제의 도입을 제시하였다. 공정위는 원자재 가격상승에 따른 납품단가 조정실태 조사를 실시하고,[21] 바람직한 조정 절차 등을 정한 납품단가 조정 가이드북을 마련하여 배포하였다.[22]

공정위와 중기부는 납품단가 조정협의제도를 활성화하기 위한 정책을 즉시 시행하는 한편, 중기부는 납품단가 연동제 도입을 2022년 하반기 중점사업으로 정하며 제도의 시범운영 추진 계획을

---

18) 2022. 5. 3.자 윤석열 정부 110대 국정과제(인수위 최종), 2022. 7. 25.자 국회입법조차서 "납품단가 현실화를 위한 제도적 기반 마련의 방향과 과제", 김은하 "대중소기업 거래 불공정 해결을 위한 납품대금 연동제 도입 방안", 2021 등 참조.
19) 중소기업중앙회, "국민의 힘과 함께하는 납품단가 연동제 도입을 위한 정책토론회", 2022 참조.
20) 위 국회입법조사처 자료 참조.
21) 공정위 2022. 4. 6.자 보도자료 참조.
22) 공정위 2022. 5. 22.자 보도자료 참조.

밝혔다.[23]

(2) 입법 동향

2008년 대통령직 인수위원회, 이명박 전 대통령, 중소기업청은 원자재 가격 납품단가 연동제의 법제화를 추진하였으나 논의 과정에서 대기업과 공정위가 난색을 표하면서[24] 납품단가 조정협의 제도로 변경되었다.

2009. 3. 납품단가 조정협의 의무제가 국회에 통과되면서 현재까지 운용되고 있으나, 제도의 실효성에 대한 지적이 지속됨에 따라 최근 하도급법과 상생협력법의 납품단가 조정협의 의무제가 일부 개정되었다. 위 개정된 두 법률은 납품단가의 자동적 연동 방식이 아닌, '조정 신청권리'와 '협의 개시의무'의 당사자로서 사업자 상호 합의 원칙에 기반한 "의무적 조정제도"를 문제 해결의 기본 방식으로 규정하고 있다.[25]

한편, 납품단가 연동제를 도입한 「대·중소기업 상생협력 촉진에 관한 법률」(이하 "상생협력법") 개정안이 2023. 10. 4. 본격 시행을 앞두고 있는 상황에서, 하도급법 개정안 또한 2023. 6. 30. 국회 본회의를 통과하였다. 납품단가 연동제 도입과 관련하여 시장경제원칙, 중소기업 혁신, 소비자 가격 영향, 기업경쟁력 등 다양한 관점에서 찬반 논의가 있었으나 공정위는 2023. 1. 26. 보도된 "2023년 공정거래위원회 주요업무 추진계획"을 통하여 납품단가 연동제의 도입 및 시행에 대한 강력한 의사를 밝힌 바 있다. 하도급법상 하도급대금 연동제도의 취지와 개념은 상생협력법상 납품대금 연동제

---

23) 국회입법조사처, "납품단가 현실화를 위한 제도적 기반 마련의 방향과 과제 – 납품단가 연동제 도입 논의를 중심으로-", NARS 현안분석, 2022 참조.
24) 시장원리 훼손, 국내 중소기업에만 납품단가 연동제를 도입하면서 해외 기업에 대한 역차별 발생, 거래비용의 지나친 확대, 적정 인상률 결정 기준 지표의 불명확성, 중소기업의 혁신의지 훼손 우려 등의 반대 의견이 제기되었다.
25) 위 국회입법조사처 자료 참조.

도와 유사하나, 그 적용 대상과 거래 범위에서 다소간의 차이가 있다. 상생협력법이 적용되는 대상 기업은 '제조, 공사, 가공, 수리, 판매, 용역을 업으로 영위하면서 물품 등의 제조, 공사, 가공, 수리 또는 용역을 중소기업에게 위탁하는 자'인 반면, 하도급법이 적용되는 대상 기업은 '대기업과 직전 연도 매출액이 다른 중소기업자보다 많은 중소기업'이다. 또한 상생협력법의 적용 범위는 '제조, 공사, 가공, 수리, 판매, 용역(6가지)을 업으로 하는 자의 제조, 공사, 가공, 수리, 용역 업무(5가지)를 대상으로 하므로 각각에 대하여 모두 30가지의 거래 유형에 적용되며, 하도급법은 위 30개 유형 중 제조, 판매, 수리, 건설업자의 제조위탁(4가지), 수리업자의 수리위탁, 건설업자의 건설위탁, 용역업자의 용역위탁 등 총 7가지 거래 유형만을 대상으로 적용된다.

하도급법상 납품단가 연동제란, 하도급상 하도급거래에 있어 원자재 가격 상승분을 하도급대금에 반영하도록 하는 제도로, 구체적으로는 하도급대금의 10% 이상 차지하는 주요 원재료의 가격이 10% 이내 범위에서 당사자가 정한 비율 이상 변동하는 경우 그 변동분에 연동하여 하도급대금을 조정하는 것을 말한다. 현행 하도급법상 운영되고 있는 하도급대금·납품대금 조정협의제도(하도급법 제16조의2)는 원칙적으로 수급사업자의 '납품단가 변동에 따른 대금 증액권'을 인정하지 않고, 대금의 '조정 신청'만 가능하도록 하고 있다. 그러나 납품단가 연동제가 도입됨에 따라, 기존의 하도급대금 조정협의제도와 달리 별도의 협의 절차 없이 법정 산식에 따라 원자재 가격 상승이 하도급대금에 직접 연동될 수 있게 되었다.

개정 하도급법은 하도급계약서에 납품대금 연동의 대상인 목적물 등의 명칭, 주요 원재료, 조정요건, 기준 지표 및 산식 등을 필수적으로 기재하도록 규정하고 있고, 원사업자에게 수급사업자와 성실히 협의할 의무를 별도로 규정하고 있다. 또한 개정법은 원사

업자의 거래상지위 남용행위 및 탈법행위에 대한 금지 규정을 두
고, 납품단가 연동 관련 거래상지위를 남용하거나 탈법행위를 한
경우에는 5천만원 이하의 과태료를, 하도급계약서에 납품단가 연동
에 관한 사항을 기재하지 않은 경우에는 1천만원 이하의 과태료를
부과하도록 규정하고 있다. 한편, 당사자간 합의가 있는 경우 등에
는 하도급대금 연동제의 적용이 배제되도록 예외 요건도 마련해 두
었다.

V. 제 언

납품대금 연동제와 관련해서는 하도급법과 상생협력법간 적용
요건 차이로 인해, 발주를 받은 원도급사업자는 발주자에 대해 상
생협력법에 따라 대금의 10% 이상인 원재료에 대해서만 납품대금
연동제가 적용되는 반면, 하도급을 주는 경우 하도급사업자에 대해
하도급법이 적용되어 더 많은 품목에 대해 납품단가 연동제가 적용
되는 문제가 발생할 가능성이 있다. 또한, 수급사업자의 업종 또는
원·수급 사업자 간 근소한 매출액 차이로 인해 적용 여부에 차이
가 발생할 가능성도 존재한다.

향후 대통령령 등 하위 입법을 통하여 납품단가 연동제와 관련
된 내용이 보다 구체화될 것으로 보이고, 규제당국인 중기부 및 공
정위도 기업들의 법적 불안정성을 해소하기 위하여 가이드라인을
통하여 법령 해석을 위한 기준을 제시할 것으로 보이는 바, 기업들
은 향후 제·개정될 법령 및 가이드라인의 내용을 잘 살펴 납품단
가 연동제를 적용하는 것이 필요하다. 특히, 공정위는 납품단가 연
동제 관련 탈법행위를 엄중히 제재하겠다는 의사를 밝혔는바, 원사
업자가 우월한 지위에서 납품단가 연동제를 우회하는 경우 하도급
법상 제재는 물론 공정거래법상 불공정거래행위 등으로 규제될 가

능성이 있으므로 주의가 필요하다. 기업들은 납품단가 연동제와 관련하여 마련한 기준과 업무 내용이 거래상지위 남용행위 또는 탈법행위로 오해받지 않도록 각별히 유의해야 하며, '당사자 간 합의'를 이유로 예외 요건을 적용하고자 할 경우 수급사업자와의 협의 및 교신 자료 등 객관적인 근거 자료를 충분히 구비할 필요가 있다. 나아가, 법 위반 가능성을 배제하기 위해 컴플라이언스 교육 및 수급사업자와의 거래 형태가 납품단가 연동제의 적용 예외사유에 해당하는지 여부에 대한 외부 로펌의 법률 자문 등을 진행하는 것이 바람직해 보인다.

❑ 참고문헌 ❑

1. 보도자료 및 뉴스 기사

공정위 2022. 1. 14.자 보도자료

공정위 2022. 4. 6.자 보도자료

공정위 2022. 5. 22.자 보도자료

공정위 2023. 4. 27.자 보도자료

산업통상자원부 2022. 1. 13.자 보도자료

한국조선해양 홈페이지 보도자료

EC 2022. 1. 13.자 보도자료 "Mergers: Commission prohibits proposed acquisition of Daewoo Shipbuilding & Marine Engineering by Hyundai Heavy Industries Holdings"

가스신문 2022. 1. 18.자 기사
    http://www.gasnews.com/news/articleView.html?idxno=103198

연합뉴스 2019. 12. 18.자 기사
    https://www.yna.co.kr/view/AKR20191218005500098

연합인포맥스 2022. 1. 13.자 기사
    https://news.einfomax.co.kr/news/articleView.html?idxno=419
    3665

이코노믹리뷰 2022. 3. 28.자 기사
    https://www.econovill.com/news/articleView.html?idxno=570169

ICN 2022. 1. 14.자 기사 https://icnweb.kr/2022/49983/

2. 공정위 심결례 및 법원 판례

공정위 2012. 10. 30. 의결 제2012-245호

공정위 2013. 12. 3. 의결 제2013-195호

공정위 2020. 12. 2. 의결 제2020-305호

공정위 2020. 12. 3. 의결 제2020-306호

공정위 2021. 7. 11. 의결 제2021-194호

공정위 2021. 10. 6. 의결 제2021-246호

공정위 2021. 12. 16. 의결 제2021-322호

공정위 2023. 5. 1. 의결 제2023-076호
서울고등법원 2015. 1. 16. 선고 2013누8778 판결
서울고등법원 2016. 2. 5. 선고 2014누40007 판결
서울고등법원 2022. 12. 1. 선고 2020누69221 판결
대법원 2017. 12. 7. 선고 2016두35540 판결
대법원 2018. 5. 11. 선고 2015두38252 판결
대법원 2023. 4. 13.자 2023두30147 판결

3. 논문

제20대 대통령직인수위원회, "윤석열 정부 110대 국정과제", 2022.
국회입법조사처, "납품단가 현실화를 위한 제도적 기반 마련의 방향과 과
　　　제 -납품단가 연동제 도입 논의를 중심으로 -", NARS 현안분
　　　석, 2022.
김은하, "대중소기업 거래 불공정 해결을 위한 납품대금 연동제 도입 방
　　　안", 2021.
중소기업중앙회, "국민의 힘과 함께하는 납품단가 연동제 도입을 위한 정
　　　책토론회", 2022.
황태희, "하도급 대금의 부당결정과 제재에 관한 법리 검토 - 조선업의
　　　특수성을 중심으로", 조선해양 사내협력 연구회 발표문, 2019.

06 정기선 운항자에 대한 미국 경쟁법 적용 강화 동향에 대한 연구

김인현* · 이정욱**

Ⅰ. 개 요

2019년 12월에 시작한 코로나 19 대유행은 여러 영향을 국제사회에 미쳤다. 그 중에서 가장 두드러진 현상이 공급망 경색이다. 미국의 경우 자국에서 반도체가 생산되지 않자 이를 자국에서 생산할 방안을 강구하게 되었다. 우리나라에서도 요소수의 공급이 문제되었다. 이름하여 공급망의 문제이다. 이러한 공급망의 문제는 원자재 및 원료의 공급원을 자국으로 가져오거나 확보하는 문제에서 나아가 공급을 어떻게 안정적으로 확보할 것인지의 문제이기도 하다.

---

* 고려대학교 법학전문대학원 명예교수.
** 법률사무소 지현 미국(알라바마주)변호사.

국제적인 분업에 따라 미국은 중국, 한국 등에서 많은 가공품을 수입하고 있다. 이를 제때에 저렴하게 수송해 와야 한다.

그런데 2020년 말부터 시작한 수송상의 문제는 물류대란으로 불릴 정도로 심각하다. 동아시아에서 미국으로 수입되는 수입품의 운임이 10배가량 인상되었다.[2] 이것이 소비자 물가상승에도 악영향을 미쳤다. 이는 결국 미국의 소비자 물가가 1% 증가한 원인이 되었다고 한다. 납기를 맞추지 못하는 일도 다반사로 벌어진다. 수출에 사용되는 컨테이너 박스의 반납이 지체되면 지체료를 운송인이 수령하게 되는데 이것이 너무 고액이고 수하인이 납부할 성질이 아님에도 수하인에게 부과된다는 불만이 급증했다. 미국 서부의 농산품이 운송인의 운송기피로 수출되지 못하는 문제도 있다. 미국 정부는 이러한 문제를 해결하기 위한 다양한 정책을 펼치고 있다.

그간 미국이 취한 조치들은 아래와 같다. (i) 2021.7. 바이든 대통령은 경쟁을 촉진하는 행정명령을 내렸다. 해운뿐만 아니라 여타 산업도 대상이 된다. 이를 이행하기 위하여 2021.7. FMC(미국 연방해사위원회: Federal Maritime Commission)와 DOJ(미국 법무부: Department of Justice)는 MOU를 체결했다. (ii) 해운에서의 공동행위를 규제하는 법안인 2021년 해운개혁법(Ocean Shipping Reform Act 0f 2021, H.R. 4996)[3]이 하원에서 발의되어 통과되었다. (iii) 정

---

2) 자료에 의하면 2021.7-9까지 3개월간 미국에 기항한 8개 정기선사는 미화 22억$(약 2조6천억 원)의 운임을 청구했는데 이는 2020년 동기보다 50%인상된 것이다.

3) 2021년 해운개혁법이며 2021년 12월 8일 미국 하원을 통과하였다. 이 법안은 미국의 해운정책과 관련된 조항을 개정하여 미국 대외무역의 바다를 통한 물자 수송의 상호교역을 촉진시키기 위한 목적으로 제정되었다.("This bill revises provisions related to ocean shipping policies and is designed to support the growth and development of U.S. exports and promote reciprocal trade in the common carriage of goods by water in the foreign commerce of the United States.") https://www.congress.gov/bill/117th-congress/house-bill/4996, (최종검색일: 2022년 5월 2일).

기선사들이 부당하고 불합리한 체선료를 부과, 적용하는 행위를 금지하려는 취지로 FMC의 규칙을 제정했다. (iv) 해운법을 개정하는 상원이 발의한 2022년 해운개혁법(Ocean Shipping Reform Act 0f 2022, S.3580)[4]이 상원과 하원을 통과 후 2022. 6. 16. 바이든 대통령의 법안 서명으로 발효되었다.[5]

II. 미국 경쟁법 일반과 해운경쟁법

경쟁법에서 규제하는 것은 (i) 시장지배적 지위의 남용, (ii) 부당한 공동행위, (iii) 불공정행위 등이다.[6] 미국의 경쟁법 중에서 독점금지법(antitrust law)으로 알려진 셔먼법, 연방거래위원회법 및 크레이톤법이 일반법이다. 특별법으로서 해운법(Shipping Act)이 있다. 공동행위와 독점금지는 셔먼법에서 다루는데, 우리나라에서 정기선사의 공동행위는 해운법이라는 특별법을 두어서 예외적으로 규율하듯이 미국에서도 해운법에서 다룬다. 독과점 금지(시장지배적 지위의 남용)는 우리나라에서 공정거래법에서 다루듯이 미국에서도 셔먼법에서 다룬다. 미국에서 경쟁법을 집행하는 행정기관으로 DOJ 반독점국이 있는 반면, 해운산업에는 FMC가 있다.

---

4) 2022년 해운개혁법이며 2022년 3월 31일 미국 상원을 통과하여, 동년 6월 13일 하원을 통과하였다. 이 법안은 경쟁적이고 효율적이며 경제적인 해운 운송 시스템을 통해 미국 수출 성장과 발전의 육성을 위해 미국연방해사위원회(FMC)의 권한을 강화하는 해상운송 관리요건 개정을 목적으로 제정되었다.("This bill revises requirements governing ocean shipping to increase the authority of the Federal Maritime Commission(FMC) to promote the growth and development of U.S. exports through an ocean transportation system that is competitive, efficient, and economical.") https://www.congress.gov/bill/117th-congress/senate-bill/3580/text?q=%7B%22search%22%3A%5B%22S.3580%22%2C%22S.3580%22%5D%7D&r=1&s=3, (최종검색일: 2022년 6월 18일).
5) 바이든 대통령은 2022년 상하원 연설을 하면서 해운산업에서의 정기선영업을 강도 높게 비판했다.
6) 신현윤, 「경제법」, 법문사, 2020, 129면.

1. 셔먼법

1890년 제정된 미국의 셔먼법은 시장지배적 지위를 이용한 부당한 공동행위와 독점행위를 처벌하는 독점규제법이다. 셔먼법 제1조는 "모든 계약, 결합 … 또는 공모"가 불합리하게 "무역 또는 州간이나 외국과의 상업"을 제한하는 행위는 불법으로 규정한다.[7] 가격담합이나 입찰 조작 또는 고객이나 생산능력(capacity)을 할당하는 적나라한 합의(naked agreements)는 자동으로 비합리적인 것으로 여겨져서 그 효과나 정당성에 대한 추가 조사 없이 그 자체로 불법이된다.[8] 또한 제2조는 독점화, 독점화의 시도, 독점화의 공모 행위를 금하고 있다.[9][10][11]

카르텔에 가담하는 여러 국가 또는 외국과의 무역 또는 상업의일부를 독점하거나 독점하려고 시도하거나 다른 사람과 결합 또는공모 그리고 여러 국가 간 또는 외국과의 무역 또는 상업을 제한하는 불법적인 모든 계약, 신탁 또는 기타 형태의 결합 또는 음모에참여하는 모든 사람은 중범죄로 간주되어 유죄가 확정되면 법원의재량에 따라 법인의 경우 1억 달러(개인의 경우는 1,000,000달러) 또는 10년 이하의 징역 또는 두 가지 모두에 의해 처벌된다.[12] 또한위법행위로 인한 금전적 손실이나 이익의 2배 중 큰 금액의 형사적

---

7) 15 U.S.C. § 1.

8) *United States v. Socony-Vacuum Oil Co.*, 310 U.S. 150, 218 (1940); *United States v. Fischbach & Moore, Inc.*, 750 F.2d 1183, 1192 (3d Cir. 1984).

9) 15 U.S.C. § 2. "Every person who shall monopolize, or attempt to monopolize, or combine or conspire with any other person or persons, to monopolize…".

10) *United States v. Alcoa*, 148 F.2d 416 (2d Cir. 1945).

11) 미국은 독점화 자체를 금지하지만, 독일은 독점력을 남용하는 것을 금지한다. 신동권, 「독점규제법」(박영사, 2011), 134면. 독일의 경쟁제한방지법 우리나라의 공정거래법도 같은 입장이다. 신동권, 전게서, 135면.

12) 15 U.S.C. §§ 1-2.

벌금에 처할 수 있다.[13][14]

미국 법원은 셔먼법의 역외적용을 인정한다. U.S. v. Aluminum Co. of America (Alcoa 사건) 사건[15]에서 미국연방항소법원은 셔먼법이 역외적용될 수 있는 요건으로 ① 그러한 행위를 하는 단순한 의도를 넘어선 "특정한 의도"("specific intent", that is, an intent which goes beyond the mere intent to do the act.")가 있어야 하고, ② 생산 제한이 가격에 불가피한 영향을 주거나 그러한 의도가 있는 경우에만 셔먼법 위반에 해당한다("A restriction of production violate Sherman Act only when restriction inevitably affects prices or is intended to do so")고 판시하였다. 즉 "외국인에 의해 외국에서 이루어진 행위라고 하더라도 그 행위가 미국 내 거래에 영향을 미칠 의도가 있었고 실제로 미국 시장에 영향을 미친 경우에는 그에 대하여 미국의 법을 적용할 수 있다."[16]고 판결한 것이다.

2014년 2월 미국 정부는 처음으로 국제해상운송에서의 고객과 항로 배분, 입찰과 운임 담합 등의 공동행위로 경쟁을 억제하고 제거한 행위를 취한 자동차 운반선인 로로선사(Ro-Ro Carrier)들과 그들의 경영진에 대해 셔먼법 위반으로 형사 기소를 하였다. 이 재판에서 미법무부는 선사 Wallenius Wilhelmsen Logistics AS,[17]

---

13) 18 U.S.C. § 3571(d).
14) 셔먼법은 우리 법으로 말하면 부당한 공동행위나 독과점(시장지배적 지위의 남용)을 동시에 규율하는 법으로 이해된다. 동지 신현윤, 전게서, 94면.
15) 148 F.2d 416 (2d Cir. 1945). Alcoa 사건이라고도 한다. 미국 회사인 Alcoa의 자회사인 캐나다의 Aluminium Ltd.가 유럽의 알루미늄 중간재 회사들과 공모하여 카르텔을 형성하고 각 회사들에게 생산량을 할당하여 유럽 회사들의 알루미늄 중간재 미국 수출을 금지한 사건이다.
16) 이호영. 「독점규제법」, 제7판, 홍문사, 2022년, 649면.
17) *United States v. Wallenius Wilhelmsen Logistics(WWL) AS*, No. 16-cr-362 (D. Md. Sep. 13, 2016). 노르웨이에 오슬로에 본사를 둔 WWL의 노르웨이와 일본, 미국의 관리자들이 2000년 2월부터 2012년 9월까지 다른 해운사 대표 등과 모임을 하고 미국향발 자동차와 트럭 등에 대해 고객과 항로 할당, 입찰 조작으로 경쟁을 억제하고 제거하여 미국에 기반을 둔 자동차, 트럭 및 기타 화물 제조업체에게 영향(affected by the conspiracy were more than

Nippon Yusen Kabushiki Kaisha(NYK),[18] Kawasaki Kisen Kaisha, Ltd.(K-Line),[19] Compania Sud Americana de Vapores S.A.[20]들에게 미화 234,900,000달러의 벌금을 그리고 선사의 경영진들[21]에게는 14개월에서 18개월의 징역형을 받는 것으로 형사 합

USD267,655,912)을 끼친 셔먼법 15 USC §1조 위반 사건이다.

18) *United States v. Nippon Yusen Kabushiki Kaisha(NYKK)*, No. 14-cr-612 (D. Md. Mar. 11, 2015). 일본 동경에 본사를 둔 NYKK의 일본과 미국의 고위층 관리자들이 1997년 2월부터 2012년 9월까지 다른 해운사 대표 등과 모임을 하고 미국향발 자동차와 트럭 등에 대해 고객과 항로 할당, 입찰 조작으로 경쟁을 억제하고 제거하여 미국에 기반을 둔 자동차와 트럭 제조업체에게 영향(affected by the conspiracy were more than USD171,000,000)을 끼친 셔먼법 15 USC § 1조 위반 사건이다.

19) *United States v. Kawasaki Kisen Kaisha(KKK), Ltd.*, No. 14-cr-449 (D. Md. Nov. 5, 2014). 일본 동경에 본사를 둔 KKK의 일본과 미국의 고위층 관리자들이 1997년 2월부터 2012년 9월까지 다른 해운사 대표 등과 모임을 하고 미국향발 자동차와 트럭 등에 대해 고객과 항로 할당, 입찰 조작으로 경쟁을 억제하고 제거하여 미국에 기반을 둔 자동차와 트럭 제조업체에게 영향 (affected by the conspiracy were more than USD217,000,000)을 끼친 셔먼법 15 USC §1조 위반 사건이다.

20) *United States v. Compania Sud Americana de Vapores(CSAV) S.A.*, No. 14-cr-100 (D. Md. Apr. 24, 2014). 칠레 발파라이소(Valparaiso)에 본사를 둔 CSAV의 칠레와 미국의 고위층 관리자들이 2000년 1월부터 2012년 9월까지 다른 해운사 대표 등과 모임을 하고 미국향발 자동차와 트럭 등에 대해 고객과 항로 할당, 입찰 조작으로 경쟁을 억제하고 제거하여 미국에 기반을 둔 자동차와 트럭 제조업체에게 영향(affected by the conspiracy were more than USD63,658,000)을 끼친 셔먼법 15 USC § 1조 위반 사건이다.

21) K-Line의 벌금은 미화 67,700,000달러이며 자동차 운반 담당 경영진들인 Toru Otoda는 징역 18개월을 Tskashi Yamaguchi는 징역 14개월 그리고 Hiroshige Tanioka는 징역 18개월과 미화 20,000달러의 벌금으로 형사 합의하였다. https://www.justice.gov/opa/pr/fourth-ocean-shipping-executive-pleads-guilty-price-fixing-ocean-shipping-services-cars-and,(최종검색일: 2022년 5월 11일). https://www.justice.gov/opa/pr/second-ocean-shipping-executive-pleads-guilty-price-fixing-ocean-shipping-services-cars-and,(최종검색일: 2022년 5월 11일). https://www.justice.gov/opa/pr/ocean-shipping-executive-pleads-guilty-price-fixing-ocean-shipping-services-cars-and-trucks, (최종검색일: 2022년 5월 11일).
NYK는 미화 59,400,000달러 벌금 부과 그리고 자동차 운반선 담당 Susumu Danaka사장은 징역 15개월과 미화 20,000달러의 벌금으로 형사 합의하였다. https://www.justice.gov/opa/pr/third-ocean-shipping-executive-pleads-guilty-price-fixing-ocean-shipping-services-cars-and,(최종검색일: 2022

의(Plea bargain)[22]하였다.[23]

2. 클레이튼 법 (15 USC §§ 12-27)

셔먼 법의 미비점을 보완하기 위해 1914년 제정되었으며 가격차별, 배타적 거래계약 등을 금지한다. 이와 관련하여 클레이튼법은 상거래에 종사하는 자가 거래 과정에서 직접 또는 간접적인 가격차별을 금지하며[24] 판매자가 자신들 경쟁자의 상품을 취급하지 않는 합의를 하여, 이 합의가 경쟁을 상당히 감소시키거나 독점을 발생시킬 개연성이 있는 경우에는 이를 위법으로 규정한다.[25][26]

클레이튼 법 제4조는 셔먼법 위반으로 사업이나 재산에 손해를 입은 피해자에게 해당 손해의 3배의 배상을 받을 수 있는 권리를,[27] 제16조는 셔먼법 위반으로 손실이나 손해의 위협을 받는 자는 소송을 제기하고 이행 명령을 청구("to sue for and have injunctive relief... against threatened loss or damage by a violation of")할 수 있는 권한을 부여한다.[28]

그러나 미국의 1984년 해운법은 독자행동권, 기간·물량별 운임률(Time Volume Rate) 및 대량 화주 우대 서비스 계약에 따라 선사가 일정한 요건을 갖춘 화주에게 차별적인 유리한 운임, 선복, 운송기간, 기항 순서 또는 이와 유사한 서비스를 제공하는 것에 대해

년 5월 11일).
22) 피고인의 유죄를 인정하는 대가로 검찰이 형을 낮춰주는 것.
23) 이 사건은 부정기선사가 부당한 공동행위로 인하여 셔먼법의 처벌을 받은 것이다. 만약 정기선사의 영업이었다면 미국 해운법에 의한 처벌을 받았을 것이다. 부정기선사는 미국 해운법의 적용대상이 아니기 때문에 일반법인 셔먼법의 적용을 받았다.
24) 15 U.S.C. § 13.
25) 15 U.S.C. § 14.
26) 클레이튼 법에 대한 자세한 논의는 신현윤, 전게서, 96면이 있다.
27) 15 U.S.C. § 15.
28) 15 U.S.C. § 26.

경쟁법을 적용하지 않는다.

3. 미국 해운법과 FMC

(1) 1984년 해운법(Shipping Act of 1984)

정기선 해운은 수출입화물의 수송에 절대적으로 필요한데, 자본
투자가 많이 필요하다. 이에 진입장벽도 있지만, 경쟁이 심화되면
낮은 운임으로 정기선사가 도산이 되면 국제무역에 큰 지장을 초래
한다. 이에 정기선사들은 동맹(conference)이라는 제도를 만들어 동
맹안에 가입된 선사들끼리 동일한 운임을 적용하는 등 공동행위를
해왔다. 이것이 화주에게도 유리한 측면이 있기 때문에 미국은 해
운의 공동행위에 대하여 독점금지법의 적용을 면제하는 조치를 취
해왔다. 화주들의 이익을 보호하기 위하여 이러한 지나친 정기선사
의 동맹제도를 완화시키는 조치를 취하게 된다. 이것이 1984년 해
운법으로 나타난다.

1) 독점금지법의 적용면제 규정 제정[29]

미국의 해상 수출입 무역에서 본 법의 요건하에서 신고되거나
면제되는 운송서비스와 관련된 협정, 적절히 공표된 요율, 요금이나
비용, 규칙 또는 규정에 대하여는 독점금지법의 적용이 면제됨을
규정하였다.

2) 독자행동권(I/A: Independent Action) 인정[30]

독자행동권이란 동맹의 기본협정에서 정한 요율(Tariff)과 달리
각각의 동맹회원 선사가 독자적으로 화주에게 다른 선사보다 더 유
리한 서비스와 운임을 제공할 수 있는 권리를 말한다. 이 권리의
인정은 동맹(conference)제도의 붕괴를 가져왔다.

---

29) 46 USCA § 1706.
30) 46 USCA § 1704(b)(8).

3) 기간/물량별 운임률(TVR: Time Volume Rate) 인정[31]

선사 및 동맹이 해상 운송의 일정 기간 동안에 제공되는 화주의 화물량에 따라 상이한 운임 요율을 제공할 수 있도록하는 제도이다. 이 제도로 보다 많은 화물을 선적하는 화주가 더 높은 운임 할인을 받을 수 있게 되었다. 화주에 대한 차별대우를 인정하는 것으로 의미가 있다.

4) 대량 화주 우대 서비스 계약(S/C: Service Contract, 이하 '서비스 계약') 허용[32]

화주가 정해진 기간 동안 일정한 최소량의 화물을 제공할 것을 약속하고 선박 회사 또는 동맹은 선복, 운송기간, 기항 순서나 이와 유사한 서비스뿐만 아니라 특정 운임이나 운임 스케줄을 약속하는 화주와 선박회사 또는 동맹과의 계약을 말한다.[33] 본 서비스 계약은 대량화주에 대하여 차별적으로 낮은 운임의 제공을 가능하게 해서 동맹선사들 내에서는 동일한 운임을 정하는 공동행위를 하지 않아도 되게 했다. 동맹제도의 와해를 가져온 중요한 조치이다.

5) 화주협회(Shipper's Association) 인정[34]

미국은 1890년 독점금지법의 제정으로 화주들의 이익을 대변하는 화주단체의 설립을 금지시켰으나 본 해운법에서는 미국내륙운송 관련 화주의 편의를 고려하여 화주조합 성격의 화주협회 설립을 인정하였다. 이들 화주협회는 소형화주의 운송물량을 크게 하여 정기선사와 서비스계약을 체결할 수 있도록 했다는 점에 의의가 있다.

---

31) 46 USCA § 1707(b).
32) 46 USCA § 1707(c).
33) 우리 나라 해운법에서는 장기운송계약으로 불린다(해운법 제29조의2 제2항).
34) 46 USCA § 1702(24).

6) 무선박운송인(Non Vessel Operating Common Carrier, 'NVOCC') 의 인정[35)

무선박운송인은 해상운송에 사용되는 선박을 운항하지 않는 운송인을 의미한다.[36) 해상운송인(정기선사)과의 관계에서 화주(shipper)역할을 하여 동맹이나 비동맹 정기선사와 화주로서 서비스 계약의 체결이 가능하다. 무선박운송인은 FMC에 자신이 적용하는 요율(Tariff)를 신고하고 운송인의 자격으로 화주로부터 운송 화물을 집화(集貨)한다.

7) 미국 선사의 보호 조항 신설[37)

삼국 간 항로에서 미국 선사들의 권리와 이익을 보호하기 위한 규정으로 FMC는 미국적 선사가 타국 선사로부터 부당한 화물 적취나 차별대우를 받았다고 인정되는 경우에는 해당 외국 선사의 요율(Tariffs) 사용을 정지할 수 있다.

8) 이중운임 계약제의 금지[38)

이중운임계약제는 2개 이상의 선사가 연합한 동맹이 동맹회원 선사를 사용하는 화주에게는 성실계약(Loyalty Contract)운임을, 그렇지 않은 화주에게는 비계약 운임을 차별 적용하는 운임제도인데 본법으로 사용이 금지되었다.

(2) 1998년 해운개혁법(Shipping Reform Act of 1998)

1984년 해운법의 목적에 더하여 경쟁력 있고 효율적인 해상운송을 통해 그리고 시장에 대한 의존도를 높임으로써 미국 해상 수출산업의 성장과 발전이라는 항목[39)이 1998년 해운개혁법에 추가되었

---

35) 46 USCA § 1702(17).
36) 이들은 계약운송인으로 나타난다. 우리 상법상 운송주선인에 해당한다.
37) 46 USCA § 1712.
38) 46 USCA § 1709.

다. 주요 내용은 아래와 같다.

① 정기선사의 공동행위는 계속해서 독점금지법의 면제가 적용된다.

② 정기선사와 화주가 체결하는 서비스 계약은 내용의 공개 없이 비밀계약을 체결할 수 있게 하였다.[40] 정기선사는 화주와 비밀로 서로 다른 운임의 계약체결이 가능하므로 실제로 동맹제도는 유명무실해지는 결과가 되었다.[41]

③ 요율(Tarriff)은 더 이상 FMC에 직접적으로 신고하지 않고 인터넷이나 공식 채널에 공시하여 일반인들이 확인할 수 있게 하였다.[42]

④ 서비스 계약에 대한 독자행동권이 확대되어 선사와 동맹사는 독자적으로 또는 동맹 및 얼라이언스(약화된 동맹)로 서비스 계약을 체결할 수 있게 했다.

⑤ 선사들은 복합운송에서 공동으로 내륙운송업자와 운임률 및 서비스를 협상할 수 있으나 이 경우에는 독점금지법의 적용을 받는다.[43]

(3) FMC(Federal Maritime Commission)

(가) FMC와 면제규정

FMC는 미국 국제해상운송시스템을 규제하고 해운법을 관리하는 독립적인 연방기관이다. 미국은 연방독점금지법(셔먼법, 클레이튼법

---

39) SEC. 101. "(4) to promote the growth and development of United States exports through competitive and efficient ocean transportation and by placing a greater reliance on the marketplace.".
40) SEC. 102. (19).
41) 정진욱, "해운동맹관련 규제동향과 우리나라에서의 향후 규제방향연구", 한국해법학회지 제33권 제2호(2011), 249면.
42) SEC. 106. (c)(3).
43) SEC. 109. (b)(1).

등)을 시행하고 있으나 FMC는 선사에 대한 독점법 적용면제 규정을 적용하고 있다. 미국 해운법에 따르면 선사간의 협정은 FMC에 신고되어야 한다. 구성원인 선사가 화주와 서비스 계약에 대해 협상하는 것을 다른 선사가 금지하거나 제한할 수 없다.[44] 신고된 협정을 FMC는 검토하고 연방 관보(Federal Register)에 공시를 신청하고 필요하다고 여겨지는 추가정보를 요청할 수 있다.[45] 신고된 협정은 FMC가 거부하지 않는 한 신고 후 45일이 경과하면 효력이 발생하고[46] 이후 선적량 제한을 포함하는 협정내용에 대해 선사는 분기별 모니터링 보고서를 FMC에 제출해야 한다.[47]

해운법 46 USC § 40301(a)[48]는 독점금지법 적용면제 사항을 나열하고 있다. 선사와 선사 또는 선사 사이에 단일운임, 선적량, 기타 서비스 조건을 포함하는 운송운임에 관한 논의, 확정이나 규정(제1호), 선박 운항, 매출, 수입이나 손해의 합치나 배분(제2호), 항구의 배당 또는 항구와 항구 사이의 항해의 성격 및 횟수의 제한

---

44) 46 USC § 40303(a).
45) 46 USC § 40304(a), (d).
46) 46 USC § 40304(c).
47) 46 C.F.R. §§ 535.702 (Agreements subject to Monitoring Report and alternative periodic reporting requirements).
48) "(a) Ocean Common Carrier Agreements.-This part applies to an agreement between or among ocean common carriers to-
(1) discuss, fix, or regulate transportation rates, including through rates, cargo space accommodations, and other conditions of service;
(2) pool or apportion traffic, revenues, earnings, or losses;
(3) allot ports or regulate the number and character of voyages between ports;
(4) regulate the volume or character of cargo or passenger traffic to be carried;
(5) engage in an exclusive, preferential, or cooperative working arrangement between themselves or with a marine terminal operator;
(6) control, regulate, or prevent competition in international ocean transportation; or
(7) discuss and agree on any matter related to a service contract."

(제3호), 운송된 화물의 성질 또는 수량의 규제(제4호), 선사들이나 해상터미널운영자 사이의 배타적, 우선적, 협력적 업무 협의(제5호), 국제해상운송에서의 경쟁에 대한 통제, 규제나 금지(제6호), 서비스 계약에 관한 문제 논의 및 합의(제7호)가 이에 포함된다.

(나) 규정 위반에 대한 FMC의 제제

FMC는 규정 위반 사항에 대해 자체적인 조사와 시정 조치를 취할 수도 있다. 이미 시행중인 협정이 운송서비스나 비용에 불합리한 영향을 준다고 판단한 경우에는 연방법원에 소를 제기할 수 있다.

1) FMC 자체 제재

FMC는 자체적으로 또는 제3자의 고소(complaint)에 따라 위반 사항에 대한 조사, 판결 및 위반 시정 조치를 취할 수 있다(46 USC §§ 41301-309). 선사가 규정을 위반한 경우 FMC는 각각의 위반에 대해 미화 5,000달러 이하의 벌금을 부과할 수 있다.[49] 만약 해당 위반이 인식하에서 고의적으로(willfully and knowingly) 이루어졌을 때는 각각의 위반에 대해 USD25,000의 벌금이 부과된다.[50] 부과된 벌금에 관해 위반 선사의 선박에 대한 유치권 설정도 가능하다.[51] FMC는 벌금뿐만 아니라 위반 선사에게 피해액(the actual injury)의 2배까지 위반을 고소한 자에 대한 배상금도 명령할 수 있다.[52] 또한 선사가 협정내용을 FMC에 신고하지 않거나,[53][54] 협정이 법적으

---

49) 행정법 판사가 FMC안에 존재한다.
50) 46 USC § 41107(a).
51) 46 USC § 41107(b).
52) 46 USC § 41305(b), (c).
53) 46 USC § 40302.
54) Compania Sud Americana de Vapores S.A. v. Inter-American Freight Conference, et al, [Docket No.96-14], 28 S.R.R. 12, (March 19, 1998); Anchor Shipping Co. v. Alianca Navegacao e Logistica Ltda., 30 S.R.R. 991, 997-99 (FMC 2006).

로 유효하지 않거나 FMC에 의해 거절, 비승인 또는 취소된 경우,
계약 조건이나 FMC에 의한 협정 수정 명령에 따르지 않는 경우 선
사들의 협정에 따른 영업은 금지된다.[55]

위반 사항에 관한 구체적인 내용은 46 USC § 41104에 규정되어
있다. 먼저 선사는 허위청구, 허위 분류, 허위 계량, 허위 측정 또
는 어떠한 불공정하거나 불합리한 장치나 수단을 통해 운임 또는
서비스 계약에서 설정된 요금 미만으로 화물을 운송하는 것,[56] 정
기선 무역에서 공표된 요율이나 서비스 계약에 포함된 요율, 요금,
분류, 규칙 및 관행에 따르지 않는 서비스를 제공하는 것,[57] 요율에
따른 서비스를 제공하기 위해 불공정하거나 부당하게 요금에 대한
차별적인 행위를 하는 것이 금지된다.[58] 특정 협정 당사자들이 상
호작용하여 경쟁의 감소를 초래하여 운송 서비스가 불합리하게 감
소되거나 운송비용이 불합리하게 증가될 가능성이 있는 경우 선사
는 동일한 거래(운항)에서 운임협상과 선박의 공유사용과 같은 행위
에 참여할 수 없다.[59]

2) 민사소송 청구

선사가 신고하여 효력이 발생한 협정이 경쟁의 감소로 인하여
운송서비스가 불합리하게 축소되거나 또는 운송비용이 불합리하게
증액될 우려가 해당 협정에 있다고 판단되면 FMC는 언제나 워싱턴
DC의 미국연방법원에 협정의 이행을 중지시키는 명령을 구하는 민
사소송을 청구할 수 있다(46 USC § 41307(b)(1)). 이 경우 시효도 없
다. 이때 그 입증책임은 FMC에 있다.

---

55) 46 USC § 41102(b).
56) 46 USC § 41104(a)(1).
57) 46 USC § 41104(a)(2).
58) 46 USC § 41104(a)(4)(A).
59) 46 USC § 41104(a)(13).

FMC는 규제관할권(regulatory jurisdiction)을 가지고 국제해상운송 시스템과 해운법을 규제 및 관리하고 한다. 자신들이 관리하는 규율체계에 따라 효력이 발생된 협정에 대해서는 연방독점금지법 적용을 면제받지만, 해당 협정이 위 § 41307(b)(1)[60] 기준을 더 이상 충족하지 않는다고 결정한 경우 언제든지 협정의 효력 금지 처분은 민사법원을 통하여 처리한다.

Ⅲ. 미국이 최근 취하는 조치

미국은 1984년 해운법과 1998년 해운개혁법에서 선사와 동맹은 공동행위로 또는 독자적으로 화주들과 서비스 계약을 체결할 수 있게 되었다. 선사는 대량화주로부터 대량의 화물을 제공 받는 것을 약속받고 자신은 화주에게 유리한 요금을 제공할 수 있게 되었다. 또한 선사와 화주는 위와 같은 내용을 비밀로 할 수 있게 되었다.

이러한 조치들은 동맹선사들의 운임경쟁을 강화시켜 요금인하의 요소로 작용할 것으로 기대하였다. 그러나 현재 미국에서 벌어지는 물류대란 때문에 수요는 많고 공급은 부족한 현상이 나타나게 되었다. 이는 운임의 대폭인상으로 나타났다.

---

60) "Action by commission.-If, at any time after the filing or effective date of an agreement under chapter 403 of this title, the Commission determines that the agreement is likely, by a reduction in competition, to produce an unreasonable reduction in transportation service or an unreasonable increase in transportation cost or to substantially lessen competition in the purchasing of certain covered services, the Commission, after notice to the person filing the agreement, may bring a civil action in the United States District Court for the District of Columbia to enjoin the operation of the agreement. The Commission's sole remedy with respect to an agreement likely to have such an effect is an action under this subsection."

1. 시장지배적 지위에 대한 제재

(1) 현황과 문제점

바이든 행정부는 2022. 2. 28. FMC와 DOJ가 협업으로 이번 사태를 해결하겠다는 발표를 했다.[61] 발표에 의하면 3대 얼라이언스는 지구상의 선대의 80%를 점하고 특히 동서항로의 정기선 운항의 95%를 차지한다는 것이다. 1996년에서 2011까지 3대 얼라이언스는 시장점유율이 30%에 불과했는데, 그 후 통합이 일어나 과점화되었다는 것이다.[62]

정기선시장에서 운임은 수요와 공급의 법칙에 의하여 결정된다. 그런데, 20개의 정기선사가 9개로 줄어들면 공급량이 줄어들어 운임이 상승하는 효과가 나타난다. 9개 정기선사는 3대 얼라이언스(Alliance)체제에 속해있다.[63] 3대 얼라이언스는 동맹과는 달리 운임에 대한 공동행위는 하지 않는다. 이들의 행위 중 노선의 조정, 결항, 감속과 같은 조치는 운항효율을 가져오기도 하지만 공급을 줄이는 효과가 있을 것이다. 이들은 얼라이언스 회원들끼리 상의를 하여 공급을 줄이는 것이므로 경쟁법에서 원칙적으로는 허용되지

---

61) 미국 법무장관 Marrick B. Garland와 FMC의 Daniel B. Maffei 의장은 해운법 및 관련법 위반 행위 감독 강화 협력을 위한 양해각서(MOU)를 2021년 7월 체결하였다. 바이든 행정부는 법무부와 FMC가 공동으로 경쟁법 시행과 해상화물운송의 경쟁을 촉진하기 위한 협력 강화 약속을 재확인했다. https://www.justice.gov/opa/pr/justice-department-and-federal-maritime-commission-reaffirm-and-strengthen-partnership, (최종검색일: 2022년 5월 2일).

62) 자세한 내용은 김인현, "2022년 미국해운경쟁법 강화", 법률신문 2022.5.16.자

63) 얼라이언스란 동맹(conference)가 해체된 다음에 나타난 정기선사들의 공동행위를 위한 단체이다. 3개-4개의 정기선사들이 얼라이언스협약을 체결하여 선박의 공동사용, 부두의 공동사용, 노선의 합리화 등을 합의하고 실행한다. 동맹에서 허용된 운임에 대한 공동행위는 하지 않는다. 전 세계에는 현재 3대 얼라이언스가 있다. 2M, 오션얼라이언스, 디 얼라이언스가 있다. 우리나라 HMM은 하파크 로이드, 양밍, THE ONE과 같이 디 얼라이언스의 회원사이다. 김인현·이현균, "정기선해운에 대한 경쟁법 적용과 개선방안", 유통법연구 제7권 제2호(2020), 192면.

않는데 경제적으로 효용[64]을 가져다 주기 때문에 허용된다.

미국의 일련의 조치는 운임의 대폭인상과 선복부족현상과 같은 일련의 사태가 최근의 물류대란 시기에 이러한 경제적인 효용을 가져다주지 못하는 것으로 판단한 것으로 보인다. 얼라이언스의 공급조절은 더 이상 경제적으로 효용을 가져다주지 않는다는 주장이 근거가 있다고 해도 미국 해운법 등 법률에 위반되지 않으면 얼라이언스의 공동행위는 유효하여 처벌의 대상이 아니다.

(2) 현재 취하고 있는 조치 및 예상

현재까지 미국은 3대 얼라이언스를 시장지배적 지위로 보지 않았거나 보았어도 경제적 효용이 있기 때문에 처벌을 하지 않은 것으로 보인다. 얼라이언스 자체를 하나의 단위로 본다면,[65] 시장지배적 지위에 있다고 볼 수 있으므로 제재의 대상으로 할 수 있을 것이다.

시장점유율이 1%인 정기선사가 선박을 8척 휴항시키면 시장에는 아무런 영향이 없을 것이다. 그렇지만, 시장점유율이 40%인 정기선사가 8척을 휴항시키면 시장에 영향을 미치게 된다.[66] 이렇게 어떤 정기선사나 얼라이언스가 시장지배적 지위에 있다면, 경쟁법에서는 다양한 형태의 제재를 받게 된다.[67] 독점이나 과점이 지속

---

64) 정기선운항을 효율적으로 하고 운임을 인하하는 효과가 있다.
65) 한 개의 얼라이언스 내에는 4개의 선사가 있는 경우도 있다. 이들을 각각으로 본다면 시장지배자 지위가 문제되지 않지만, 얼라이언스는 협정에 의하여 공동으로 운항되는 의사결정을 하므로 하나의 단위로 볼 수 있을 것이다. 각각이라면 시장점유율이 10%내외이겠지만, 얼라이언스 하나라면 30-40%가 될 수 있다.
66) 가령 미국과 한국을 오가는 미태평양 항로 노선 하나를 빼어버리면 다른 정기선사들이 쉽게 노선을 개설할 수 없는 특성이 정기선운항에 있기 때문에 이는 가격의 인상으로 연결된다.
67) 우리나라의 경우 "정당한 이유 없이 최근이 추세에 비추어 상품의 공급량을 현저히 감소시키는 경우"에 해당하면, 공정거래위원회로부터 가격의 인하 등 시정명령을 받게 된다(제5조). 공정거래위원회는 매출액에 100분의 3을 곱한

되지 못하게 하는 것이다. 얼라이언스 체제가 이런 시장지배적 지
위에 있는지가 문제된다. 독과점의 문제는 미국의 독점금지법인 셔
먼법의 규율을 받는다.[68)69)]

시장지배적 지위(독점력)를 판단하는 기준은 각국 마다 다르다.
미국은 시장지배력을 가격을 통제하거나 불합리하게 경쟁을 제한
하는 능력(a power of controlling prices or unreasonable restricting
competition)[70)]으로 정의하며 시장점유율을 시장지배력의 중요한 기
준으로 보고 있다. 그러나 확정된 기준이 아닌 구체적 사안에 따라
별개로 판단한다. 예를 들면 알루미늄 주괴 90% 이상의 시장 통제
력을 가지면 독점을 성립시키기에 충분하다고 판시[71)]했으며 신발
기계 시장(Shoe machinery market)의 75%의 시장 점유율은 시장지
배력을 구성하는데 충분하며[72)] 식물 재배 관련 특허 분쟁에서는
50%의 시장점유율이 시장지배력을 가진다고 판시[73)]하였다.

과거 중국정부는 3P 네트워크를 머스크와 MSC, CMA – CGM과
같이 결성하려고 하자, 그렇게 되면 중국에서의 시장지배력이 35%
이상이 된다고 하여 결성을 허락하지 않았다. 우리나라는 1 사업자
의 시장점유율이 100분의 50이상, 3 이하의 사업자의 시장점유율의
합계가 100분의 75이상이면 시장지배적 사업자로 추정된다.[74)]

금액을 초과하지 않는 범위 안에서 과징금을 부과할 수 있다(제6조). EU의
경우 EC헌장 제102조(구 82조)에서 규제한다.
68) 바이든 대통령이 제기한 문제는 시장지배자 지위 항목에서 논의되는 것이다.
   우리나라 해운법에서 독과점의 문제를 다루지 않는 것과 같이 미국의 해운법
   에서도 이 문제는 다루지 않는다.
69) EC와 영국의 입장에 대하여는 Richard Whish and David Bailey,
   Competition Law, Oxford University Press, 2021, 180면 이하가 있다.
70) United States v. E.I. Deoont, 351 U.S.377.
71) United States v. Alcoa, 148 F.2d 416 (2d Cir. 1945).
72) United States v. United shoes Machinery Corp., 110F. Supp, 295, 1953.
73) Yoder Bros v. California Florida Plant Corp., 537 F.2d 1347, 1976.
74) 공정거래위원회의 시장지배자 판단기준은 시장점유율, 진입장벽의 존재 유무,
   상대방 경쟁사업자의 규모와 공동행위 가능성 및 자금력 등을 기준으로 종합

미국 정부는 과점상태인 얼라이언스를 더 경쟁적으로 만들어 가려고 할 것으로 보인다. 3대 얼라이언스가 2개 선사, 3개 선사, 4개 선사가 회원으로 구성되어 있다. 이제 2개 선사끼리만 얼라이언스를 맺게 한다면 4개의 얼라이언스로 확대될 것이고, 1개 정기선사를 더 넣는다면 5개의 얼라이언스가 될 수 있을 것이다. 이렇게 하면 과점이 완화될 것이다.

앞에서 본 바와 같이 얼라이언스 자체를 하나의 단위로 본다면 시장지배적 지위에 쉽게 도달하도록 해석이 가능하게 된다. 중국정부가 2014년 내린 P3 Alliance 사건을 눈여겨 보아야 한다. Maersk Line은 MSC와 CMA–CGM과 같이 P3 네트워크를 형성하기 위하여 중국상무성 반독금금지부에 승인신청을 내었다. 결합 후에는 그들이 전 세계 공급망의 46.7%를 차지하게 된다는 점, HHI지수가 아시아–유럽노선에서 890이던 것이 결합 후에는 2,240으로 급등하게 된다는 점 그리고 경쟁자들이 시장에 진입하는 것을 어렵게 한다는 등의 이유로 중국정부는 이를 불허했다.[75)76)]

현재 미국은 운임에 대한 공동행위를 포함해서 공동행위를 허용한다. 선복교환, 선박공유, 항로조정과 같은 것이 가능하다.[77)] 이런

적 판단을 하고 있다. 공정거래위원회고시 제2021–18호, 시장지배적지위 남용행위 심사기준, III. 1. 가. 나.

75) Zhu–Zuoxian, "The Shipping Competition Practices in China", Asian Business Law Review, Vol. 24, 2019, p. 83.

76) 기업결합승인시에 사용되는 미국의 HHI지수도 참고가 될 것으로 본다. 9개선사로 구성된 3대 얼라이언스는 독과점 지수를 점점 높혀가고 있다는 것이 중론이다. 1996년에는 330, 2006년 660, 2016년 1,000 수준이었다. 현재 1, 2위 선사가 같은 얼라이언스에 있고 이의 합이 34%이므로 34%의 제곱승, 12.6%의 제곱승, 11.7%의 제곱승을 합하면 1,500정도가 나온다.

77) 미국 해운법 46 USC §40301(a)(1) "discuss, fix, or regulate transportation rates, including through rates, cargo space accommodations, and other conditions or service;", (2) "pool or apportion traffic, revenues, earning, or losses;", (3) "allot ports or regulate the number and character of voyages between ports;".

행위는 공급을 줄이는 측면이 있기 때문에 경쟁법에서는 카르텔로 허용되지 않는다. 그렇지만, 선복교환, 선박공유, 항로조정은 정기선 운항을 효율적으로 하고 운임을 인하하는 효과가 있다. 경제적 효율이 있으므로 미국의 해운법에서는 이를 허용하는 것이다. 서비스 계약의 경우도 대량화주는 운임의 혜택을 보는 것이므로 소형화주에 대한 차별대우로 경쟁법 위반행위이다. 그렇지만, 경제적인 효용이 있으므로 미국 해운법에서는 유효하게 인정된다. 대형선이 미국에 취항하면서 집중적으로 LA, 롱비치 등에만 기항한다. 과거와 달리 작은 선박으로 여러항구에 기항하지 않는다. 이로 인하여 항구에서 내륙으로 이동해야 할 화물이 집중되어 적체가 일어나기 쉽다.[78] 이를 방지하기 위해 항로조정의 허용을 제한하는 쪽으로 검토할 가능성이 있다.

캘리포니아 출신의 하원의원은 Ocean Shipping Antitrust Enforcement Act(HR 6864, OSAE)라고 불리는 법안을 발의했는데, 외국 정기선사들이 누리는 해운법상의 경쟁법 면제조항(해운법 제40307조)을 삭제하는 것을 주내용으로 한다.[79] 대단히 큰 변혁을 가져오는 것이다. 얼라이언스 자체가 불가하게 된다. 선사간의 협의에 의한 운임이나 요율 등에 대하여 그간 반독점법 적용대상이 아닌 것이 적용대상이 되면 얼라이언스의 영업에 큰 변화가 올 것으로

---

78) (OSRA 2021, H.R.4996) SEC.16(a)에 의하면 이 법의 제정일로부터 60일 이내에 교통부 장관은 미국과학원과 협정을 체결해야 하고, 미국과학원은 미국 공급망에 관한 연구를 진행해야 한다.("Not later than 60 days after the date of enactment of this Act, the Secretary of Transportation shall seek to enter into an agreement with the National Academy of Scirnce under which the National Academy shall conduct a study on the United States supply chain...")

79) H.R.6864, SEC. 2.(a) REPEAL (§40307. Exemption from antitrust laws) 여기에 따르면 정당하게 공표되어 시행되고 있는 관세, 비율, 운임이나 청구나 분류, 규칙 또는 해석상 규정에 대한 반독점법 적용 면제[§40307(a)(7)]가 폐지된다.

판단된다.[80]

2. 미국 수출화물에 대한 경쟁법 적용

(1) 현황과 문제점

코로나 19 기간 동안 선사들이 예약 운송(bookings)의 취소, 변경 및 예고 없이 추가요금을 부과하는 상황이 발생하였다. 미국 서부에는 많은 농수산 수출품들이 있다. 수많은 정기선들이 미국에 수입화물을 싣고 와서 짐을 내리고 다시 태평양을 건너 아시아권으로 오기 때문에 공급은 많고 수요는 적다. 그래서 아시아에서 미국으로 가는 화물의 운임보다 미국에서 아시아로 오는 화물의 운임은 더 싸다. 선복이 부족하자, 정기선사들은 미국서부에서 수출화물을 싣지 않고 바로 아시아로 건너와서 수출화물을 싣고 가는 일을 행하고 있다고 한다. 그래서 미국의 농수산물 수출자들은 이에 대하여 강력히 미국정부에 항의하고 있다.[81]

정기선 운송 즉 개품운송은 공적인 의미가 강하기 때문에 화주의 운송서비스 제공을 거부할 수 없는 것이 영미법의 전통이다. 우리나라도 해운법(해상운송법)의 초기에 이런 규정들이 있었다. 도선사나 예인선사는 이런 의무를 지금도 부담한다. 미국 수출화물을 싣지 않고 자신의 목적을 위하여 결항시키는 것은 이런 공적 기능을 하는 정기선의 기본정신에 반한다고 판단된다. 그렇지만 미국과 우리 법에는 현재 이러한 규정이 삭제되어 법적인 의무까지는 정기선사에 부과되어 있지 않다.

---

80) 2022.3.2. 하원의 특별위원회에서는 3개 대형정기선사(머스크, CMACGM 그리고 하파크로이드)에게 운임인상, 부가운임 인상등에 대한 자료를 제출할 것을 요청했다.

81) 김인현, 전게 법률신문, 2022.5.16.자.

(2) 미국의 대책

예선업, 도선업과 같이 정기선사는 특별한 사유가 있지 않는 한 화주의 운송의뢰에 대하여 정당한 사유가 없는 한 거부하지 못하고 운송을 해야 할 지가 쟁점이다. 공익적인 성격을 가지는 수출입업무에 종사하기 때문이다. 우리 해운법에도 이러한 규정이 있었지만 현재는 그런 규정이 없다.[82] FMC 마페이 위원장은 운송계약 위반에 대한 많은 불평이 접수[83]되고 있다며 운송계약은 화주의 권리장전(shippers' bill of rights)의 역할을 다여서 명확하게 보장되어야 한다고 강조하였다.

미국 하원은 해운법 제41104조를 개정하고자 한다. 정기선사가 "송하인에게 화물의 선적과 양륙에 필요한 장비에 대한 접근을 정당한 사유 없이 줄이는 것"을 금지한다. "정기선사가 선복의 할당을 포함하여 컨테이너 박스나 다른 장비의 제공을 하지 않아서 운송이 되지 않도록 하는 것"도 금지된다. "화물이 안전하게 적시에 선적될 수 있음에도 불구하고 그 화물에 대한 부킹을 정당한 사유 없이 거절하는 것"도 금지된다. 반면에 이러한 "정당한 사유 없이 거절하는" 사유를 FMC가 이 개정안의 발효 후 90일 이내에 구체적으로 명기해야 한다. 가능함에도 불구하고 공 박스를 회항에 우선사용하는 등 정당하지 않은 사항도 다루어야 한다.

미국 하원은 정기선사가 화주, 철도운송인, 자동차 운송인과 직접 화물의 처리가능량과 사용가능성과 관련된 정보를 공유할 것을

---

82) 1963년 해상운송법(현재의 해운법) 제12조는 선박운항사업자가 "정당한 이유 없이 여객 또는 화물의 운송을 거절하지 못한다"고 규정하고 있었으나 현재는 해운법 개정으로 삭제되어 정기선사의 계약상 운송 인수 의무로 남아 있다. 김인현, "해운법 제29조와 공정거래법 제58조의 관계와 개선에 대한 연구", 한국해법학회지, 제43권 제2호(2021), 290면.

83) 미국 화주인 MSRF가 HMM과 YANG MING을 상대로 서비스계약 위반으로 FMC에 제소하였다. https://www2.fmc.gov/readingroom/proceeding/22-14/

명하는 긴급명령발동권을 FMC에게 부여하고자 한다.

이번에 입법이 완료되어 효력이 발생한 2022년 해운개혁법에서
는 정기선사 등이 정당한 이유 없이 선복이 있음에도 불구하고 운
송을 거부하거나 기타 부당한 행위를 하는 것을 금지시키는 내용을
규정[84][85]하였다.

3. 지체료와 관련한 쟁점

(1) 현황과 문제점

컨테이너 박스는 선박과 함께 정기선사로서는 중요한 자산이
다.[86] 통상 자신의 TEU보다 1.5배의 박스를 보유해야 한다.[87] 운송
인은 송하인에게 컨테이너 박스를 제공할 관습법상의 의무가 있다.
수출품을 적재한 박스가 수입자의 손에서 빨리 운송인에게 되돌아
와 주어야 정기선사는 원활하게 영업을 할 것이다. 수하인이 화물
을 받은 다음 박스를 자신의 창고로 사용한다면, 박스는 회수되지
않고 결국 운송인은 더 많은 박스를 보유하지 않으면 안 된다. 이를

---

84) SEC. 7. (a) "(3) unreasonably refuse cargo space accommodations when available, or resort to other unfair or unjustly discriminatory methods;"

85) 미국에서 처음 등장한 2022년 해운개혁법 관련 법안으로 2022년 미국항 이용 특권법(American Port Access Privileges Act of 2022)이다. 이 법은 캘리포니아주 존 가라맨디(John Garamendi) 하원의원이 2022. 6. 28. 발의한 법으로 미국의 수입업자와 수출업자 모두에게 운송서비스를 제공하기 위해 미국의 1개 항구 이상에 정박하는 선사에게 미국 부두의 하역 및 선적 대기 행렬의 맨 앞으로 이동시켜 빠른 하역 및 선적에 대한 우선권을 주는 법이다. 가라맨디 의원은 법안 소개에서 외국 국적 선박의 미국 시장 및 소비자에 대한 접근은 선사의 권리가 아니라 특권이라고 강조하고 미국 서해안 항구에서 외국산 상품을 하역하려는 선사들은 그 댓가로 미국 수출업자들에게 수출 기회를 제공해야 한다고 주장하였다. 또한 의회는 미국 항구에서의 공정성을 회복시켜 중국과 같은 국가들과의 오랜 무역 불균형을 줄이는데 도움이 될 수 있도록 해야 한다고 하였다.

86) 컨테이너 박스는 실무에서 사용되는 용어이고, 상법에서는 컨테이너라고 표기된다. 김인현, "컨테이너의 해상법상 지위와 활용도 증대방안에 대한 연구", 한국해법학회지 제43권 제1호(2021), 81면 이하를 참고 바람.

87) 100만TEU의 정기선사라면 150만TEU의 박스가 필요하다.

피하기 위하여 운송인은 일정한 프리타임(free time)을 두고 수하인이 박스를 돌려주지 않으면 지연일수에 따라 지체료를 받고 있다.

지체료는 사실 중요한 요소임에도 불구하고 상법 해상편 등 법제도안에 규정되어 있지 않았기 때문에 제대로 집행되지 않아 왔다.[88] 정기선 운항에서 나타나는 컨테이너 박스와 관련된 지체료는 항해용선에서 나타나는 체선료와는 다른 개념이다.[89] 대형화주들은 지체료를 정기선사에게 납부하지 않고 자신의 대량화물을 무기로 지체료를 상계해왔다. 최근에는 상황이 바뀌어 정기선사들이 갑의 지위에 서게 되자, 지체료를 지급하지 않으면 선복을 얻을 수 없기 때문에 꼬박꼬박 지체료를 지급하게 되었다. 이렇게 시장 상황의 변경에 따라 공격과 수비의 입장이 바뀌자 미국에서 화주들은 불만이 쌓이기 시작한 것으로 보인다. 일당 지체료가 수개월씩 쌓이게 되면 큰 금액이라서 지급에 부담이 될 것이다. 2022년 6월에 독일 선사 하팍로이드의 지체료 규정 위반에 대해 FMC는 미화 2백만불(USD2,000,000) 합의를 승인하였다.[90] FMC 다니엘 마페이(Daniel Maffei)위원장은 지체료 관련하여 규칙을 어기는 업체들을 식별하고 조치를 취하는 것이 FMC의 최우선 과제임을 강조하였다.

운송계약에서 운송구간이 CY(컨테이너 야드)−CY라면 인도가 일어날 곳은 CY이다. 컨테이너 박스도 원칙적으로 여기서 운송인에게 회수되어야 한다. 수입자의 창고까지이면 그 창고일 것이다. 반납에

---

88) 상법상 물적 설비로는 선박만 규정되어있을 뿐이지 컨테이너 박스는 누락된 상태이다. 이는 컨테이너 박스는 정기선영업이 1980년대부터 활성화되었지만, 각국의 상법과 국제조약이 이를 반영하지 못했기 때문으로 보인다.
89) 체선료는 선박을 빌려간 용선자가 약정한 기간 내에 선박을 선박소유자에게 돌려주지 못하는 경우에 나타나는 것이다. 여기서의 지체료는 정기선 운항에서 정기선사에게 수하인이 컨테이너 박스를 제때에 돌려주지 못해서 발생하는 것이다. 체선료에 대하여는 상법에 규정이 있지만(상법 제829조 제3항)지체료는 규정이 없다는 점도 다르다. 일정한 배상액수를 미리 정해둔 점에서 같다.
90) https://www2.fmc.gov/readingroom/docs/21−09/21−09_Settlement_Agmt_unsig.pdf/ (최종검색일: 2022년 7월 6일).

여유를 운송인이 수하인에게 허용한 프리타임 5일이 지난 다음부터는 일당 지체료가 계상된다. 이러한 원칙에도 불구하고, 여기에는 다양한 분쟁의 요소가 있다.

첫째, 누가 지체료를 납부해야 하는가이다. 운송인과 컨테이너박스의 사용관계에 대한 계약을 체결한 자는 송하인(수출자)이지 수하인(수입자)이 아니다. 어떤 근거로 수하인에게 지체료를 부과할 수 있는가? 만약 수하인은 자신은 계약의 당사자가 아니므로 송하인에게 지체료를 받아라고 한다면, 어떻게 할 것인지 문제된다. 둘째, 지체료는 무과실책임인지 아니면 과실책임인지에 있다.[91] 항만이 지체되어 부두에서 빠져나가지 못하는 과정에 있다고 하자. 수하인은 반납할 사정이 아니다. 이 때에도 운송인에게 지체료를 지급해야 하는가? 수하인은 나에게 귀책사유가 없는데 하고 항변할 것이다. 세 번째, 송하인과 진정한 합의 없이 운송인이 일방적으로 정한 것으로 주장되는 태리프에 의한 금액은 그대로 집행이 가능한 금액인가? 이런 의문이 제기된다.

(2) 미국이 취하고 있는 조치

지체료는 당사자의 약정에 의하여 정해진다. 반납이 지연되면 미리 약정된 지체료를 납부해야 한다. 운송인의 책임 구간이 CY까지라면 CY를 넘어서는 구역부터는 수하인이 지체료를 부담해야 한다. 운송인의 책임구간이 내륙의 수입자의 창고까지라면 창고에 입고된 다음 박스의 반환지체에 대하여 수하인이 책임을 부담할 것이다.

수입자의 창고에 까지 도달은 했지만 내륙의 수송망의 붕괴로

---

91) 항해용선계약에서 체선료는 우리 대법원은 이를 특별보수라고 본다(대법원 1994.6.14. 선고 93다58547 판결; 대법원 2005.7.28. 선고 2003다12083 판결). 그래서 과실유무에 관계없이 발생한다. 김인현, 전게서, 289면. 지체료의 약정을 영국법에서는 이를 손해배상으로 본다. 만약 우리나라도 이를 손해배상의 예정으로 본다면 지나치게 높은 지체료는 법원이 감액할 수 있다.

박스의 이동이 제한되어 반환이 늦어지는 경우 이는 수하인의 위험 영역하에 의한 것이므로 수하인이 책임을 부담할 사항이다.

CY에서 수하인에게 컨테이너가 인도된 다음 수송망의 붕괴로 화물을 담은 컨테이너박스가 머물러 있는 경우 정기선사는 회수 받지 못하여 박스를 정상사용 못하므로 지체료를 받아야 한다. 이때 선하증권상 수하인은 종합물류회사(포워더)들이다. 일견 수송망의 붕괴는 수하인의 과실에 의한 것도 아닌데 전액 수하인이 부담해야 하는지 의문이 제기된다. 과실책임이라면 수하인의 과실이 입증되어야 청구가 가능하다. 무과실책임으로 하면 지체가 발생하기만 하면 지체료를 지급해야 한다. 양측 어느 누구에게도 과실이 없는 경우이므로 위험부담의 문제가 된다. 높은 운임에 지체료까지 수하인은 과중한 부담을 하게 된다.

컨테이너 등 장비의 인도, 수령 등에 대하여 정당하고 합리적인 규정에 따라 처리해야 하고 이를 위반하면 미국 해운법상 정기선사는 과태료(civil penalty)에 처해진다. 과연 정당하고 합리적으로 지체료가 처리되는지 논란이 많았다. FMC는 2020. 5. 18. "interpretive Rule on Demurrage and Detention Under the Shipping Act"를 발표한 바 있다. 여기서 FMC는 지체료의 처리 원칙을 그동안 업계 표준규범인 "once in/on demurrage always in/on demurrage(한번 지체가 발생하면 중간에 무슨 일이 있어도 지체이다)"에 의존하지 않고 화물운송장려("incentivizing cargo movement")의 관점에서 해결되어야 한다고 강조했다.

미국 하원은 정기선사가 부당하게 지체료에 대한 규정을 두는 것을 금지하는 제도를 해운법에 두려는 개정안을 통과시켰다.[92] 이

---

92) (OSRA 2021, H.R.4996) SEC.10(b)(1) "Not later than 120 days of this Act, the Federal Maritime Commission shall initiate a rule making proceeding to establish rules prohibiting common carriers and marine terminal operators from adopting and applying unjust and unreasonable

법제도에는 11개의 기준을 포함하도록 하고 있다. 지체료를 독립적인 수입원으로 생각하지 말고 장비의 회수를 위한 효과적인 수단으로 생각하라는 것, 장비의 반납에 장애가 생긴 경우에도 프리타임이 경과되었다거나 지체료를 수거하지 말 것, 부두가 폐쇄된 경우에는 프리타임이 경과되어서는 안될 것 등을 포함한다. 이 개정안이 효력을 발효하면 정기선사는 FMC가 제시한 규정에 부합하도록 행동해야 한다. 5년간 지체료 산정과 부과에 대한 자료를 보관하고 지체료 지급인이나 FMC가 요구하면 언제나 자료를 제공해야 한다. 정기선사들이 부과한 지체료에 대하여 불합리하다고 소송이 제기된 경우에 그 지체료 부과가 합리적이라는 입증은 정기선사가 부담한다. 부과되는 지체료가 FMC가 정한 규정에 부합한다는 취지의 서면과 동반되지 않은 지체료 부과는 지체료납부자에게 납부의무를 면하게 한다.

이번에 바이든 대통령의 서명으로 제정된 2022년 해운개혁법에 의하면 FMC는 해상운송에 대한 관리 권한이 강화되어 새로운 규칙을 제정할 수 있고, 특히 지체료에 대한 불만이 제기되면 이를 조사할 권한을 FMC가 가지는 것으로 했다.[93] 또한 그러한 지체료 부과가 합리적인지 여부를 FMC가 판단하고,[94] 불합리한 부과에 대하여는 반환을 명할 수 있도록 하고 있다.[95] 이제부터는 지체료 산정에 대한 기준을 정기선사가 화주와 합의할 때 FMC가 정한 규칙에

---

demurrage and detention rules and practices."

93) S.3580, SEC.10. (a) "A person may submit to the Federal Maritime Commission, and the Commission shall accept, information concerning complaints about charges assessed by a common carrier."

94) S.3580, SEC.10. (b) "Upon receipt of a submission under subsection (a), with respect to a charge assessed by a common carrier, the Commission shall promptly investigate the charge..."

95) S.3580, SEC.10. (c) "Upon receipt of submissions under subsection (a), if the Commission determines that a charge does not comply..., the Commission shall promptly order the refund of charges paid."

따라야 한다. 불합리하다는 제소가 이루어지면 불합리하지 않다는 입증을 정기선사가 해야 하므로 선사에게 불리한 입장이다.[96] 이에 대한 입증이 되지 않으면 수령한 지체료는 반납되어야 한다.[97]

4. 해운법상 공동행위 신고 수리 절차 및 효과

(1) 현황과 문제점

우리 해운법 제29조에 의하면 운임에 대한 공동행위를 하는 정기선 단체는 화주와 협의하고 해양수산부 장관에 신고한다. 장관은 시정조치를 내릴 수 있다. 시정조치가 없으면 신고 후 2일이 지나면 수리가 된다. 만약 신고한 내용을 따르지 않으면 장관은 시정을 명하고 과태료 처분을 할 수 있다.

미국도 정기선 단체와 화주 사이에 동의한 운임, 항로 등 공동행위 신고를 FMC에 하게 된다.[98] 그런데 FMC에 신고되어 실행되고 있는 경우에는, FMC가 46 USC 41307(b)(1)에 따라 운송서비스의 불합리한 축소 또는 운송비용의 불합리한 증가를 발생시킬 우려가 있으면 직접적인 시정조치를 하지 않고 민사 소송을 통해 그 행위를 금지시킨다. FMC의 집행국(Bureau of Enforcement)은 잠재적인 위반 사항들을 조사하고 정식 재판을 진행한다.[99] 우리나라 해운법

---

96) S.3580, SEC.10. (b)"(2) The common carrier shall "bear the burden of establishing the reasonablemess of any demurrage or detention charges..."

97) 우리나라 대법원 2016.5.27. 선고 2016다208129 판결(심리불속행 기각), 부산고등법원 2016.1.13. 선고 2015나52893 판결에서는 운송인이 청구한 컨테이너박스 반납 지체료 19억원을 20%인 3억6천만원만 인정하였다. 법원은 지체료의 법적성질은 채무불이행에 기한 손해배상액의 예정으로 본 것이다. 그래서 감액이 가능했다(민법 제398조 제2항). 김현, "알기쉬운 해상법이론과 판례", 「바다, 저자와의 대화 II」(법문사, 2022), 260면.

98) 1984년 신해운법은 운임을 FMC에 신고해야 했었다. 그러나 1998년 개정법은 신고의무를 폐지하면서 FMC가 지정하는 양식에 따라 선사는 인터넷 등에 운임을 공시해야 한다.

99) https://www.jdsupra.com/legalnews/u-s-doj-and-fmc-increase-

에 의하면 이런 것은 정기선 취항시 대한민국정부에 신고를 하는 사항이다. 미국에서 FMC가 정기선사의 신고를 수리하지 않고 시정을 하면 될 터이다. 미국은 해운법에서 그러한 시정조치를 FMC가 직접하지 못하고 법원의 판단을 통해서 해야 하기 때문에 조치가 느리다.

(2) 미국이 취한 조치

이번에 입법 발효된 2022년 해운개혁법과 하원만을 통과한 2021년 해운개혁법은 FMC의 권한을 강화하여 직접적인 시정조치를 가능하게 하였다.

IV. 우리나라가 취하여야 할 대책

1. 얼라이언스 등 공동행위

현재 미국을 중심으로 일어나는 정기선사에 대한 규제는 시장지배적 지위에 초점이 맞추어져 있다. 과점상태를 해소하여 시장을 더 경쟁적으로 만들려고 한다. 시장지배적 지위에 이르는 얼라이언스들의 시장점유율을 법제도를 통하여 더 낮출 것으로 예상된다. HMM은 4개의 정기선사와 공동운항하던 것이 2개의 정기선사와 공동운항을 해야 할 것으로 보인다. 얼라이언스의 장점은 얼라이언스에 가입한 한국, 일본, 대만 선사들이 차례로 그 나라에 기항하면서 선박의 공간을 채워주는 것이다. 얼라이언스가 약화된다면, 이제는 자국의 정기선사는 독자적인 영업의 부담이 커지게 된다. 자국의 화물을 더 많이 실어야 하게 된다. 그렇기 때문에 우리나라 화주와 장기운송계약체결 등 화물확보에 더 나서야 한다. 한 척의 선박에 대한 공간을 한 정기선사가 모두 채우기는 쉽지 않기 때문에 HMM

focus-on-5126427/, (최종검색일: 2022년 5월 4일).

과 SM라인의 협조체제가 더욱 강화되어야 할 것으로 보인다. SM라인과 같이 얼라이언스 회원사가 아닌 경우에는 좀 더 유리한 기회가 올 것으로 보인다. 장기적으로 보아서 얼라이언스가 약화되는 등 변화가 와도 다음 단계인 공동운항은 효율성이 있어서 존속될 것이다.

2. 미국에서의 수출화물의 선적과 지체료

미국에서 수출입화물을 싣지 않는 정기선사의 관행은 시정되어야 한다. 그간 법률로서 규정되지 않았던 보통법상의 의무를 합리적인 예외규정과 함께 두는 것에 찬성한다. 지체료 부과는 여러 분쟁의 소지가 많고 시장의 상황에 따라서 많이 달라지는 부분이다. 미국 FMC에서 기준을 정한다고 하지만, 운임과 지체료 등은 계약자유에 맡겨져야 한다. 원양정기선사들이 자신들이 생각하는 표준을 FMC와 협의하여 규정을 합리적으로 만들어야 할 것이다. 우리나라 등 외국에도 미국 FMC의 지체료에 대한 규정들이 크게 영향을 미칠 것으로 본다.

3. 근본적인 치유책

현재 일어나고 있는 물류대란은 미국내륙의 수송망이 붕괴되어 화물이 제대로 흐르지 않아서 선박이 항구에 대기하면서 발생한 것이다. 선박이 아무리 많이 공급되어도 육상의 적체로 흐름이 막혀 있으므로 대책이 없게 된 것이다. 미국의 국내사정이 전 세계의 물류흐름에 지장을 주게 된 것이다. 국제무역의 한 단면을 보는 것이다. 세계가 하나가 되어 있다는 입증이다. 그러면 정기선사들이 이 문제를 해결함에 도움을 줄 수는 없었는가?

머스크를 비롯한 원양정기선사들은 2만TEU 등 대형선을 건조했다. 이들 선박은 파나마 운하를 건너지 못하므로 미국동부에는 선박이 직접 기항하지 않게 되었다. 육상에서 기차나 트럭으로 운송을 하게 되었다. 미국서부에서 대형선이 입항하여 하역작업이 가능한 곳은 몇 군데가 없다. LA와 롱비치에 집중되는 현상이 나타났다. 평소에도 과부하가 걸리던 이곳에는 코로나로 인한 작업인부의 부족으로 적체가 되기 시작한 것이다. 미국 동부에 직접 선박이 기항하여 내륙 수송의 장애가능성을 줄여주었어야 한다. 정기선사들이 대형선 발주 및 취항 전 미국의 항만당국과 협의를 할 사항이다. 이와 같이 국제적인 협력체제가 필요한 부분은 정기선사들이 적극적으로 미국 정부, 화주들과 협의를 해야 한다. 무역과 해운은 항상 친구와 같이 먼길을 같이 간다는 화합과 상생을 먼저 생각해야 한다.

전 세계적으로 볼 때 15% 정도의 정기선의 여유선복은 적다고 볼 수 있다. 비상사태가 발생하여 갑자기 수요가 폭증할 때 정기선사는 어떻게 선복을 제공할 것인가? 그것은 5%정도의 여유선복 즉 20%을 더 가지고 있어야 해결된다. 과거처럼 동맹체제로 가고 일정한 수익을 정기선사들에게 보장하면 정기선사는 여유자금으로 여유선복을 마련하여 비상시를 대비하는 체제를 유지할 수 있을 것이다.

이런 비상사태에 대비한 문제를 포함하여 국제사회는 새로운 조약을 통하여,[100] 세계무역이 안정적으로 예측가능한 상태로 이루어지도록 해야겠다. 우리 공정위와 해양수산부도 국내선사들의 경쟁법위반을 단속하는 좁은 시야에서 벗어나 세계적인 관점에서 규제정책을 펴나가길 바란다.

---

100) 종합물류계약을 규율하는 국제조약도 없고 국내법도 없다. 종합물류계약은 국제적인 비즈니스인 만큼 각국의 외교회의를 통하여 국제조약을 먼저 만드는 것이 좋다고 본다. 이에 대한 자세한 논의는 김인현·백지수, "종합물류계약과 복합운송의 구별", 상사판례연구 제33집 제1권(2020.3.), 66면; 김인현, "글로벌 물류대란, 한국이 해결 나설 적임자", 중앙일보 2022.4.14.자.

Ⅴ. 나가며

COVID-19의 영향으로 2020년 말부터 미국에서 발생한 물류대란은 정기선사에 대한 규제로 나타나고 있다. 시장지배적 지위에 있는 선사들을 규제하고 시장을 더 경쟁적으로 만들려고 한다. 이러한 목적으로 제정된 2021년 해운개혁법이 하원을 통과했고, 2022년 해운개혁법은 2022. 6. 16. 대통령의 서명을 거쳐 발효되었다. 미국은 법제도를 통해서 얼라이언스들의 시장점유율을 더 낮출 것으로 예상된다. 이에 따라 우리 선사들도 공동운항하는 정기선사를 줄일 필요가 있고 우리나라 화주와 장기운송계약을 체결하여 화물을 더 많이 실어야 한다. 미국에서 수출화물을 싣지 않는 정기선사의 관행은 마땅히 시정되어야 한다. 미국의 내륙 수송망 붕괴는 글로벌 경제의 단면을 보여준다. 선박에 의한 화물공급이 원활하여도 내륙운송의 문제가 발생하면 물류흐름에 지장을 주게 된다. 전 세계적으로 정기선사들의 여유선복은 증가할 필요가 있다. 현재 선사가 가지고 있는 여유자금을 선박 건조를 위해 투자하는 것이 필요하다고 생각한다.

마지막으로 COVID-19과 유사한 비상사태를 대비하기 위하여 국제사회와 선사들은 서로 국제조약 등을 통해 협조하는 체계가 마련되어야 한다. 세계적인 위기에 맞서는 이러한 노력은 위기 상황에서도 예측 가능한 대처를 가능하게 한다.

❑ 참고문헌 ❑

김인현, 「해상법」, 법문사, 2021.

이기수 유진희, 「경제법」, 세창출판사, 2012.

신동권, 「독점규제법」, 박영사, 2011.

신현윤, 「경제법」, 법문사, 2020.

이호영, 「독점규제법」, 홍문사, 2022.

落合誠一, 「海法大系」, 商事法務, 2003.

海事産業研究所, 1984年 美国海運法の解説, 成山堂書店, 1984.

Richard Whish and David Bailey, Competition Law, Oxford University Press, 2021.

김인현, "2022년 미국해운경쟁법 강화", 법률신문 2022.5.16.자.

_____, "컨테이너의 해상법상 지위와 활용도 증대방안에 대한 연구", 한국해법학회지 제43권 제1호(2021).

_____, "해운법 제29조와 공정거래법 제58조의 관계와 개선에 대한 연구", 「한국해법학회지」 제43권 제2호, 한국해법학회, 2021.

김인현·백지수, "종합물류계약과 복합운송의 구별", 상사판례연구 제33집 제1권(2020.3.).

김인현·이현균, "정기선해운에 대한 경쟁법 적용과 개선방안", 유통법연구 제7권 제2호(2020).

이정원, "해운업에 있어서 부당공동행위에 관한 연구", 「한국해법학회지」 제34권 제1호, 한국해법학회, 2012.

임석민, "1998년 미국의 개정해운법", 「해양정책연구」 제13권 제2호, 한국해양수산개발원, 1998.

정진욱. "해운동맹관련 규제동향과 우리나라에서의 향후 규제방향연구". 「한국해법학회지」 제33권 제2호, 2011.

정상근, "P3 해운동맹에 대한 경쟁법 해운법의 적용문제". 「무역보험연구」 제15권 제3호, 한국무역보험학회, 2014.

小塚, 海運同盟と競争政策, 「海法大系」, 商事法務, 2003.

Zhu-Zuoxian, "The Shipping Competition Practices in China", Asian Business Law Review, Vol. 24, 2019.

황진회 외, 「해상운임시장의 공정성 및 투명성 제고방안연구」, 국토해양
    부, 2011.
공정거래위원회고시 제2021－18호, 시장지배적지위 남용행위 심사기준,
    III. 1. 가. 나.

미국 셔먼법
미국 클레이튼법
미국 해운법
Shipping Reform Act of 1984
Shipping Reform Act of 1998
Ocean Shipping Reform Act of 2021 (H.R.4996)
Ocean Shipping Reform Act of 2022 (S.3580)
Ocean Shipping Antitrust Enforcement Act (H.R.6864)
American Port Access Privileges Act of 2022
미 법무부 (www.justice.gov)
미 의회 (www.congress.gov)
www.jdsupra.com
Anchor Shipping Co. v. Alianca Navegacao e Logistica Ltda., 30
    S.R.R. 991, 997－99 (FMC 2006).
Compania Sud Americana de Vapores S.A. v. Inter－American
    Freight
Conference, et al, [Docket No.96－14], 28 S.R.R. 12, (March 19,
    1998.)
U.S. v. Aluminum Co. of America, 148 F.2d 416 (2d Cir. 1945)
United States v. E.I. Deoont, 351 U.S. 377.
United States v. Fischbach & Moore, Inc., 750 F.2d 1183, 1192 (3d
    Cir. 1984).
United States v. Socony－Vacuum Oil Co., 310 U.S. 150, 218 (1940)
United States v. United shoes Machinery Corp., 110F. Supp, 295,
    1953.
Yoder Bros v. California Florida Plant Corp., 537 F.2d 1347, 1976.

07 미국 해운법의 최근 동향

이정욱*

Ⅰ. 들어가며

미국의 해운정책은 국가 안보를 지키고 자유 경쟁을 통한 국가 경쟁력 강화에 있다. 이러한 목적에 부합하여 제정된 해운법은 미국의 대외적 해운정책을 규정한다. 미국이 1890년 제정한 셔먼법[1]은 국제 거래에서의 연합과 독점을 금지하여 선사들 간의 해운동맹을 제한하였다. 그러나 해운동맹으로 발생하는 문제점들을 정부가 규제하고 관리하는 조건으로 해운 규제 정책에 대한 독점금지법 적용을 면제하는 규정을 명문화하였다.

한편 2019년 12월에 시작된 COVID-19 대유행으로 촉발된 공

---

* 법률사무소 지현 미국(알라바마주) 변호사.
1) Sherman Act.

급망 경색2)으로 정기선사들은 급격한 운임 및 관련 비용을 인상하였다. 바이든 대통령은 해상운임 안정을 위한 적극적인 대응을 명시한 행정명령에 서명하고 외국선사들로 구성된 글로벌 얼라이언스가 국가 안보와 미국 경제에 위협이 되고 있음을 선언하였다. 이에 바이든 대통령은 해상운송을 포함하는 다양한 해운 관련 영역에서 미국의 소비자를 보호하고 국가의 경쟁력을 강화하는 정책에 대한 의회의 협력을 강조하였다. 아래에서는 미국의 경쟁법과 해운법 전반을 검토하고 현재 진행되고 있는 해상법 관련 이슈들과 사례들을 알아보고자 한다.

II. 미국의 해운경쟁법

1. 미국의 경쟁법3)

(1) 일반법

미국은 독점금지법을 실시한 최초의 나라지만 독점금지법이 반독점법(Anti Trust Act)이라는 단일법으로 존재하지 않는다. 그러나 미의회가 1890년에 제정한 세계 최초의 독점금지법(Antitrust Law)으로 알려진 셔먼법(Sherman Antitrust Act, 15 U.S.C. § 1-7))4)이 있고

---

2) 본 원고는 필자가 2022. 7. 26. 고려대학교 해상법 연구센터가 주관하는 해운경쟁법연구모임에서 발표한 자료를 바탕으로 현재 진행되고 있는 미국의 해상법 관련 상황과 사례들을 update하여 요약 정리하였다.

3) 이에 대한 자세한 내용은 김인현·이정욱, "정기선 운항자에 대한 미국 경쟁법 적용 강화 동향에 대한 연구", 국제거래법연구 제31집 제1호(2022), 548면 이하를 참고 바람.

4) Long Title은 "An Act to protect Trade and Commerce against Unlawful Restrains and Monopolies"(불법적인 통제와 독점으로부터 거래 및 통상을 보호하기 위한 법)이다. 공화당 상원의원 존 셔먼이 발의한 법이다.남북전쟁 이후 미국은 기술혁신을 이루고 수송수단이 발달하여 대륙횡단철도를 완성하는 등의 규모의 경제를 실현하였으나 1970년과 1980년대의 경제 불황으로 나타난 거대기업의 출현과 특히 철도기업, 위스키, 사탕, 면실유 등 생활필수품에서 등장한 독점기업에 의한 요금 인상에 대한 농민과 일반 시민들의 반대로

1914년 제정된 클레이튼법(Clayton Act, 15 U.S.C. § 12 - 27)[5] 및 연방거래위원회법(the Federal Trade Commission Act, 15 U.S.C. § 41 - 68)[6]이 있다. 이들 연방법을 독점금지법(Antitrust Law)이라고 하며 기업의 독점으로 인한 여러 가지 횡포로부터 소비자를 보호하기 위한 목적으로 제정[7]되었다. 즉 독점금지법은 경쟁자가 아닌 경쟁을 보호하는 법[8]이다.

(2) 특별법

우리나라에서 정기선사의 공동행위는 해운법(Shipping Act)이라는 특별법을 두어서 예외적으로 규율하듯이 미국에서도 해운법은 특별법으로 예외적으로 다룬다. 미국의 해운법은 대외 해운정책을 규정하며 자유 경쟁과 국가의 안보를 통한 국가경쟁력 강화에 목적이 있다. 비록 셔먼법은 각 주 및 국제 거래에서의 독점 거래와 해운동맹을 금지하였으나 이후 독점과 관련된 문제점들을 미국 정부가 직접 관리하고 규제하는 것을 조건으로 독점금지 적용을 면제하는 법을 명문화[9]하였다.

(3) 처리 및 집행기관

미국에서 경쟁법을 집행하는 행정기관으로 법무부(Department of

셔먼법은 제정되었다. 신동권, 「경쟁정책과 공정거래법 - 한국, 미국 그리고 EU - 」, 박영사, 2023년, 46 - 48면.

5) 이 법은 셔먼법을 보완하기 위한 법으로 가격차별행위, 기업결합 등을 규제한다.

6) 우드로 윌슨(Woodrow Wilson) 대통령이 법을 제정하였다. 1915년 설립된 연방거래위원회(Federal Trade Commission, 이하 'FTC')는 기업의 불공정거래로부터 소비자를 보호하는 미국정부의 독립기관이다.

7) 최준선, 김순석, "미국 독점금지법의 역외적용에 대한 연구", 중재학회지 제5권, 1994년, 80면.

8) "*Taken as a whole, the legislative history illuminate congressional concern with the protection of competition, not competitors, ...*" Brown Shoe Co. v. United States, 370 U.S.294, 320 (1962).

9) 46 U.S.C. §§ 40301(a).

Justice, 이하 'DOJ')의 반독점국(Antitrust Division)과 연방거래위원회
(FTC)의 복수의 집행기관[10]이 있어 공동행위 및 독점금지 문제를
다루고 있으나, 해운산업에서는 미연방해사위원회(Federal Maritime
Commission, FMC)[11]가 이 문제들을 다루고 있다. FMC는 미국의 수
출업자, 수입업자 및 소비자의 이익을 위해 국제해상운송시스템을
규제하는 독립적인 연방기관이다. FMC의 목적(Mission Statement)은
미국 경제를 지원하고 불공정하고 기만적인 관행으로부터 국민을
보호하는 경쟁력 있고 신뢰할 수 있는 국제해상운송 공급시스템을
보장하는데 있다.[12]

(4) 독점금지법의 역외 적용

미국의 독점금지법은 당초에 대기업의 독점으로 인한 횡포로부
터 미국 소비자를 보호하기 위해 제정되었기 때문에 경쟁의 국내적
제약 뿐만 아니라 국제적 제약으로부터도 소비자를 보호한다는 논
리를 가지게 되었다. 따라서 미국 법원은 외국에 소재하는 외국 기
업에게도 자국의 독점금지법이 역외적용 된다고 판결[13]하였다.

---

10) DOJ는 형사와 민사집행을 통해 법원에 소송을 제기하여 셔먼법과 클레이튼법
   을 집행하고 있는 반면, FTC는 독자적인 처분 권한을 가진다. 조성국, 「독점
   규제법 집행론」, 경인문화사, 2010년, 35면.
11) 미국해운산업을 담당하는 정부기관으로 U.S. Shipping Board, Shipping
   Board of the Department of Commerce, U.S. Maritime Commission,
   Federal Maritime Board로 이름이 변경되어 1961년 현재의 Federal Maritime
   Commission이 되었다.
12) "The FMC's Mission Statement is: Ensure a competitive and reliable
   international ocean transportation supply system that supports the U.S.
   economy and protects the public from unfair and deceptive practices."
   https://www.fmc.gov/about-the-fmc/, (최종검색일: 2023년 6월 22일).
13) 이러한 판결의 대표적 사례는 United States v. Aluminum Co. of America,
   148 F.2d 416 (2d Cir. 1945)이다. 본 건은 미국 Alcoa가 아닌 캐나다에 소
   재한 미국 Alcoa 자회사가 유럽 알루미늄 제조사들과 담합하여 국제 카르텔
   을 만들어 알루미늄 생산량을 할당하고 이를 위반하는 경우에는 벌금을 징수
   하기로 계약한 사건이다. 연방항소법원은 "외국인에 의해 외국에서 이루어진
   행위라고 하더라도 그 행위가 미국 내 거래에 영향을 미칠 의도가 있었고 실

📖 미국 연방대법원 독점금지법의 역외적용 판결 사례

■ Hartford Fire Insurance Co. v. California (113 S.Ct. 2891)

1988년 미국의 19개주의 법무장관과 민간기업들이 미국 및 영국 보험사들을 상대로 반독점법 위반에 근거한 소송을 제기했다. 원고 측은 영국재보험사들을 포함한 피고측이 담합하여 특정위험에 대해서는 보험이 적용되지 않도록 하는 새로운 약관을 적용하도록 하여 Sherman Act를 위반했다고 주장했으며 피고측은 이러한 행위가 외국인에 의해 미국 외에서 영국법에 따라 합법적으로 이루어졌음을 주장하였다. 이 사건의 1심법원은 영국재보험시장은 영국법이 적용되므로 미국의 반독점법은 역외적용 되지 않는다고 판결하였으나 항소법원은 피고인 영국재보험회사들의 행위는 미국의 대외무역독점금지법(the Foreign Trade Antitrust Improvement Act of 1982)에 적용을 받는다고 판시하였다. 그리고 최종적으로 1993년 미국 연방대법원은 본 건에서 미국법과 영국법 사이에는 진정한 충돌(true conflict)이 없다고 판시하였다. 즉 미국법을 준수하는 것이 다른 나라의 법을 위반하는 것을 구성하지 않는 한 미국법을 적용하지 않을 진정한 충돌이 없다고 판시하였다. ("It concludes that no "true conflict"counceling nonapplication of United States law exists unless compliance with United States law would constitute a violation of another country's law.")

제로 미국 시장에 영향을 미친 경우에는 그에 대하여 미국의 법을 적용할 수 있다"고 판시하였다. 이호영, "독점규제법", 제7판, 홍문사, 2022년, 649면. 이 사건에서 연방항소법원은 상대방은 자신들의 행동이 미국 내 거래에 영향이 없었다는 것을 입증해야 한다고 판시하였다. 동지 최준선, 김순석, 전게논문, 87면.

📖 외국 부정기선사[14)]에 대한 독점금지법의 역외적용 판결 사례

- United States v. Kawasaki Kisen Kaisha, Ltd. (CLR 14-0449)[15)]

일본법인이고 동경에 주된 사업장이 있는 선사 Kawasaki Kisen Kaisha, Ltd.(이하 'K－Line')은 미국 버지니아주에 K－Line의 미국 자회사를 두고 미국 향발 신차, 중고차, 트럭, 건설 및 농업 설비 등(이하 '본 건 화물')의 로로(ro－ro)[16)]화물에 대한 국제운송서비스를 제공하고 있었다. K－Line은 미법무부 반독점국에 의해 메릴랜드 주 연방법원에 셔먼법 위반(Sherman Antitrust Act, 15 U.S.C. § 1.)으로 형사 기소되었다.[17)] 미법무부는 KKK가 적어도 1997년 2월부터 2012년 9월까지 공모자들과 볼티모어항구를 통한 미국 향발 본 건 화물의 국제운송서비스에 대한 고객 및 노선 배분, 입찰 가격 조작 및 협의, 공모자들과의 경쟁제한 관련 모임 참석, 미국 및 기타지역의 고객들에게 부과하는 국제운송서비스 가격 책정과 고정 및 유지, 운송료 수령에 참여하였음을 지적하고 셔먼법 위반(Sherman Antitrust Act, 15 U.S.C. § 1.)으로 형사 기소하였다. 본 건 형사 합의문(Plea Agreement)에 의하면 K－Line은 유죄를 인정하고 형사벌금(Criminal Fine) 미화 67,700,000달러를 미정부에게 납부하며 현재 진행되고 있는 로로 화물의 국제운송서비스에 관한 미연방 조사 및 미국이 당사자인 해당 조사에서 발생하는 소송 또는 다른 법률 절차에서의 완전하고 진실한 협조를 제공하는데 형사합의(Plea Bargai

---

14) 부정기사는 특별법인 해운법의 적용대상이 아니므로 독점금지법의 적용을 받는다.

15) D. Md. Nov. 5, 2014.

16) 자동차, 트레일러 또는 철도 객차와 같은 바퀴 달린 화물을 운반하도록 설계된 선박.

17) https://www.justice.gov/atr/case-document/file/970791/download, (최종검색일: 2023년 6월 23일).

n)[18]하였다. 또한 법원은 K-Line의 자동차 운송사업부에서 대리, 팀장, General Manager를 역임한 임원 Hiroshige Tanioka가 적어도 1998년 4월부터 2012년 4월까지 로로화물의 고객과 노선 배정, 입찰 조작 및 운송비 공모에 참여한 혐의를 인정하고 형사합의 판결에 따른 징역 18개월과 벌금 미화 20,000달러를 선고하는데 동의[19]하였다. 이는 본 건 조사에 있어서 회사가 아닌 개인에게 선고된 첫 번째 형사판결이다. 계속된 조사에서 법원은 2006년 7월부터 2010년 4월까지 같은 혐의가 인정된 임원 Takashi Yamaguchi (General Manager and Executive Officer in K-Line Car Carrier Division)에게 형사합의 판결에 따른 징역 14개월과 벌금 미화 20,000달러를 선고[20]하였고 2010년 11월부터 2012년 9월까지 같은 혐의가 인정된 General Manager Toru Otoba에게 징역 18개월과 벌금 미화 20,000달러를 선고하였다.[21] 본 건에 대해 법무부 반독점국의 빌 베어(Bill Baer) 차관은 본 건 재판은 해상운송비를 담합한 임원들에 대한 책임을 묻겠다는 약속의 실천이며 이후로도 본 건 관련 공모한 임원들과 그들을 고용한 회사들에 대한 조사는 계

---

18) https://www.justice.gov/atr/case-document/file/500351/download, (최종검색일: 2023년 6월 23일).

19) Office of Public Affairs, U.S. Department of Justice, "Ocean Shipping Pleads Guilty to Price Fixing on Ocean Shipping Services for Cars and Trucks", 2015. 1. 30. https://www.justice.gov/opa/pr/ocean-shipping-executive-pleads-guilty-price-fixing-ocean-shipping-services-cars-and-trucks, (최종검색일: 2023년 6월 24일).

20) Office of Public Affairs, U.S. Department of Justice, "Second Ocean Shipping Pleads Guilty to Price Fixing on Ocean Shipping Services for Cars and Trucks", 2015. 2. 6. https://www.justice.gov/opa/pr/second-ocean-shipping-executive-pleads-guilty-price-fixing-ocean-shipping-services-cars-and,(최종검색일: 2023년 6월 24일).

21) Office of Public Affairs, U.S. Department of Justice, "Fourth Ocean Shipping Pleads Guilty to Price Fixing on Ocean Shipping Services for Cars and Trucks", 2015. 3. 26.https://www.justice.gov/opa/pr/fourth-ocean-shipping-executive-pleads-guilty-price-fixing-ocean-shipping-services-cars-and, (최종검색일: 2023년 6월 24일).

속될 것이라고 하였다.[22] 본 건 관련하여 K-Line을 비롯한 3개의 선사[Wallenius Wilhelmsen Logistics AS(CLR 16-0362), Compania Sud Americana de Vapores(CLR 14-0100) 및 Nippon Yusen Kabushiki Kaisha(CLR 14-0612)의 유죄가 인정되었고 Wallenius Wilhelmsen Logistics AS는 미화 98,900,000달러의 형사 벌금, Compania Sud Americana de Vapores는 미화 8,900,000달러의 형사 벌금[23] 그리고 Nippon Yusen Kabushiki Kaisha는 미화 59,400,000달러의 형사벌금 및 자동차 운반선 사장 Susumu Danaka에 대해서 유죄가 인정되고 징역 15개월과 벌금 미화 20,000달러로 형사 합의하였다.

2. 미국 해운법

미국의 해운 정책을 규정하는 법률이며 국가의 안보를 지키고 국가 경쟁력을 강화를 목적으로 하는 특별법이다. 외국정기선사들은 해운법의 적용을 받는다. 아래에서는 중요한 미국 해운법들과 FMC에 대해서 간략히 알아본다.

(1) 1916년 해운법 (Merchant Marine Act of 1916)

최초의 미국 해운법이다. 이 법을 후원한 알렉산더 하원의원의 보고서의 권고 사항에는 해외선사들에 대한 요금 규제 및 해상 운송 등에 관련된 계약의 승인을 위한 별도의 위원회 설립을 권고[24]

---

22) *Id.*

23) Office of Public Affairs, U.S. Department of Justice, "South American Company Agrees to Plead Guilty to Price Fixing on Ocean Shipping Services for Cars and Trucks", 2014. 2. 27. https://www.justice.gov/opa/pr/south-american-company-agrees-plead-guilty-price-fixing-ocean-shipping-services-cars-and, (최종검색일: 2023년 6월 24일).

24) J.W. Alexander, "Recommendations of the Committee on the Merchant Marine and Fisheries", The Annals of the American Academy of Political and Social Science, Vol. 55, Government Regulation of Water

하였고 이에 따라 FMC의 전신인 미국해운국[25]이 만들어졌다. 1916
년 해운법은 미국 상선의 활성화 및 외국과 국내 해운업의 규제를
목적으로 제정되었다.

(2) 1984년 해운법과 1998년 해운법[26]

미국 레이건 행정부는 해운 중심 정책 및 선사의 경쟁력 강화를
위한 새로운 해운법 제정이 필요하였다. 특히 정기선사에 대한 독
점금지법 적용면제에 대한 명문화[27]와 화주 보호의 필요성[28]이 규
정되었다. 1984년 해운법의 목적은 ① 정부개입과 규제 비용을 최
소화하며 비차별적 규제 절차의 확립,[29] ② 미국의 해운 통상에서
효율적이고 경제적인 운송시스템 제공[30] 및 ③ 경제적으로 견실하
고 효율적인 미국 정기선대의 발전 장려[31]에 있었다.

한편 1998년 해운법은 미국 해상 수출 부분의 발전과 성장을 위
한 효율적이고 경쟁력 있는 해상운송이라는 목적이 추가되어 제정
되었고, 1998년 해운법을 통해 서비스 계약의 비밀 유지와 이에 대
한 선사들의 독자행동권이 강화되었다.

Transportation (Sep., 1914), 259면.
25) U.S. Shipping Board.
26) 동지 김인현·이정욱 전게논문, 552-553면.
27) 46 USC § 40301(a)상의 적용면제 사항으로 선사(들)사이의 운임, 운항, 및 서
비스 계약 및 항구의 할당 관련 논의와 합의가 이에 해당한다.
28) 기간과 물량별 운임율 인정, 대량 화주 우대 서비스 계약 및 화주협회 인정
등이 있다.
29) SEC. 2. (Declaration of Policy) "to establish a nondiscriminatory
regulatory process... with a minimum of government intervention and
regulatory cost;".
30) "to provide an efficient and economic transportation system in the
ocean commerce of the United States...".
31) "to encourage the development of an economically sound and efficient
United States-flag liner fleet...".

(3) FMC[32]

1) FMC의 구성과 업무

FMC는 해운기업과 국제해상운송을 규제[33]하는 독립적 연방기관으로 상원의 동의와 대통령이 임명하는 5명의 상임위원[34]로 구성된다. 대통령은 5명의 상임위원 중 1명을 위원장으로 임명하며 각 상원의원의 임기는 5년이다. FMC는 협정 및 운임율 관련하여 국제해상운송을 담당하는 공중운송인(common carrier)들의 운임협정, 공동운항 등을 감독하고 운임율표를 검토하여 일반인에게 공개하며 운임율표의 형식과 내용을 관리한다. 그리고 불공정 행위 조사와 관련하여 시장경쟁원리에 반하는 외국선사들의 관행으로부터 미국 화주를 보호하고 차별 여부를 규제하고 관리한다.

2) FMC의 과징금 부과 내역(2013년부터 2022년까지)

연도	과징금 (USD)
2013[35]	USD3,098,200 (Fines, Penalties)
2014[36]	USD2,968,000 (Fines, Penalties)
2015[37]	USD2,052,500 (Fines, Penalties)

---

32) 동지 김인현·이정욱 전게논문, 554-556면 참조.
33) 46 CFR 501.2(a) "The Commission regulates common carriers by water and other persons involved in the oceanborne foreign commerce of the United States...".
34) 상임의원은 Commissioner라고 부르며 현재 위원장(Charman, Daniel B. Maffei,)와 4명의 상임위원(Rebecca F.Dye, Louis E. Sola, Carl W. Bentzel, Max Vekich)들로 FMC가 구성되어 있다. https://www.fmc.gov/commissioners/, (최종검색일: 2023년 8월 12일).
35) https://www.fmc.gov/wp-content/uploads/2019/04/52ndannualReport-web.pdf, 86면. (최종검색일: 2023년 8월 13일).
36) https://www.fmc.gov/wp-content/uploads/2019/04/53rdAnnualReport.pdf, 45면, (최종검색일: 2023년 8월 13일).
37) https://www.fmc.gov/wp-content/uploads/2019/04/54thAnnualReport.pdf, 53면 (최종검색일: 2023년 8월 13일).

2016[38]	USD3,485,000 (Fines, Penalties)
2017[39]	USD1,887,513 (Fines, Penalties)
2018[40]	USD1,108,194 (Fines, Penalties)
2019[41]	USD660,125 (Fines, Penalties)
2020[42]	USD103 (Fines, Penalties and Forfeitures)
2021[43]	없음
2022[44]	USD2,082,000 (Fines, Penalties and Forfeitures)

자료: FMC 연간 보고서

Ⅲ. 미국이 최근 취하는 조치

1. 현황과 문제점

(1) 지체료 관련

선사들은 화물 소유자(cargo owner)가 운송을 위해 컨테이너에 접근이 불가능한 경우에도 지체료를 부과하였다. FMC 조사결과로는 2021년 7월부터 9월까지 8개의 대형선사가 부과한 고객 수수료 (customers fees)가 미화 2억 2천만 달러(USD 2.2 billion)로 이전 3개월과 비교하여 50%가 증가하였다. FMC는 합리적 지체료 부과와

---

38) https://www.fmc.gov/wp-content/uploads/2019/04/55AnnualReport.pdf, 57면, (최종검색일: 2023년 8월 13일).
39) https://www.fmc.gov/wp-content/uploads/2019/04/AnnualReportFY17.pdf, 59면, (최종검색일: 2023년 8월 13일).
40) https://www.fmc.gov/wp-content/uploads/2019/04/57thAnnualReport.pdf, 57면, (최종검색일: 2023년 8월 13일).
41) https://www.fmc.gov/wp-content/uploads/2020/04/58thAnnualReport.pdf, 65면, (최종검색일: 2023년 8월 13일).
42) https://www.fmc.gov/wp-content/uploads/2021/03/59thAnnualReport.pdf, 73면, (최종검색일: 2023년 8월 13일).
43) https://www.fmc.gov/wp-content/uploads/2022/04/60thAnnualReport.pdf, 67면, (최종검색일: 2023년 8월 13일).
44) https://www.fmc.gov/wp-content/uploads/2023/04/61stAnnualReport.pdf, 73면, (최종검색일: 2023년 8월 13일).

화물 이동을 장려하기 위해 "Interpretive Rule on Demurrage and Detention under Shipping Act"를 발표[45]하고 2022년 6월 독일 선사 HAPAG-LLOYD(이하 '하팍로이드')의 지체료 규정 위반에 대해 FMC는 미화 2백만 달러(USD2,000,000)의 민사벌금을 부과하였다. FMC의 다니엘 마페이(Daniel Maffei) 위원장은 지체료 관련하여 규칙을 어기는 업체들을 식별하고 조치를 취하는 것이 FMC의 최우선 과제임을 강조하였다.

- HAPAG-LLOYD, A.G. and HAPAG-LLOYD (AMERICA) LLC. -POSSIBLE VIOLATIONS OF 46 U.S.C. § 41102(c)[46]

독일 선사 하팍로이드는 2021년 여름 반납해야 하는 자사 컨테이너들(11개, 이하 '본 건 컨테이너들')에 관하여 미국 트럭회사에게 개당 미화 160달러부터 미화 1,845달러까지의 지체료(정기선사가 부과하는 컨테이너 사용 비용)를 부과하였다. 이에 대해 트럭회사는 하팍로이드가 본 건 컨테이너들에 대한 반납 정보(반납 장소 및 반납 시간 등)를 제공하지 않았고, 또한 반납을 위한 하팍로이드 웹사이트의 접속이 제한(트럭회사는 해당 컴퓨터 화면을 캡처하여 하팍로이드에게 보냈음)되었음을 주장하며 부과된 지체료의 철회를 하팍로이드에게 요구하였다. 그러나 하팍로이드는 본 건 컨테이너들의 반납 시스템은 자신들이 관리하고 있지 않음을 주장하며 트럭회사의 요구를 거절하였다. 이에 미국 FMC는 부당한 지체료 청구를 원인으로 하팍로이드를 조사하였다.

지체료 관련하여 미국 해운법상 FMC는 정기선사가 자산의 수령, 취급, 보관 또는 인도 등과 관련된 정당하고 합리적인 규정과

---

45) 김인현, "수하인의 운송물 수령의무와 컨테이너 반납지체료의 법리", 한국해법학회지 제45권 제1호, 2023년 4월, 165면.

46) https://www2.fmc.gov/readingroom/docs/21-09/21-09_Settlement_Agmt_unsig.pdf/, (최종검색일: 2023년 7월 1일).

관행을 수립, 준수, 및 집행하지 않으면 법적인 강제 권한을 시행할 수 있다[46 USC § 41102(c)]. 2020년 5월 18일 FMC는 합리적 지체료 부과와 화물 이동을 장려하기 위해 지체료 부과에 대한 해석 관련 연방정부규정(46 CFR §545.5, 이하 '2020년 지체료 해석 규정')을 제정하였다. FMC는 지체료 해석 규정 시행과 적용에 대한 재판관할권을 가지고 있으므로 FMC와 선사와의 분쟁은 법원이 아닌 FMC가 자체적으로 처리하게 된다. 2020년 지체료 해석 규정에 녹아 있는 기본 원칙은 첫째, 트럭회사가 컨테이너를 픽업하거나 반환할 수 없는 상황일 때는 지체료 부과의 목적인 화물 운송 장려가 달성될 수 없으므로 지체료가 부과되어서는 안 된다. 둘째, 수입업자(수하인)는 화물 인수가 가능할 때 이를 통보받아야 한다. 셋째, 지체료 정책은 쉽게 이해되고 분명한 용어가 일관되게 사용되어야 한다고 정리된다.

결국 FMC는 하팍로이드의 지체료 부과 행위는 2020년 지체료 해석 규정에 따른 신속한 컨테이너 반납 목적을 위반하였다고 판단했다. 최종적으로 FMC는 2022년 6월 하팍로이드의 지체료 규정 위반에 대해 미화 2백만불(USD2,000,000)의 민사벌금을 부과하였다. 그리고 본 건 합의서에 따르면 하팍로이드는 이미 부과된 지체료의 철회와 이미 납부된 지체료 반환에 대한 안내를 자신들의 웹사이트를 통해 공고해야 하며 자신들의 지체료 관련 담당자들은 2020년 지체료 해석 규정에 대한 교육을 받고 빈 컨테이너 반납 가능 장소의 목록을 웹사이트에 매일 update 해야 한다고 기재하였다.

■ WAN HAI LINES, LTD. and WAN HAI LINES (USA) LTD. – POSSIBLE VIOLATIONS OF 46 U.S.C. § 41102(c)

대만 선사 WAN HAI LINES, LTD(이하 '완하이 라인')는 2021년 봄 반납해야 하는 21개 컨테이너들(이하 '해당 컨테이너들')에 대하여 개당 미화 125달러부터 미화 1,550달러까지의 지체료(정기선사가 부과하는 컨테이너 반납 지체료)를 부과하였다. 그러나 완하이 라인은 해당 컨테이너들의 반납 장소를 제공하지 않았거나, 지정된 반납 예정 터미널이 해당 컨테이너 차대(chassis)들의 반납을 허용하지 않는 경우 또는 반납 예약 실행이 불가능한 경우에도 지체료를 부과하였다. 지체료가 청구된 당사자들은 예약 실행이 제한된 컴퓨터 화면을 캡처하여 완하이 라인에게 보내고 부과된 지체료의 면제를 요구하였다. 그러나 완하이 라인은 해당 컨테이너들의 반납 예약 관련 시스템은 자신들이 관리하고 있지 않음을 주장하며 지체료 면제 요구를 거절하였다. 이에 FMC는 완하이 라인을 상대로 미국 해상법 위반을 원인으로 조사를 명령하였다.

지체료 관련하여 미국 해운법상 FMC는 정기선사가 자산의 수령, 취급, 보관 또는 인도 등과 관련된 정당하고 합리적인 규정과 관행을 수립, 준수, 및 집행하지 않으면 법적인 강제 권한을 시행할 수 있다[46 USC § 41102(c)]. 개정된 2022년 해운개혁법(OSRA 2022, S.3580)에 따르면 미국 FMC의 법규나 명령을 위반하는 경우 민사 벌금(civil penalty) 및 / 또는 이에 더하여 부과한 비용의 반환을 규정[46 U.S.C. 41107. Monetary penalties or refund (a) "A person that violates this part or a regulation or order of the Federal Maritime Commission issued under this part is liable to the United States Government for a civil penalty or, in addition to or in lieu of a civil penalty, is liable for the refund of a charge."]하고 있다. 따라서 선사들의 지체료 청구는 연방규정에 따라 작성[46 USC § 41104(a)(15)] 되어야 하며 청구된 지체료가 FMC의 조사 후 부정확하거나 거짓인 경우 민사 벌금 또는 부과된 지체료에 대한 반환이 선사에게 부과 [46 USC § 41104(d)(1)]된다.

본 건 관련하여 완하이 라인은 FMC와 합의하여 본 건을 합의 종결[47]하였으며 본 건 합의서에 따르면 완하이 라인은 FMC가 부과한 민사벌금 미화 950,000달러를 지급하고 납부된 해당 컨테이너들에 대한 지체료 반환에도 동의하였다. 또한 완하이 라인은 자신들이 컨테이너(들)의 반납 장소를 제공하지 않는 경우 및 반납 장소에서 컨테이너 차대들의 반납이 허용하지 않는 경우 또는 반납 예약 실행이 불가능한 경우에 지체료를 부과하지 않는 것에도 함께 동의하였다.

(2) 운송서비스 계약 관련

코로나 19 기간 동안 선사들은 잠재적 고객들과 운송계약 체결 시 최소 화물 수량 조건(minimum volume requirements)을 요구하며 그들의 시장지배력을 이용하여 예약 운송(bookings)의 취소, 변경 및 예고 없이 추가 요금을 부과하는 상황이 발생하였다. 그리고 자주 미국 항만의 입항과 미국 수출자의 수출품 운송을 거부하여 빈 컨테이너인 상태로 아시아로 회항하는 경우도 빈번하게 발생하게 되었다. FMC 마페이 위원장은 운송계약 위반에 대한 많은 불평이 접수되고 있다며 운송계약은 화주의 권리장전(shipper's bill of rights)의 역할이 명확하게 보장되어야 한다고 강조하였다. 이와 관련하여 서비스계약 위반으로 미국 가구업체가 선사 YANG MING을 상대로 FMC에 제소[48]하였다.

---

47) FMC 연간 보고서(2021년)에 따르면 2021년에는 과징금(Fines, Penalties and Forfeitures)이 부과되지 않았다고 기재되어 있으므로 본 건은 합의 종결된 사안으로 볼 수 있다.

48) 비슷한 사건으로 미국의 식품회사 MSRF가 선사 HMM과 YANG MING을 상대로 서비스계약 위반으로 FMC에 제소한 사례도 있다. MSRF Inc. v. HMM Company Limited, and Yang Ming Transport Corporation.

■ Achim Importing Company. Inc. v. Yang Ming Marine Transport Corp.

미국의 가구업체 Achim Importing Company. Inc.(이하 Achim) 는 자신들의 수출 화물의 해외 운송을 위해 대만 선사 Yang Ming Marine Transport Corp.(이하 양밍)과 운송서비스계약을 체결하였다. 운송서비스계약에 따르면 양밍은 Achim에게 200TEU[49]의 화물 스페이스를 제공하여야 하지만 단지 31TEU만 제공하였고, 그 결과 Achim은 나머지 169TEU를 확보하기 위하여 현물 시장을 이용하였고 이로 인해 적어도 USD1,325,962의 비용이 추가로 발생하였다. 이에 Achim은 FMC에게 운송서비스계약 위반을 원인으로 B를 제소(이하 '본 건 소송')하였다. Acmin이 FMC에 제출한 소장에 따르면 대부분의 세계 최대 컨테이너 선사들이 해상 컨테이너 운송을 지배하는 3개의 주요 해운 얼라이언스[50]를 구성하고 있으며, 그 결과 선사들이 거대 글로벌 해운산업을 지배하고 있다고 기재하였다. 그리고 Achim는 양밍의 이러한 행태는 시장가격을 조작하기 위한 고의 및 의도적인 시도(a knowing and deliberate attempt to manipulate market pricing)라고 주장하였다.

한편 양밍은 답변서를 통해 본 건 소송에 관한 자신들의 책임을 부인하였다. 그러나 3개 주요 해운 얼라이언스의 글로벌 해운 산업 지배에 관해서 the OCEAN Alliance가 37.7%, 2M + ZIM + SM Line이 33.6% 그리고 THE Alliance가 26.5%, 총 97.8%의 동서 항로를 담당하고 있는 점은 인정하였다.

본 건 소송은 FMC에서 소송진행 중, Achim과 양밍 양측이 합의하고 합의서의 허가(Motion for Approval of Settlement)를 FMC에 제

---

49) Twenty-foot Equivalent Units, 표준 컨테이너 크기를 나타내는 단위이며 20ft 컨테이너 하나는 1TEU, 40ft 컨테이너는 2TEU이다.
50) the OCEAN Alliance, the 2M Alliance and THE Alliance.

출하고 FMC는 이를 허가함으로써 종결되었다. 양측의 합의 내용은 알리지 않는 것(confidential treatment of the settlement)으로 하였다.

위에서 살펴본 사례들에서 운송서비스계약은 화주들에게 충분한 화물 서비스를 보장하고 시장가격의 변동에 대한 노출을 완화할 수 있도록 한다. 그러나 약속된 계약을 준수하지 않고 화주들과 고객들에게 현물가격 이용을 강제하거나 화물 운송을 포기하게 만드는 일부 정기선사들의 행태는 코로나 팬데믹 동안 컨테이너 운송의 가격 인플레이션을 부당하게 이용하는 것이며, 이로 인해 추가로 발생한 비용은 결국 소비자들의 몫이 된다. 화주들에게 충분한 화물 운송서비스를 보장하지 못하는 운송서비스계약 위반 행위에 대한 정기선사들의 관행이 있다면 분명히 시정되고 해결되어야 한다. 앞에서 언급한 대로 FMC 마페이 위원장은 운송계약은 화주의 권리장전(shippers' bill of rights)의 역할을 다하여 명확하게 보장되어야 한다고 강조하였다. 결국, 우리 정기선사들은 화주들과 체결한 서비스 계약을 존중하고 코로나로 어려움을 겪고 있는 화주들의 편의를 적극적으로 도와주어 그들의 신뢰를 받을 좋은 기회로 만들어야 한다.

2. 미국 행정부의 대응

바이든 대통령은 국정연설을 통해 정기선 해운의 대한 감독을 강화하겠다고 선언하였다. 또한 그는 경쟁부족이 모든 문제의 원인(lack of competition is the root of the problem)이라고 거듭 주장했다. 이어서 그는 얼라이언스에 대한 현재의 독점 면제에 대한 조치를 포함하는 개혁법안을 미의회가 입법해줄 것을 촉구하였다. 바이든 행정부는 2022. 2. 28. FMC와 DOJ가 협업으로 이번 사태를 해결하겠다는 발표를 하였고, 이에 대해 법부부장관 매릭 비 가랜드(Merrick B. Garland)는 해운산업에서 경쟁은 운임을 낮추고 서비스 질을 높이며 신뢰할 수 있는 공급망 강화가 꼭 필요하다고 강조하였다. 한편 FMC 마페이 위원장은 FMC가 운임과 화물 선복에 대한 반경쟁적 증거를 찾는 것에 착수하겠다고 하였다.

3. 미국 의회의 대응

(1) 2022년 해운개혁법(OSRA 2022, S.3580) 제정

1) 목 적

2022년 해운개혁법은 이전 해운법의 목적을 일부 수정하여 ① 정부의 개입 및 규제 비용을 최소화하면서 미국의 대외통상에 있어서 수로를 이용한 화물운송에 대한 비차별적 규제 절차 확립, ② 미국 대외 통상의 효율적이고, 경쟁적이며 경제적인 운송시스템 보장, ③ 국가안보의 요구와 상거래를 지원할 수 있는 경제적으로 건전하고 효율적인 미국 정기선단의 개발 장려 및 ④ 대외통상에 있어서 수로를 이용한 화물 운송에 대한 경쟁적이고 효율적인 시스템과 시장 신뢰도를 높임으로 미국 수출의 성장과 발전의 촉진을 제정 목적으로 한다.

2) 주요 내용

① FMC는 선사들에 대한 조사 강화와 적절한 경우 집행조치를 취할 수 있다.

② FMC는 미 수출품 선적 기회가 부당하게 박탈당할 경우 해당 선사의 운항을 금지시킬 수 있다.

③ FMC는 선사들의 지체료 부과가 연방 규정을 준수하는지 확인하고, 선사의 지체료 부과의 합리성에 대한 입증책임을 진다.

④ 연방규정에 따라 지체료 청구서 작성이 요구되고, 청구된 지체료가 FMC의 조사 후 부정확하거나 거짓인 경우 선사에 대한 지체료 반환 및 민사벌금이 부과된다.

⑤ 미국 농산품 및 다른 수출 상품에 대한 투명성 향상을 위해

선사들이 FMC에게 얼마나 많은 빈 컨테이너를 운송하고 있는지에 대한 보고 요건 추가.

⑥ 선사들의 화주에 대한 복수나 화물 운송 거절의 위협행위 금지.

⑦ FMC의 소비자 문제 및 분쟁 해결 서비스(FMC Office of Consumer Affairs and Dispute Resolution Service) 부서 설립의 명문화.

⑧ 정기선사와 해상 터미널 운영자가 부과하는 지체료 실태를 조사하고 선사가 선복에 여유가 있음에도 불구하고 미국 상품 선적을 부당하게 거부하는 형태 금지.

⑨ 미국 교통 통계국(the Bureau of Transportation Statistics)으로 하여금 중국이 생산, 관리, 소유, 통제하는 섀시(Chassis)의 관리를 위해 자료를 수집할 수 있는 권한을 부여.

📖 선사들의 화주에 대한 복수나 화물 운송 거절의 위협행위 금지 관련 사례

■ OJ COMMERCE, LLC. v. HAMBURG SÜDAMERIKANISCHE DAMPFSCHIFFFAHRTS – GESELLSCHAFT A/S & CO. KG AND HAMBURG SUD NORTH AMERICA, INC.(이하 '함부르크 수드')[51]

OJ COMMERCE, LLC.(이하 'OJ 커머스')는 전자상거래 소매업체이며 2020년 6월부터 자신들이 판매하는 수입 상품의 해외운송을 위하여 선사 함부르크 수드와 운송서비스계약을 체결하였다. 2020~2021년 운송서비스계약의 최소 화물 수량 약속(Minimum Volume Commitment)에 따르면 함부르크 수드는 2020년 6월 1일부터 2021년 5월 30일까지 최소 400TEU을 약속하였다. 그러나 함부르크 수드는 2020년 6월 23일부터 합의된 주당 10TEU의 공간 제공을 거부하

---

51) https://www2.fmc.gov/readingroom/docs/21 – 11/21 – 11%20Initial%20 Decision%207.pdf/, (최종검색: 2023년 6월 29일).

였다. 이에 OJ 커머스는 자신들의 변호사를 통해 함부르크 수드에 서비스계약 위반 통지(Notice of Breach of the Service Agreement)를 발송하여 최소 TEU 수량 준수를 요구하고 위반 사항이 시정되지 않으면 FMC를 통한 법적 조치를 취할 것을 고지하였다. 이와 관련하여 함부르크 수드 임원들은 회사 내부 이메일로 논의하였고, OJ 커머스의 두 번째 demand letter를 받은 다음날인 2021년 4월 29일 함부르크 수드는 기존 서비스계약에 따른 TEU를 더 이상 제공하지 않고 계약 갱신에도 참여하지 않는다는 최종 결정(executive decision)을 내렸고, 이에 따라 OJ 커머스는 FMC에 제소[52]하였다. 본 건 소송에서 OJ 커머스는 함부르크 수드가 불합리하게 기존의 서비스계약상 의무이행을 거부하고 서비스계약의 갱신 또는 갱신 협상을 거부하는 보복을 하였다고 기재하였다. 따라서 함부르크 수드의 해상법 41104(a)(3) 위반을 근거로 OJ 커머스의 손해에 대한 배상책임이 있다고 주장하였다. 한편 함부르크 수드는 서비스계약 갱신 및 갱신 협상을 거부하지 않았으며 OJ 커머스에 대한 보복도 없었고 OJ 커머스는 자신들이 입은 손해에 대한 입증을 하지 못했다고 주장하였다.

본 건의 쟁점은 함부르크 수드가 해상법 46 U.S.C. §§ 41104(a)(3) 규정상의 보복 조치(retaliation) 및 41104(a)(10)상의 거래 거부(refusal to deal) 위반이 있었는가 여부였다.

FMC는 2023년 6월 7일 결정문[53]에서 OJ 커머스의 손해액 미화 4,921,883.20달러를 인정하였고 더불어 함부르크 수드의 OJ커머스에 대한 고의적이고 보복적 행위를 인정하여 손해액의 2배인 미화

---

52) OJ 커머스는 41102(c)규정상의 불합리한 관행(unreasonable practice) 위반도 함께 제소하였으나 함부르크 수드가 문제가 된 체화료(demurrage charge)를 전액 환불하여 해결하였다.

53) Initial decision이며 결정에 불복하는 당사자는 결정문 수령일 22일내에 FMC 에 항소할 수 있다. 46 C.F.R. § 502.227.

9,843,766.40달러의 배상금을 부과하였다. 이는 약 125억이 넘는 금액으로 2022년 해운개혁법 시행 이후 최대의 배상금이다.

(2) 미의회에 제출된 기타 관련 법안

(가) 2021년 해운개혁법(Ocean Shipping Reform Act of 2021, H.R.4996)의 하원 통과[54]

하원을 통과한 2021년 해운개혁법은 미국의 해상운송을 포함하는 해외무역에서의 운영에 관한 요건, 화주가 다른 운송인을 후원하거나 소송을 제기했다는 이유로 선사와 해상터미널 운영자의 화주에 대한 보복 및 차별 금지, 해상운송인과 터미널운영자의 부당하고 불합리한 체선료 적용 금지에 대한 FMC의 규칙 제정, 해상운송인의 수수료 또는 요율에 대한 FMC의 조사 진행과 적절한 경우 강제조치 권한 부여, FMC가 해상운송인 및 터미널운영자의 화물처리량 및 가용성에 대한 정보의 공유를 요구하는 긴급 명령 권한 부여, FMC의 해상운송인과 터미널운영자에 대한 조사 결과 및 처벌에 대한 연간보고서 발간, 해상운송인의 관행에 대한 FMC의 연간보고 요건 등이 주요 내용으로 구성되어 있다.

(나) 해운 독점금지 집행법(Ocean Shipping Antitrust Enforcement Act, H.R.6864)의 하원 제출[55]

2022년 2월 28일에는 해운 독점금지 집행법이라는 법안이 미하원에서 발의됐는데, 여기에는 외국 정기선사들이 누리는 해운법상의 경쟁법 면제 조항(46 USC §40307)[56]을 삭제하는 것을 주요 내용

---

54) https://www.congress.gov/bill/117th-congress/house-bill/4996?q=%7B%22search%22%3A%5B%22HR4996%22%5D%7D&s=1&r=1, (최종검색일: 2023년 6월 27일).
55) https://www.congress.gov/bill/117th-congress/house-bill/6864?q=%7B%22search%22%3A%5B%22H.R.6864%22%5D%7D&s=4&r=3, (최종검색일: 2023년 6월 27일).

으로 한다. 이 법의 법안소개에서 캘리포니아주 짐 코스타(Jim Costa) 하원의원은 오랜 기간 동안 소수의 해운선사들이 해운 산업을 통제함으로써 컨테이너 화물의 운송 적체와 지체의 원인이 되었기에, 만약 이런 선사들을 견제하지 않고 내버려 둔다면 불공정한 관행은 계속되어 미국의 수출자와 미국의 무역에 해가 될 것이며 공급망 위기와 물가인상은 심각해지게 된다고 하였다. 또한 그는 불공정한 컨테이너 운임 인상, 과도한 지체료 부과, 이유 없는 선적 스케줄의 변경, 미국 수출품(농산품 등)의 적입 없이 빈 컨테이너인 채로 화항 등의 부적절한 무역 관행에 대한 강력한 조치[57]가 필요하다고 하였다.

(다) 2023년 해운개혁 시행법(Ocean Shipping Reform Implementation Act of 2023) 하원 교통 및 인프라 위원회(U.S. House of Transportation and Infrastructure Committee) 통과

2023년 3월 미국 하원 교통 및 인프라 위원회에서 더스티 존슨 (Dusty Johnson) 미국 하원의원이 발의한 해운개혁 시행법이 위원회를 통과했다. 이 법은 미국 기업들의 무역과 운송에 연관되어 발생할 수 있는 안보 및 시장통제에 대한 우려와 관련된 법으로서 중국과 같이 국가가 시장을 통제하는 비시장 경제체제를 가진 국가들을 주요 대상으로 하게 된다.[58] 특히 중국은 자국 및 외국의 선사, 항만, 포워더들에게 LOGINK(National Transport & Logistics Public

---

56) Exemption from antitrust laws
57) 이와 관련하여 미국항 이용 특별법(American Port Access Privileges Act of 2022, H.R.8243)이 하원에 제출된 상태이며 미국의 수입과 수출을 위해 항구 1개 이상의 정박하는 선사(들)에게 하역 및 선적에 대한 우선권을 주는 법안이다.
58) Splash, "New bill in Washington takes aim at China's influence in ocean shipping", 2023년 3월 30일자 기사, https://splash247.com/new-bill-in-washington-takes-aim-at-chinas-influence-in-ocean-shipping/, (최종 검색일: 2023년 4월 24일).

Information Platform)라는 비영리 화물 데이터 시스템 사용을 적극적으로 장려하고 있는데 문제는 LOGINK가 수집한 데이터에 누가 접근하는지 및 / 또는 얼마나 많은 데이터가 있는지가 공개되지 않는다는데 있다. 미국의 미중경제안보조사위원회(the U.S.－China Economic and Security Review Commission)가 지난해 9월에 발표한 이슈 브리핑에 따르면 중국의 국가 지원자금으로 인하여 LOGINK는 중국 기업에 유리하게 또는 중국의 이익을 증진시키는 방향으로 발전할 수 있음을 지적하고 있다.[59] 2023년 해운개혁 시행법은 미국 항구가 중국 정부가 후원하는 LOGINK 소프트웨어를 사용하는 것을 금지하고, FMC가 상하이 해운거래소와 같은 외국 해운 거래소를 조사하여 부적절한 비즈니스 관행을 예방할 수 있도록 하며, FMC에게 해상 화물 물류에 대한 데이터 표준 만들어 시스템을 능률화하여 할 수 있는 권한을 부여[60]한다. 존슨 의원은 "내 법안은 공급망을 강화하여 화물이 소비자에게 더 빨리 도달하고 중국의 불공정 무역 관행에 맞서 싸울 수 있도록 한다.[61]"고 말했다.

Ⅳ. 나가며

위에서 미국의 경쟁법과 해운법 및 현재 진행되고 있는 해상법 관련 이슈들과 사례들을 살펴보았다. COVID－19의 영향으로 2020

---

59) *Id.*

60) https://www.congress.gov/bill/118th－congress/house－bill/1836/text, (최종검색일: 2023년 6월 29일).

61) "My bills strengthen our supply chain, allowing products to reach consumers faster and fighting against China's unfair trade practices.", CONGRESSMAN DUSTY JOHNSON Representing SOUTH DAKOTA, "Johnson Supply Chain Bills Pass Out of Transportation Committee", 2023년 3월 23일자 기사, https://dustyjohnson.house.gov/media/press－releases/johnson－supply－chain－bills－pass－out－transportation－committe, (최종검색일: 2023년 6월 2일).

년 말부터 미국에서 발생한 물류대란은 미국의 해운법에서 정기선
사에 대한 강화된 규제로 나타나고 있다. 바이든 행정부는 현재까
지 진행되고 있는 공급망 위기를 시장지배력을 가진 외국의 정기선
사들이 이용하여 막대한 이윤을 올리고 있고, 이로 인한 각종 비용
의 상승은 미국 소비자의 불이익이 된다고 믿는다.

　미국의 해운정책은 국가 안보와 경쟁력 강화에 있으므로 미국의
기준에서 해운산업에서 경쟁은 운임을 낮추고 서비스질을 높이는
신뢰할 수 있는 공급망 강화를 준비하는데 있다. 이를 위해 미국은
FMC의 권한을 강화하고 의회의 협력을 얻어 미국 해운산업의 보호
와 경쟁력을 강화하는 정책을 준비하고 집행해 나갈 것이다. 이에
대한 우리나라 정기선사들의 대비가 필요하다.

❑ 참고문헌 ❑

김인현, "수하인의 운송물 수령의무와 컨테이너 반납지체료의 법리", 한국해법학회지 제45권 제1호 (2023).

김인현·이정욱, "정기선 운항자에 대한 미국 경쟁법 적용 강화 동향에 대한 연구", 국제거래 법연구 제31집 제1호 (2022).

미국 연방해사위원회 홈페이지 <https://www.fmc.gov/>.

미국 의회 홈페이지 <https://www.congress.gov/>.

미국 법무부 홈페이지 <https://www.justice.gov/>.

신동권, 「경쟁정책과 공정거래법-한국, 미국 그리고 EU-」, 박영사, 2023년.

조성국, 「독점규제법 집행론」, 경인문화사, 2010년, 35면.

최준선·김순석, "미국 독점금지법의 역외적용에 대한 연구", 중재학회지 제5권, 1994년, 80면.

이호영, "독점규제법", 제7판, 홍문사, 2022년.

J.W. Alexander, "*Recommendations of the Committee on the Merchant Marine and Fisheries*", The Annals of the American Academy of Political and Social Science, Vol. 55, Government Regulation of Water Transportation.

Splash, "*New bill in Washington takes aim at China's influence in ocean shipping*", 2023년 3월 30일자.

Brown Shoe Co. v. United States, 370 U.S.294, 320 (1962).

Hartford Fire Insurance Co. v. California, 113 S.Ct. 2891 (1993).

United States v. Kawasaki Kisen Kaisha, Ltd., D. Md. Nov. 5, 2014.

08 EU의 정기선사공동행위에 대한 경쟁 법적용 면제규정 폐지의 의미와 대책

김인현*

Ⅰ. 들어가며

정기선운항은 상법적 측면에서는 개품운송이다. 개개의 물건을 운송하는 계약을 해상운송인과 송하인이 체결하는 것이다. 정기선 운항의 개품운송은 일반 택배형태의 개품운송과 달리 출발시간과 도착시간이 사전에 공표되어 운송인은 그 스케줄에 따라 운항서비스를 제공하는 점에서 특징이 있다. 정해진 시간표에 따라 화주와 약속한 바를 지키기 위해서는 상당한 노력이 필요하다. 일정한 주기로 선박이 출항해야 한다. 미국서부와 부산항의 기항이라고 하자.

---

* 고려대 법학전문대학원 명예교수.

항구의 기항을 포함해서 두 달이 걸리는 여정이다. 1주일에 1척의 선박이 부산항에서 출항하려면 8척의 선박이 있어야 한다. 미국서부의 항구에 컨테이너 터미널도 있어야 한다. 그리고 상관습법상 운송인은 컨테이너 박스도 송하인에게 제공해야 한다. 이와 같이 상당히 많은 자금이 필요한 자본집약적 산업이 정기선운항이다. 이 점에서 항해용선계약과 많이 다르다. 항해용선계약을 체결하는 해상운송인은 이런 제약이 없다. 정시에 도착할 의무가 없다. 또한 선박 1척으로도 해상운송서비스를 제공할 수 있다.

정기선은 상품의 수출과 밀접히 연결되어 있다. TV, 냉장고, 철광제품, 야채, 생선, 노트북 등의 수출입은 컨테이너 박스에 넣어져서 정기선사에 의하여 운송된다. 세계 각국은 수출입으로 국민들이 필요한 상품을 서로 교환한다. 바다를 통한 운송이 필수적으로 뒤따른다. 정기선사가 없다면 무역은 불가하다. 그래서 정기선사가 안정적으로 수출입화물을 실어 날라야 할 필요성이 크다.

정기선사들이 경쟁을 격하게 하면 취약한 회사는 파산하고 만다. 한진해운 사태에서 보았듯이 한 정기선사의 운항정지는 대규모의 물류대란을 발생시킨다. 그래서 정기선사들이 최소한의 이익을 보장하면서 운송서비스를 제공하도록 했다. 이것이 운임동맹(conference)으로 만들어져 운영되었다. 운임을 공동으로 정하게 해서 정기선사들이 일정한 이윤을 가지고 도산되지 않고 더 효율적이고 안정적인 운송 서비스를 제공해줄 것을 기대한다. 미국, 한국, 일본은 이런 체제하에 있다.

유럽의 경우 이런 운임의 공동행위는 2008년부터 더 이상 허용되지 않고 운항을 공동으로 하는 것은 허용해 왔다. 4개의 정기선사들로 구성된 얼라이언스가 하나의 노선에서 선박을 공동으로 운항할 수 있도록 했다. 이것이 정기선사에도 좋고 화주에게도 더 풍부한 서비스를 제공한다고 보았기 때문이다. 이름하여 CBER(Consortia

Block Exemption Regulation)이다. 콘소시아에 대한 공동행위 일괄면 제제도이다.

2020년에서 2022년까지 해상운송서비스에 큰 혼란이 왔다. 코로 나사태로 인하여 예상과 달리 공급보다도 수요가 대폭증가한 현상 이 나타났다. 선박은 항구에 잠기어서 움직이지 못했다. LA항의 앞 에서 100척의 컨테이너 선박이 대기하기도 했다. 이에 단기시장 운 임은 10배까지 치솟았고, 정시도착율은 30%대로 떨어졌다. 화주들 은 불만이 쌓이기 시작했다.

미국의 경쟁당국도 정기선사에게 강한 운송의무를 부과하는 제 도를 도입했고, 지체료에 대하여 운송인의 불합리함에 벌금과 손해 배상금을 부과하여 강하게 실시하고 있다. 태평양항로의 90%에 가 까운 점유율을 보이는 3대 얼라언스의 높은 과점 상태를 부정적으 로 바라본다. 공동행위에 대해서 경쟁법 적용을 제외하는 미국 해 운법의 규정을 삭제하는 법안이 의회에 제출되어있을 정도이다.

유럽은 이번에 CBER이 일몰이 되는데 이제는 더 이상 연장해주 지 않겠다고 10.10. EU측에서 발표했다. 상당한 정도 예견된 행보 이기는 하지만, 많은 해운산업관계자들이 이의 진정한 의미가 무언 지, 그리고 어떤 변화가 올지 궁금해 한다. 이에 그간 연구를 바탕 으로 해운신문독자들에게 연구내용을 공유하고자한다.

Ⅱ. 정기선사에 대한 경쟁법 이슈

경쟁법 혹은 공정거래법은 완전경쟁이 이루어지면 소비자의 후 생에 도움이 된다고 보고 이런 시장상태를 만들어 주는 것을 목표 로 한다.

1. 독과점 방지

독과점을 방지하려고 한다. 어떤 산업을 한 회사만 하면 그 회사가 마음대로 생산량을 조절하여 가격을 정할 것이다. 이것을 막겠다는 것이다. 이는 시장지배적 지위의 남용방지라는 이름으로 우리 공정거래법에서 다룬다. 아래에서 보는 공동행위와 달리 혼자서 이루어지는 행위이다. 해운법에서 다루는 사항은 아니다.

2. 공동행위(cartel) 방지

두 사람 이상이 서로 공동의 의사를 가지고 공급량을 줄이면 가격이 올라가게 된다. 같은 공급량이라도 서로 모여서 가격을 통일화시키면 가격인상이 가능하게 된다. 이런 공동행위를 막으려고 한다. 우리 공정거래법에서 가장 중요하게 다루는 부분이다. 원칙적으로 공동행위는 금지되는 사항이다. 정기선 운항에서는 해운법에서 예외규정을 두어서 운임 및 운항에 대한 공동행위가 가능하다.

3. 불공정거래행위의 방지

대기업이 자회사를 만들어 모두 운송하게 하면 다른 운송회사는 기회가 없어진다. 이와 같이 내부거래를 하는 것은 공정하지 못하다고 본다. 그래서 금지하는 사항이 된다. 약속되고 공표된 스케줄을 어기면서 공급을 하지않아서 가격에 영향을 미치게 되는 행위는 금지된다. 공정거래법에서 다루는 사항이다. 해운법에서도 독자적인 불공정거래행위를 정하고 있다.

4. 기업결합

예를 들면 시장점유율이 50%인 두 회사가 기업결합을 하면

100%의 시장점유율을 가지게 된다. 독점 상태에 이르게 된다. 독점은 경쟁법이 극히 피하고자 하는 상황이다. 그래서 기업결합심사를 하여 결합을 못하게 한다. 이것도 공정거래법에서 다루는 사항이다. 해운법에서는 이것은 다루지 않는다.

위 사항들은 세계공통이다. 경쟁법(competition law)이라는 것이 서양에서부터 발생해서 우리나라에 도입된 것이다.

III. 현재 EU의 정기선사에 대한 공동행위 허용내용

유럽제국도 정기선운항의 동맹체제를 인정했다. EU기능조약(Treaties of the European Union: TFEU) 제101조 제1항에서 공동행위는 하지 못하도록 정한다.[1] 제3항에서 예외규정을 두었다. EU는 이에 근거하여 정기선 운항자들에게 일정한 요건을 갖추면 일괄하여 제101조의 공동행위 규제를 적용하지 않도록 규칙을 만들었다. 근거가 되는 EC 2009년 규칙(906/2009)에 의하면 (i) 운임에 대한 공동행위는 하지 말 것 (ii) 공동행위자의 모임(consortia)의 시장점유율이 30%를 넘지 않을 것 (iii) 6개월 통보기간만 있다면 언제나 회원사가 탈퇴할 수 있을 것이라는 세 가지 요건을 충족하면 콘소시아의 구성이 가능했다. 콘소시아는 현재 시장에서는 얼라이언스로 보면 된다. 이에 따라 3대 얼라이언스는 운항에 대한 공동행위를 하고 있다.

이러한 요건을 갖추기만 하면 이것으로 운항공동행위는 허용되고 다른 행정당국에 대한 신고나 화주와의 협의 등이 필요없다는 의미에서 일괄면제(block exemption)라고 불린다. 정기선사 스스로가 판단해야 한다. 제10조 제3항에 의한 공동행위 면제규정은 EU

---

1) 이전에 적용되던 EC조약은 2009년 발효된 리스본 조약에 의해 EU기능조약이라는 명칭을 사용하고 있으며, EC조약 제81조부터 제89조에서 규정하던 EU 경쟁규범을 EU기능조약은 제101조부터 제109조에서 규정하고 있다.

집행위원회의 전속사항으로 개별적으로 면제신청을 받아서 승인해 주었었다. 엄청나게 많은 면제 신청의 행정업무과부하를 막기 위해서 몇 개의 사업집단에 대하여는 절차와 규정요건에 맞기만 하면 더 이상 개별신청이 필요없도록 한 것이 바로 일괄면제제도이다.

얼라이언스 3개사 혹은 4개사가 모여서 운임을 공동으로 정하면 안된다. 특정 항로에 점유율이 30%가 넘으면 안 된다. 가능한 것은 운항에 대한 공동행위이다. 동북아에서 유럽으로 가는 노선은 제자리에 돌아오는데 90일이 걸린다. 일주일에 한번 출항하면 12척이 필요하다. 한 노선에 일주일에 2번씩 배가 떠나도록 한다면 24척의 배가 필요하다. 2개의 회원사가 12척씩의 선박을 넣으면 될 것이다.

A 선사가 단독으로 운항을 한다면, 부산-홍콩-싱가폴-지브랄타-로테르담 이런 항구를 거치는 스케줄을 가지고 부산항에서 매주 월요일 출항하면 될 것이다. 그런데 자신은 화주가 많지 않아서 선박 공간의 1/3만 채울 수 있다. 공간을 더 채울 수 있다면 이익이다. 화주들은 한 번 더 떠났으면 더 좋겠다고 한다. B선사에게 금요일 떠나 주기를 협상했고 그가 그렇게 하기로 했다. B선사도 한국고객이 있는데 마찬가지였다. A사는 B사가 운항하는 선박에 자신의 화주의 화물을 싣기로 했다. B사도 마찬가지로 A사가 운항하는 선박에 자신의 화주의 화물을 싣기로 했다.

단독운항할 때 비하여 A사는 적재 공간의 66%에 화물을 채울 수 있게 되어 수익이 더 많아졌다. B사도 마찬가지이다. 화주들도 1주일에 1번만 수출품을 실어 보낼 수 있던 것이 2번으로 늘어나서 더 좋아졌다.

이를 선박공유협정(Vessel Sharing Agreement: VSA)이라고 한다. 위와 같은 사례는 경쟁법의 관점에서 보면 공급이 늘어난 것이므로 환영할 일이다. 그런데 반대로 이제 물동량이 떨어져 B사가 서로 협의를 하여 빠져나간다면, 일주일에 두 번 있던 서비스가 한 번으로 줄어들므로 공급량이 줄어들게 된다. 이렇게 되면 경쟁법 위반의 문제가 생긴다. 선박공유협정제도는 경쟁법관점에서 소비자를 불리하게 하는 측면도 포함되게 된다. 그럼에도 불구하고 그간 EU에서는 전체적으로 VSA는 소비자에게 효용이 있다고 보았기 때문에 허용한 것이다.

특정한 항로에 시장점유율이 30%가 되면 한척의 선박을 결항시켜도 운임에 영향을 주게 된다. 시장지배적 지위에 이르면 경쟁법에서는 다양한 조치를 취한다. 2M과 같은 경우는 30%에 육박하는 시장점유율에 다달았기 때문에 현재의 CEBR하에서도 적용 더 이상 연장받기가 어려웠을 것이다. 그래서 2M은 작년 결별을 선언한 것으로 보인다.

IV. CBER 적용 폐지의 의미

EU에서는 검토결과 화주나 포워더들의 건의를 받아들여 CBER을 더 이상 정기선사들에게 허용해주지 않겠다고 발표했다. 2024.5.부터는 EC조약 제101조 제1항의 내용과 이를 국내법화한 동일규정이 정기선사의 운항에 적용되는 것이다. 다만, 제101조 제3항의 면제규정에서 개별면제제도는 여전히 유효하므로, 각 정기선사는 자신이 다른 선사와 공동으로 운항하는 내용을 EU 혹은 개별국가에 승인을 받아야 하는 법률적인 부담을 안게 되었다. 운임에 대한 공동행위, 공급량조절이 되는 공동행위는 하지 못하게 되는 것이 원칙이다.

제10조 제3항에서 말하는 적용면제의 조건은 아래와 같다. 첫째, 사업자간의 합의 등이 상품의 생산, 유통의 개선 또는 기술적 경제적 발전에 기여해야 한다. 둘째, 그 합의에 의한 결과로서 발생하는 이익이 소비자들에게 공평하게 분배되어야 한다. 여기에서 말하는

이익에는 가격하락과 질적 향상 등이 포함된다. 셋째, 이러한 목적을 달성하는데 필수불가결하지 않은 제한이 사업자들에게 부과되어서는 안 된다. 넷째, 해당 생산물의 주요 부분에 있어서 경쟁을 제거할 수 있는 가능성이 사업자들에게 열려있지 않아야 한다. 위 네 가지 조건을 모두 갖추어야 적용이 면제된다.

Ⅴ. 달라지는 것

그러면 달라지는 것은 무엇인가? 그간 제101조 제3항과 집행위원회의 규칙 906/2009 및 2020/436의 CBER에서 허용했던 조치가 무언지를 우선 보아야 한다. 공동으로 운항하는 아래의 서비스가 허용되었다. 방문항구에 대한 협의와 공동결정, 선박과 항만설비의 공동사용(pooling), 운항을 위한 하나 및 복수의 사무소의 운영, 컨테이너와 새시와 다른 장비의 제공, 공급과 수요의 등락에 맞춘 공급량의 조절, 항만시설 및 하역 등의 공동운영 혹은 사용, 컴퓨터화된 데이터의 상호교환 시스템 등이었다.

1. 얼라이언스의 유지

3개의 선사 이상이 모이는 얼라이언스는 더 이상 못하게 된다. 얼라이언스라는 이름하에 다수의 정기선사들이 같은 테이블에 앉아서 운항을 공동으로 부대비용을 인상하거나 노선을 없애거나 결항하는 등의 조치는 취할 수 없게 된다. 얼라이언스가 대량의 물량을 근거로 컨테이너터미널과 부두 사용료 및 하역비 협상을 하는 것도 할 수 없다.

2. 스페이스 차터를 통한 운항

위의 예에서 1주일에 2번씩 떠나는 운항에 지장이 오면 안 된다. EU도 이것을 바라는 것은 아닐 것이다. A선사의 선박은 모두 월요일에 떠나고, 두 번째 주는 금요일에 떠나면 된다. 선사들은 자신들의 화주들을 위해서 스페이스 용선을 해서 자신들의 화주의 화물을 상대선에 실으면 된다. 얼라이언스에서 논의되고 배선이 결정되는 것이 이제는 개인선사끼리의 계약에 의하여 처리되는 점이 달라지는 것이다. 이러한 스페이스 차터는 경쟁법위반의 요소가 없다. 그렇기 때문에 제101조 제3항에 의한 면제신청을 하지 않아도 되는 사항으로 판단된다.

3. 2개선사가 노선을 조정하는 공동행위

기존에 A, B 선사가 제휴를 하여 2개의 노선을 가지고 있었다. 제1노선에 A선사는 월요일에 출항하고 B선사는 수요일에 출항했다. 제2노선에 A선사는 목요일에 출항하고 B선사는 금요일에 출항했다고 하자. 불황이 와서 선복이 1/2도 채워지지 않자 적자가 나기 시작했다. 양 선사는 만나서 제1노선을 운항하지 않기로 했다. 지금까지는 CBER하에서 가능했다. 일괄면제를 받았기 때문에 개별사항에 대한 신고를 할 필요가 없다. 이것이 우리나라나 미국제도와 다른 점이었다. 이제는 달라진다. 공급이 줄어들었다. 그러므로 제101 제1항에 위반인 사항이다. 정기선사는 이렇게 해야 불경기를 피해갈 수 있다. 이 경우는 제101조 제3항에 따른 적용면제 신청을 개별사항에 대하여 받아야 하므로, EU 혹은 개별국가의 경쟁당국을 찾아가서 승인을 받아야 한다. 아니라면 처벌의 대상이다.

4. 운임 등

2개 회사 이상이 모여서 운임을 공동결정하거나 공급량을 조절하거나 시장이나 고객을 서로 할당해서 가지는 것은 CBER에서도 불허된 것이라서 더욱 하지 못한다.

VI. 대 책

1. 운항의 측면

이렇게 본다면, 교과서에서 말하는 정기선 운항의 초보적인 협력 단계로 되돌아간다고 보면 될 것이다.

얼라이언스 체제하에서 3-4개의 정기선사들이 자신들의 선박을 제공하고 이를 공동으로 여러 항로와 노선에 배치하여 마치 자신의 선박과 같이 사용하던 것을 못하게 된다. 이제는 다른 정기선사와 상의없이 스스로 단독운항을 해야 한다. 자신이 계약운송인으로 화물을 모두 자신의 선박에 채울 수가 없다면 다른 계약운송인의 화물을 빌려서 가져와야 한다. 이런 목적으로 공간을 다른 정기선사에게 팔게 된다. 이를 슬로트 차터라고 한다. 노선마다 정기선사는 여러 명의 파트너를 구해야 한다. 서로 공간을 주고 받아야 한다. 이런 작업이 필요하다. 그러나 화주의 입장에서는 자신의 계약운송인은 동일하다. 다만 자신의 화물이 실린 선박의 운항자가 달라질 뿐이다.

한 선박에 두 명, 혹은 세 명의 운송인이 있는 점은 달라지지 않는다. HMM이 운항하는 선박에 양밍이 운송인인 화주의 화물이 실리게 된다. HMM은 양밍의 화주에 대하여는 운송계약상 책임을 지지 않는다. 그는 양밍의 이행보조자일 뿐이다. 운송중 화물손상에 대하여 운송계약상 채무불이행책임을 부담하는 자는 양밍이다. 다만, HMM은 불법행위책임을 부담할 수 있다.

2. 화주와의 협력

머스크와 MSC와 같은 대형외항정기선사는 스폿의 비중보다 장기운송계약의 비중이 높은 정기선사로 알려져 있다. HMM과 양밍과 같은 경우는 스폿비중이 높다. 이는 고객의 확보에서 머스크와 MSC가 HMM과 양밍보다 유리함을 의미한다. 선박 1척에 대한 공간을 더 많이 채울 수 있다는 의미이기도 하다. 따라서 새로운 체제하에서 단독운항을 함으로써 채워지지 않는 공간의 규모가 머스크와 MSC는 적고 노선도 많았기 때문에 유리하다고 할 수 있다.

우리나라의 미주와 유럽화물의 약 15%만 우리 정기선사가 싣는 것으로 알려져 있다. 85%는 외국의 정기선사가 싣고 나간다는 의미이다. 우리나라에서 출항 시부터 우리 화물을 더 많이 싣도록 운송계약이 체결되어야 할 필요성이 더 높아졌다.

3. 우리나라 해운법 및 미국해운법에 미칠 영향

이런 정기선운항에 대하여 경쟁법을 원칙대로 적용하는 경향이 우리나라 경쟁법에도 영향을 미칠 것인지 문제된다. 우리나라 동남아, 일본 시장은 완전경쟁시장이다. 오히려 외국의 대형 정기선사들의 유입에 우리 중소형 정기선사를 보호해야 할 상황이다. 그래서 해운법 제29조의 공동행위허용규정은 존치되어야 한다.

미국에도 영향을 미칠지가 주목된다. 미국은 CBER의 폐지에 영향이 없을 것으로 본다. 미국은 오랫동안 운임에 대한 공동행위를 지금까지 허용해 왔고 서비스계약의 도입하고, 강력한 규제기능을 갖는 FMC를 통하여 공동행위를 합리적으로 규율하고 있기 때문이다.

미국과 우리나라는 정기선의 공동운항에 대하여 정부의 관리하에 모두 허용하는 제도를 가지고 있다. 공동행위에 위반이 되는 사항은 신고하여 승인을 받는 제도인 것이다. 이제는 미국, 한국, 유럽이 모두 정부가 관리하는 체제하에 놓였다고 볼 수 있다.

홍콩과 싱가포르는 유럽의 CBER체제를 도입하고 있다. 이들 국가도 1~2년 내에 정기선사의 공동행위에 대한 일괄면제를 유지할 것인지 결정을 할 것이다. 이들 국가가 우리나라보다 강화된 규정을 가진다면, 그들 국가의 화주들이 피해를 보았다고 주장할 수 있기 때문에 역외적용을 회피하기 위한 법제도나 경쟁당국 간의 신사협정 등이 필요할 것으로 본다. 동남아 국가들의 대부분은 우리나라와 같이 운임 및 운항공동행위를 허용하는데 이들 국가만 허용하지 않아서 우리나라가 그 수준에 맞추어 영업을 불리하게 할 수는 없기 때문이다.

이번 EU의 조치는 법률적으로 보면 일괄면제제도는 정기선 운항의 공동행위에 더 이상 적용하지 않는 것이지만, 여전히 개별면제제도는 남아있기 때문에 외형상 변화는 없지만, 각 정기선사가 신청과 승인의 절차를 밟아야 하는 법적 리스크를 부담하게 되었다고 볼 수 있다. 차근하게 준비를 하면 된다.

09 EU경쟁법상 카르텔 금지와 일괄면제규칙

심재한*

I. 들어가며

사업자들 사이에서 경쟁을 제거하고 이윤을 극대화하기 위한 카르텔 형성은 오래전부터 끊임없이 시도되어 오던 방법이며, 따라서 카르텔의 규제는 세계 각국 경쟁법의 입법 및 그의 적용에 있어서 중심적인 지위를 차지한다. 경쟁법 규범의 효시로 일컬어지는 미국의 셔먼법(Sherman Act)은 바로 제1조에서 거래를 제한하는 모든 계약이나 결합이 위법임을 규정하고 있고, 유럽연합(EU)에서도 카르텔 금지규정인 EU기능조약(Treaties of the European Union: TFEU) 제101조 제1항에 의하면 경쟁제한적인 효과가 있고 회원국 간의 통

---

* 영남대학교 법학전문대학원 교수, 법학박사.

상에 영향을 미치는 공동행위는 금지된다. 이밖에도 독일 경쟁제한
금지법(GWB) 제1조와 일본 사적독점금지 및 공정거래확보에 관한
법률(私的独占の禁止及び公正取引の確保に関する法律) 제3조에서 카르
텔 규제를 법제화하고 있다.

사업자들 사이의 경쟁제한적 합의를 금지하는 각국의 카르텔 규
제법제는 그러나 경쟁을 제한하지 않는 합의에 대해서는 어떤 형식
을 취하든지 이를 금지하지 않는 법해석원칙 내지 근거규정을 가지
고 있다. 이것이 미국에서는 합리성의 원칙(rule of reason)으로 해
석되고, 우리나라에서는 독점규제 및 공정거래에 관한 법률(이하 "공
정거래법"이라 한다) 제40조 제1항에서 "부당한 공동행위"를 금지하
면서 제2항에서는 공정거래위원회의 인가에 의해 제1항의 적용을
배제하는 형태의 규정을 가지고 있다. 유럽연합의 경우 "일괄면제규
칙(Block Exemption Regulation)"의 제정을 통해 일정한 유형의 합의
에 대한 일률적인 카르텔 규제규정 적용을 면제하는 시스템을 운용
하고 있다.

공정거래법 제3조에서는 "국외에서 이루어진 행위라도 그 행위
가 국내 시장에 영향을 미치는 경우에는 이 법을 적용한다"고 역외
적용(域外適用, extraterritorial application) 원칙을 규정하고 있다. 역
외적용이란 외국에서행한 행위에 대해서도 그것이 자국 내에 영향
을 미치는 경우에는 국내의 공정거래법을 적용하여 자국법원이 그
에 관한 법적 판단을 내리기 위한 관할권을 행사함을 의미한다. 국
내법의 적용범위는 일국의 영토 내로 한정되는 것이 원칙이다. 그
러나 이런 원칙을 고수하면 국제화된 기업활동을 전제할 때 국내질
서의 유지조차 불가능해질 수 있다. 이런 사정을 고려하여 미국,
EU, 일본 등에서는 경쟁법의 역외적용이 행해지고 있다. 그렇다면
우리나라에서 행한 우리나라 사업자간의 경쟁제한 행위에 대해서도
외국의 경쟁법이 집행될 수 있다는 의미이므로 외국의 경쟁법제에

대한 정확한 이해가 필요하다.

이하에서는 유럽연합에서의 카르텔 금지 원칙과 금지의 효과를 알아보고, 카르텔 금지규정 적용면제의 근거가 되는 EU기능조약 제101조 제3항 및 일괄면제규칙에 대해서 알아보기로 한다.

II. EU경쟁법

1. EU경쟁법의 법원(法源)

제2차 세계대전을 겪은 유럽에서는 상호간의 적대요인을 극복하고 평화를 실현하기 위하여 공동시장을 구성하여 전쟁을 막자는 구상을 하게 되었다. 이를 위하여 1952년 설립된 '유럽석탄철강공동체'(ECSC)를 모태로 하여 유럽공동체 조약(The EC Treaty 1957 '로마조약')을 제정하게 되었다. 이 조약은 노동, 재화와 용역 및 자본의 자유로운 이동이 가능한 단일시장을 설립하는 것을 목적으로 한 것인데, 이 유럽공동체 조약에 의하여 유럽공동체 설립초기부터 단일시장의 설립과 관련한 경쟁법 규율이 이루어지기 시작하였다.

EU경쟁법의 가장 중요한 법원은 EU기능조약의 경쟁조항이다. 이전에 적용되던 EC조약은 2009년 발효된 리스본 조약에 의해 EU기능조약이라는 명칭을 사용하고 있으며, EC조약 제81조부터 제89조에서 규정하던 EU경쟁규범을 EU기능조약은 제101조부터 제109조에서 규정하고 있다. 이중 특히 중요한 규정은 제101조와 제102조이다.

EU기능조약 제101조 제1항은 경쟁을 제한하려는 목적이나 효과가 있고 회원국 간 통상에 영향을 줄 수 있는 사업자 간의 합의와 공모적 행위, 사업자단체의 결정을 금지하고 있다. EU기능조약 제102조는 시장지배적 지위를 가진 사업자의 지위 남용행위를 금지하고 있다.

이 밖에 2차적 법원으로서 집행위원회(the Commission), 이사회(the Council), 유럽의회(the European Parliament)에서 제정한 규칙(Regulation), 지침(Directive), 결정(Decision), 권고(recommendations), 의견(Opinions)이 인정될 수 있다. 이 중에서 규칙(Regulation)은 회원국 국내법과 동일한 직접적인 효력을 가지며, 지침(Directive)은 각 회원국들이 국내법 제정절차를 통하여 효력을 얻게 된다.

2. 집행기관

(1) EU집행위원회

EU에서 경쟁법 집행을 담당하는 기관은 EU집행위원회(the European Commission)이다. EU집행위원회는 각 회원국에서 한 명씩 지명한 사람들로 구성된다. EU집행위원회는 유럽의회(the European Parliament) 및 이사회(the Council of the European Union)와 함께 EU의 기능을 수행하기 위한 3대 주요 기관으로서 EU 집행부의 역할을 수행하고 있다.

EU집행위원회는 준사법적인 권한을 가지고 법위반 사건을 조사하고 소추할 수 있다. 또한 법위반 행위에 대하여 시정명령 및 과징금(fine) 납부명령을 할 수 있고, 긴급한 경우에는 임시조치명령도 취할 수 있다. 한편 EU집행위원회는 준입법적 권한을 행사하여 조약이나 이사회 규칙을 집행하기 위한 집행위원회 규칙(Commission Regulation), 위원회 고시(notice) 등을 제정하는 권한도 보유하고 있다.

EU집행위원회의 행정조직으로는 경쟁총국(the Directorate for Competition: DG COMP)이 있다. 경쟁총국은 반독점(Antitrust), 합병(Mergers), 국가보조(State Aids) 등의 정책분야를 총괄하면서 유럽의 경쟁관련 법규의 입안과 실무적인 집행역할을 담당하고 있는 기관이다. 집행위원회 위원들은 전문가들로 구성된 사무국(Dirctorates)과 법무실(Legal Service)의 협조를 얻어 직무를 수행한다.

(2) 경쟁총국(DG COMP)

EU집행위원회의 여러 정책국 중에서 경쟁법 집행을 담당하는 국이 경쟁총국이다. 경쟁총국은 조사, 소추, 결정문 초안작성 등의 역할을 수행한다. 경쟁총국장(Director General) 산하에는 각각 합병/반독점 담당, 운영 담당, 국가보조 담당 부총국장(Deputy Director-General)이 있다.

경쟁총국은 9개의 세부조직으로 구성되어 있다. A국은 경쟁정책을 총괄(Policy and Strategy)하며, 사건지원 및 정책수립, 유럽 경쟁네트워크(EU Competition Network)와 사적 집행, 국제관계 등을 담당한다. 그리고 B국은 에너지와 환경을, C국은 정보통신 및 방송을, D국은 금융을, E국은 기간산업 및 제조업·농업을, F국은 운송 및 우편업무를, G국은 카르텔을, H국은 국가보조, 일반조사 및 집행을 담당한다. 그리고 R국은 기록 등의 관리를 담당한다.

2003년부터는 경쟁총국에 경제분석관(Chief Economist)과 경제분석팀을 보강하여 경쟁법 위반행위에 대한 효율성 등의 경제분석을 활발하게 진행하고 있다.

Ⅲ. 카르텔 금지의 원칙

1. EU기능조약 제101조

경쟁제한적 합의와 공동행위(카르텔)금지를 위한 EU기능조약 제101조는 다음과 같이 규정하고 있다.

"① 다음의 행위들은 공동체시장과 양립할 수 없는 것으로 금지
　　되어야 한다:

회원국간의 무역에 영향을 미칠 수 있고 그 목적 또는 효과로써 공동시장 내에서 경쟁을 방해, 제한 또는 왜곡할 목적 또는 효과를 갖는 사업자간의 모든 합의, 사업자 단체에 의한 결정 및 공동행위,

(a) 직접 또는 간접적으로 구입이나 판매가격 또는 여타 거래 조건을 고정하는 것;

(b) 생산, 시장판로, 기술개발, 또는 투자를 제한하거나 통제 하는 것;

(c) 시장 또는 공급원을 배분하는 것;

(d) 다른 거래당사자와의 동등한 거래에 상이한 조건(거래조건 차별)을 적용함으로써 동 거래당사자를 경쟁적으로 불이익에 처하게 하는 것;

(e) 계약의 특질(성질) 또는 상관습에 비추어 계약의 목적과 관계가 없는 부가적 의무를 타방 당사자가 수락하는 것을 조 건으로 계약을 체결하는 것.

② 본 조에 따라 금지되는 합의 또는 결정은 자동적으로 무효이 어야 한다.

③ 그러나 제1항의 규정은 다음의 경우에 적용될 수 없는 것으 로 선언될 수 있다:

상품의 생산 또는 유통을 향상시키거나 기술 또는 경제적 진보 를 촉진하는데 기여하면서, 소비자에게 그 결과적 이익의 공평한 몫을 허용하는 것으로:

(a) 관련 사업자에게 이들 목적의 달성에 필수불가결하지 않 은 제한을 부과하지 않고;

(b) 이러한 사업자에게 해당 상품의 상당 부분에 관하여 경쟁 을 제한할 가능성을 부여하지 않는

- 사업자간의 합의 또는 합의와 유사한 행태
- 사업자 단체에 의한 결정 또는 결정과 유사한 행태

　　- 공동행위 또는 공동행위와 유사한 행태"

　EU기능조약 제101조 제1항에 의해 수평적 합의뿐만 아니라 수직적 합의도 폭넓게 규제되고 있다.

2. 사업자간의 카르텔 합의

　카르텔 금지는 사업자에 대해 적용된다. 사업자란 단순한 사적영역에서의 활동을 제외한 모든 독자적인 영득활동을 하는 자로써, 그의 법적인 형태나 그의 활동에 있어서 영리의 목적이 있느냐의 여부는 사업자임을 인정하는 데에 관계가 없다(기능적 사업자 개념).

　EU기능조약 제101조 제1항은 사업자간의 모든 합의나 사업자단체에 의한 결의뿐만 아니라 동조적 행위도 금지한다. EU사법재판소(Court of Justice of the European Union)는 동조적 행위를 EU기능조약 제101조 제1항의 적용범위에 포함시킨 것이 "아직은 본래적 의미의 계약에까지 이르지는 못했지만 경쟁 대신에 의식적으로 실제적인 공동행위를 통한 사업자들 사이의 협력행위"를 규제하고자 하는 목적이라고 한다.

　이로써 EU기능조약 제101조 제1항은 "현재의 혹은 잠재적인 경쟁자의 시장행동에 영향을 미치거나 혹은 자신이 시장에서 어떠한 행동을 취할 것인지 결정한 내용 또는 고려하고 있는 내용을 경쟁자에게 알려주고자 하는 목적으로 행동하거나 결과적으로 영향을 주게 되는 사업자들 사이의 직간접의 모든 접촉"을 금지한다.

3. 회원국 사이의 거래제한

　EU기능조약 제101조 제1항에 의해 규제되는 행위는 회원국 사이의 상품이나 용역의 거래를 방해하는 것이어야 한다. 이러한 회원국간조항(會員國間條項)은 어떤 회원국의 국내에서만 혹은 비회원국에 대해서만 영향을 미치는 행위에 대해서는 유럽연합의 법규가 적용되지 않음을 의미한다.

EU사법재판소는 그러나 회원국간조항을 매우 넓게 해석한다. 전체적으로 보아 합의가 객관적으로 법적 혹은 사실적인 상황이 충분한 개연성을 가지고 회원국간의 거래에 영향을 미치고 있거나 그 가능성이 있다고 보이는 때에는 회원국 사이의 거래를 제한한다는 판결을 계속하여 내리고 있다. 그리하여 회원국간조항이 적용된다고 한 사례는 해당 상품이 다른 회원국으로부터 유래되었거나 혹은 문제가 된 합의가 어떤 회원국 영토 전체에 미친다거나 혹은 계약의 당사자가 서로 상이한 회원국에 있는 모회사와 자회사 관계에 있다거나 하는 경우이다. 이로써 회원국간조항이 실무상 카르텔 금지를 위하여 EU기능조약 제101조 제1항이 적용됨에 있어서 특별한 장애물이 되지 않는다는 것을 알 수 있다.

4. 경쟁제한의 개념

EU기능조약 제101조 제1항에 의하여 규제가 되는 행위는 공동체 시장내에서 경쟁을 방해하거나 제한하거나 혹은 왜곡하는 것을 목적으로 하거나 그러한 효과를 가져오는 모든 행위이다. 이 중 상위개념은 경쟁의 왜곡이라고 할 수 있으나 일반적으로는 이러한 개념들을 구분하지 않고 경쟁제한이라고 칭한다.

가격이나 품질과 같은 적법한 경쟁의 요소나 수단, 수평적이거나 수직적인 단계 그리고 현재적인 것뿐만 아니라 잠재적인 경쟁도 보호된다.

5. 경쟁제한의 상당성

사소한 거래제한이나 경쟁제한 행위에 대해서도 EU기능조약 제101조 제1항을 적용하는 것은 지나친 것이라고 하여 그 행위의 효과가 거래나 경쟁에 상당한 정도여야 법적용이 이루어진다. 언제 이러한 상당성의 요소가 존재하지 않는가는 시장점유율로써 판단한다. EU집행위원회는 경쟁제한의 상당성 판단을 위한 지침을 마련하기 위하여 "사소한 행위에 대한 고시"를 제정하였다. 이에 따르면 합의의 대상이 되는 상품이나 용역과 참여사업자의 기타 상품 내지는 용역의 시장점유율이 15%를 넘지 않거나(수직적 합의) 혹은 10%를 넘지 않는 경우(수평적 합의)에는 상당성이 없다고 판단한다.[1] "참여사업자"란 계약의 당사자 및 이들의 계열사이다. 시장점유율은 객체별 관련시장과 지역적 관련시장을 고려하여 산정한다.

가격담합이나 지역분할합의와 같은 핵심제한은 늘 상당성이 있다고 판단된다. 사업자들의 합의내용에 절대로 포함되어서는 안되는 것으로써, 만약 그러한 내용이 사업자들의 합의에 포함된다면 그 합의 전체에 일괄면제규칙이 자동적으로 적용되지 않게 하는 효력을 가지는 사항을 "핵심제한"이라고 하며, 이러한 핵심제한의 내용들이 어떤 일괄면제규칙에서 나열되어 있다면 이를 "흑색목록"이라 한다. EU집행위원회는 이러한 합의를 특별히 중대한 경쟁제한행위로 판단하고 그 합의가 이루어진 시장에서의 점유율에 관계없이 상당성의 존재를 인정한다.

상당성의 판단에 있어서 시장점유율과 같은 양적인 기준 이외에 질적인 기준도 고려된다. EU사법재판소의 판결에서는 무엇보다도 영업양도에서의 경쟁제한, 배타적 라이선스계약과 관련된 제한 내지는 프랜차이즈계약에 포함된 경쟁제한적 합의에 질적인 기준이 고려되었다. 이러한 기준의 적용은 특정한 사례의 경우 일정부분의 경쟁제한을 통해 비로소 경쟁이 성립한다는 사상이 숨어 있다. 형식적으로는 참여사업자들의 경쟁상 자유를 제한하는 것처럼 보이는

---

1) 하지만 이 고시는 법원을 직접적으로 구속하는 효력을 가지고 있지는 않다.

계약이라 하더라도 만약 그 계약이 경쟁에서 더 큰 긍정적인 효과를 가져온다고 판단되면 EU기능조약 제101조 제1항이 적용되지 않는다.

Ⅳ. EU기능조약 제101조 제1항 위반의 효과

1. 무 효

EU기능조약 제101조 제1항에 위반되는 모든 합의나 결의 혹은 동조적 행위는 EU기능조약 제101조 제2항에 의하여 무효가 된다. 무효가 되는 것은 EU기능조약 제101조 제1항에 의해 금지되는 합의 내지 결의 그 자체인바, 무효로 판단되지 않는 합의나 결의의 효과에 대해서는 EU기능조약이 규정해 놓고 있지 않다. 그리하여 이러한 합의의 무효로 인한 계약전체의 효과 등에 대해서는 각 회원국의 국내법으로 처리한다.

2. 과징금

EU집행위원회는 제101조 제1항에 위반한 사업자 내지는 사업자단체에 대하여 전년도 총매출액의 10%까지 과징금을 부과할 수 있다(규칙 1/2003 제23조 제2항).

EU집행위원회는 경성카르텔에 참가한 사업자에게 높은 과징금을 부과하고 있는바, 카르텔 금지위반의 적발을 용이하게 하기 위해 EU집행위원회와 대부분의 회원국 카르텔규제기관은 과징금의 감경 또는 면제규정[2]을 도입하고 있다. 이에 따르면 카르텔 합의의 참가 사업자가 그 카르텔조직이 외부에 알려지기 전에 카르텔 규제기관에 신고하여 카르텔의 조사에 첫 번째의 결정적인 신고를 하고 카

---

2) 이를 "보너스규정" 혹은 "리니언시(Leniency)프로그램"이라고 한다.

르텔 규제기관의 조사절차에 적극적으로 협조하였을 때에는 과징금의 부과로부터 면제가 된다. 카르텔 규제기관의 조사시작 후에 과징금이 현저하게 감경되는 경우는 참여사업자가 규제기관의 조사절차에 협조하는 경우이다. 다만 카르텔 조직의 결정적인 역할을 한 사업자에 대해서는 조사절차의 협조에 따른 과징금의 현저한 감경이 이루어지지 않고 약간의 감경만이 가능할 뿐이다.

3. 손해배상

EU의 카르텔 규제규정은 법규 위반행위에 대해 손해배상을 청구할 수 있는 직접적인 규정을 가지고 있지는 않다. 그러나 EU사법재판소의 입장은 EU기능조약 제101조의 완전한 효력을 확보하기 위해서는 법위반행위로 인한 손해에 대해 배상청구를 할 수 있어야 하며, 다만 손해배상에 대한 유럽법상의 일률적인 규정이 존재하지 않으므로 이는 회원국의 국내법에 의해 규율된다고 판단한다.

V. 카르텔 금지규정 적용의 면제

1. 전제조건

EU기능조약 제101조 제1항에 의해 원칙적으로 금지되는 카르텔이 제3항의 전제조건을 충족하는 경우에는 제1항 규정적용의 면제가 가능하게 된다. 즉 다음의 네 가지 전제조건을 모두 충족시키는 경우에 사업자간의 경쟁제한적인 합의, 사업자 단체의 결의 그리고 동조적인 행위가 가능하다는 뜻이다.

첫째, 사업자간의 합의 등이 상품의 생산이나 유통의 개선 또는 기술적, 경제적 진보의 촉진에 기여하여야 한다.

둘째, 그 결과로서 초래되는 이익이 소비자들에게 공평하게 분배되어야 한다. 여기에서 말하는 이익에는 금전적인 측면(가격하락)뿐만 아니라 다른 개선점(질적 향상)도 포함된다.

셋째, 이러한 목적을 달성하는데 필수불가결하지 않은 제한이 사업자들에게 부과되어서는 안 된다.

넷째, 해당 생산물의 주요 부분에 있어서 경쟁을 제거할 수 있는 가능성이 사업자들에게 열려있지 않아야 한다.

이 네 개의 전제조건은 개별적인 사례마다 중첩적으로 충족시켜야 한다. 단 하나의 조건만을 충족시키지 않은 경우라도 면제가 부여되지 않는다.

2. 개별면제와 일괄면제

EU기능조약 제101조 제3항에 의한 제1항 규정의 적용면제는 원래 EU집행위원회가 사업자들로부터 신고를 받아 결정(Decision)이라는 형식을 통한 인가를 해주는 소위 "개별면제"의 방식과 규칙(Regulation) 제정을 통한 "일괄면제규칙(Block Exemption Regulation)"의 시행을 통하여 이루어 질 수 있었다.

유럽의 카르텔규제 법규범 시행초기에는 일반적으로 카르텔규칙이라 불리던 "규칙 17/62"에 의해 카르텔 규제규정 적용면제 시스템이 형성되었다. 이에 따르면 원칙적으로 EU집행위원회는 제101조 제3항에 의한 적용면제를 문제가 되는 합의가 그에게 미리 신고된 경우에 결정할 수 있었다(규칙 17/62 제4조, 제5조). 그 예외가 되는 경우는 오로지 신고가 불필요한 합의의 경우뿐이었다(규칙 17/62 제4조 제2항, 제5조). 그러나 이는 단지 이론적인 가능성일 뿐이고 실무에서 EU집행위원회는 제101조 제3항의 적용에 있어 모든 경우에 신고를 받아 처리하였었다.

EU기능조약 제101조 제3항에 따른 결정은 EU집행위원회의 전속적 권한이었다(규칙 17/62 제9조 제1항). 회원국 스스로나 회원국의 국내기관은 유럽공동시장의 법적일체성을 위하여 제101조 제3항을

적용하는 것이 금지되었다. 만약 EU집행위원회가 적용면제를 거절
하거나 혹은 지나치게 제한적인 결정을 하는 경우에는 EU기능조약
제173조에 따라 EU사법재판소에 소를 제기할 수 있을 뿐이었다(규
칙 17/62 제9조 제1항).

이러한 법제하에서 EU집행위원회는 개별 면제신청을 처리하기
위하여 과중한 업무에 시달리게 되었고, 다른 한편으로는 사업자들
이 신청한 개별면제가 많은 경우 일정한 유형에 포함된다는 사실을
알게 되었다. 즉 1963년 2월 1일까지 EU집행위원회에 약 4만여 건
의 신청이 접수되었으며, 그중 약 3만여 건 정도는 배타적 공급 합
의에 대한 신청이었고,[3] 또한 1982년 말까지 처리되지 않은 약
3700여 건의 신청 중 약 3분의 2는 특허라이센스 합의에 관한 것
이었다. 이때 필요한 것은 유형화가 가능한 사례에 대한 카르텔 규
제규정 적용의 일괄적인 면제제도의 활용이라고 할 수 있다.

3. 일괄면제규칙

(1) 일괄면제규칙 제정의 권한

EU기능조약 제103조 제1항과 제2항 제1문에 따르면 일괄면제규
칙의 제정권은 EU이사회에 주어져 있다. 그러나 60년대 초 EU이사
회는 자신의 권한을 EU집행위원회에 위임했다. 이후 "규칙 19/65"
는 EU집행위원회에 특정한 합의와 동조적 행위에 대한 일괄면제규
칙을 제정할 수 있는 권한을 주었다. EU이사회는 여러 규칙에 의해
EU집행위원회가 일괄면제규칙을 제정할 수 있도록 권한을 위임하
였다.

---

3) 2만 5천여 건 이상의 신청에 대해 배타적 공급과 배타적 구입합의에 관한 일
   괄면제규칙인 "일괄면제규칙 67/67"이 적용되었다.

(2) 일괄면제규칙의 일반적인 구조

모든 일괄면제규칙은 서로 유사한 구조를 가지고 있다.

(가) 전형서술

일괄면제규칙은 우선 그가 적용될 합의의 유형을 서술해야 한다. 이러한 유형이나 전형의 서술은 일괄면제규칙에 있어 필수불가결한 요소이다. 이를 통해 각각의 일괄면제규칙의 적용범위와 서로간의 경계가 설정된다. EU집행위원회는 늘 실무에서 잘 알려진 특정한 계약모범을 참고로 한다. 하지만 그렇다고 해서 일괄면제규칙이 지금 현재 통용되는 계약의 형태만을 대상으로 하는 것은 아니다. 각각의 일괄면제규칙의 규정들은 추상적으로 기술되어 있기 때문에 새롭게 나타나는 형태의 합의에 대해서도 적용이 가능하다.

만약 각각의 일괄면제규칙이 서술하는 전형들이 서로 유사하거나 그 범위가 넓어 여러 개의 일괄면제규칙 적용이 가능하다면 사업자들은 그들의 계약내용을 어떠한 일괄면제규칙에 적응시킬지를 선택할 수 있다.

(나) 백색목록(white list)

1) 백색목록의 형식

EU집행위원회는 일괄면제규칙이 적용되기 위하여 사업자들 사이에 어떠한 계약조항이나 기타 전제조건 등을 충족시켜야 하는지를 제시해 주어야 하기 때문에 일괄면제규칙은 사업자들의 개별적인 합의규정을 제시하고, 이 합의규정이 카르텔 금지로부터 면제되는가 아닌가를 규정한다. 소위 백색목록은 일괄면제규칙에 의해 카르텔 금지가 면제되는 규정들을 제시한 목록이다.

백색목록은 보통 두개의 부분으로 나뉜다. 우선 첫 번째 부분에

서는 사업자들의 어떠한 합의가 EU기능조약 제101조 제1항에서 의
미하는 것과 같이 경쟁을 제한하고, 그리하여 카르텔 금지면제가
필요하다는 서술이 이루어진다.

두 번째 부분에서는 어떤 합의는 경쟁을 제한하지 않고, 그리하
여 EU기능조약 제101조 제1항에 해당되지 않기 때문에 카르텔 금
지의 필요성이 없다는 서술이 이루어진다. 이것은 사실상으로는 일
괄적인 위법성부인이 이루어지게 되는 것이다.

백색목록의 두 부분은 일괄면제규칙의 여러 조항에 걸쳐 흩어져
규정되는 경우가 많다. 따라서 일괄면제규칙 중에서 백색목록을 모
두 파악하는 것이 쉬운 일은 아니다.

2) 사업자의 선택권

사업자들은 백색목록에 있는 조항들을 그들의 계약내용 중에 포
함시킬 수 있으나 원칙적으로 강제되지는 않는다. 왜냐하면 일괄면
제규칙은 사업자들에게 단순히 '제공'되어 있을 뿐이며, 사업자가
이를 수용해도 되고 또한 거부할 수 있도록 제공된 규정에 불과하
기 때문이다. 즉 그들의 계약을 개개의 일괄면제규칙에 적합하게
체결할 수 있으나 강제되는 것은 아니다. 그리고 일괄면제규칙은
사업자가 그들의 사업활동에 있어서 어느 특정한 법적 조직형태를
따르도록 하는 조종기능을 가지고 있는 것은 아니다.

EU사법재판소(Court of Justice of the European Union)에서도 "일
괄면제규칙은 경제활동참가자들이 행한 특정한 경쟁제한적인 합의
를 EU기능조약 제101조 제1항의 금지로부터 면제를 받도록 해주는
기회를 제공하는 것뿐이지, 이를 사용하도록 강제하는 것은 아니다"
고 설명한다.

그러나 사업자들이 카르텔금지규정 적용의 면제를 받기 위해서
는 EU집행위원회가 제시한 특정한 조항들을 사용해야 한다고 규정

한 것도 있다.4) 또한 현실적으로는 사업자들 간의 합의가 경쟁제한성이 없다고 일괄면제규칙에서 판단한 규정형태로 정형화되는 것은 피할 수 없을 것이다.

(다) 흑색목록(black list)

EU기능조약 제101조 제1항에 위배되는 사업자간의 경쟁제한적 합의는 일괄면제규칙에 의해 명시적으로 제101조 제1항의 적용면제가 규정되어있지 않다고 해서 자동적으로 일괄면제규칙의 적용이 배제되는 것은 아니다. 자동적으로 일괄면제규칙의 적용이 배제되는 조항(소위 '흑색목록' 또는 '핵심제한')은 EU집행위원회가 먼저 제시해야 하고, 이러한 조항들은 사업자들의 합의내용에 절대로 포함되어서는 안 된다. 만약 이러한 조항의 내용이 사업자들의 합의에 포함된다면 그 합의 전체에 일괄면제규칙이 적용되지 않게 된다.

일괄면제규칙은 또한 예를들어 사업자간의 합의로 인해 어떤 사업자라도 "(일괄면제규칙을 통해 허용될 수 있는 부담을 제외한) 기타 어떠한 경쟁제한적인 부담을 지지 않는다"는 형식을 통해 일괄면제규칙의 적용배제를 할 수 있다.

흑색목록은 또한 사업자에게 부작위 의무를 부과할 수 있으며, 예를들어 병행수입을 어렵게 하거나 방해하는 행위를 금지하는 경우가 이에 해당된다.

---

4) 사업자들이 특정한 조문을 사용해야 하는 경우는 일괄면제규칙에서 명시적으로 이를 지시하는 때이다. 경우에 따라서는 일괄면제규칙이 요구하는 사실상의 작위나 부작위를 확보하게 하기 위하여 특정한 조항을 사업자들간의 합의에 사용하기를 요청하는 때도 있다(자동차의 판매와 고객서비스에 관한 합의에 대한 일괄면제규칙 123/85 참조). 그러나 이러한 규정은 EU집행위원회가 EU이사회로부터 부여받은 권한을 넘어서서 행사하는 것이라 할 수 있다. 왜냐하면 EU이사회가 요구한 적극적인 임무는 단지 경쟁의 측면에서 필요한 것이었고, 계약의 공정성이나 법적 통일화 혹은 기타의 경쟁 외적인 측면은 일괄면제규칙이 추구하는 바가 아니었기 때문이다.

(라) 회색목록(gray list)

EU집행위원회는 "프랜차이즈 합의에 대한 일괄면제규칙 4087/88" 제3조 제1항에서 처음으로 회색목록을 규정하였다. 이 회색목록에 따르면 가맹점사업자에게 부과된 제한은 그것이 "가맹본부의 영업적 권리 혹은 지식재산권의 보호나 프랜차이즈 조직의 일체성 확보나 명성유지에 필요한 경우에만" 카르텔 금지규정의 적용이 면제가 될 수 있다.

그러나 이러한 규정방식은 일괄면제규칙이 법적인 명확성을 추구한다는 목표에는 맞지 않는 태도이다. 만약 "~에 필요한 경우에만"이라는 유보로 인해 면제규칙의 적용여부가 결정된다면 실무에서는 결국 법적용기관(EU집행위원회, EU사법재판소, 회원국의 국내법원 및 카르텔 규제기관)이 상황의 평가를 어떻게 하느냐 하는 판단에 따라 다른 결과가 나타날 수 있다.

(3) 일괄면제규칙의 유형

(가) 수직적 합의에 대한 일괄면제규칙

- 배타적 판매에 관한 합의에 대한 일괄면제규칙
- 배타적 구입에 관한 합의에 대한 일괄면제규칙
- 자동차의 판매와 고객서비스에 관한 합의에 대한 일괄면제규칙
- 프랜차이즈 합의에 대한 일괄면제규칙
- 특허라이센스 합의에 대한 일괄면제규칙
- 노하우 합의에 대한 일괄면제규칙
- 수직적 합의에 대한 일괄면제규칙
- 기술이전합의에 대한 일괄면제규칙

(나) 수평적 합의에 대한 일괄면제규칙

- 특성화합의에 대한 일괄면제규칙
- 연구 및 개발협약에 대한 일괄면제규칙

(다) 기타 일괄면제규칙

- 항공운송분야에서의 운항계획 등에 관한 합의에 대한 일괄면제규칙
- 항공운송분야에서의 컴퓨터를 통한 예약시스템에 관한 합의에 대한 일괄면제규칙
- 공항의 공급능력합의에 대한 일괄면제규칙
- 보험분야에서의 합의 등에 대한 일괄면제규칙
- 철도와 도로 및 내륙수운을 통한 교통분야의 경쟁규약의 적용에 대한 일괄면제규칙
- 해상운송에 대한 일괄면제규칙
- 항공운송 사업자의 경쟁규약의 적용에 대한 일괄면제규칙
- 해상운송 사업자의 합의 등에 대한 일괄면제규칙

(4) 일괄면제규칙의 장점

일괄면제규칙은 적용대상이 되는 사업자들과 규제기관인 EU집행위원회 모두에게 이익을 준다고 평가된다.

사업자들 입장에서는 일괄면제규칙은 EU집행위원회의 행정적인 심사라는 절차로부터 해방을 시켜주고, 또 제101조 제1항의 적용면제조건에 대한 어느 정도 확정적인 규정을 통해 법적용의 안정성 내지는 예측가능성을 높여주었다. 왜냐하면 사업자들의 합의사항이 각 일괄면제규칙에 규정된 전제조건(소위 '백색조항')을 충족시키면 면제의 효과가 자동적으로 발생하기 때문이다. 일괄면제규칙에 속

하는 합의에는 EU기능조약 제101조 제1항에 따른 카르텔 금지가 적용되지 아니하고, 따라서 EU기능조약 제101조 제2항에 따른 무효라는 결과도 발생하지 아니한다. 그리하여 일괄면제규칙의 적용에 관한 전제조건을 충족시키는 사업자들은 법적인 확실성을 보장받게 되는 것이다. 따라서 EU집행위원회에 대해서는 가능하면 일괄면제규칙을 "간결하고, 명확하고, 확실하게" 규정하라는 요청이 있어 왔다.

또한 일괄면제규칙은 사업자들 간의 수많은 합의에 대해 제101조 제1항의 적용제외여부를 판단해야 하는 EU집행위원회의 업무부담을 크게 줄여주었다. 특히 EU집행위원회에 적용제외를 위해 신고된 사업자들 간의 합의 중 많은 경우에 있어서는 유형화가 가능하였다.[5]

(5) 일괄면제규칙 적용 및 효과

(가) 일괄면제규칙의 해석원칙

일괄면제규칙은 원칙적으로 통상적인 법조문과 같이 해석한다. EU집행위원회에 의해 제정된 일괄면제규칙들이라도 EU집행위원회의 의지나 의도 혹은 경쟁정책적인 목표만이 해석의 근원을 이루지는 않는다. 즉 개별적인 일괄면제규칙의 입법이유서나 혹은 EU집행위원회의 고시 등은 해석의 보조자료가 될 뿐이다. 특히 EU집행위원회는 그러한 고시를 통해 일괄면제규칙의 내용이나 적용범위를 변경할 수 없다. 일괄면제규칙의 해석권한은 EU사법재판소에만 있는 것이 아니라 회원국의 국내법원에도 있다. 회원국의 국내법원(國內法

---

5) 즉 1963년 2월 1일까지 EU집행위원회에 약 4만여 건의 신청이 접수되었으며, 그중 약 3만여 건 정도는 배타적 공급에 관한 합의에 대한 신청이었고, 2만 5천여 건 이상의 신청에 일괄면제규칙 67/67이 적용되었다. 또한 1982년 말까지 처리되지 않은 약 3,700여 건의 신청 중 약 3분의 2는 특허라이센스 합의에 관한 것이었다.

院) 입장에서는 일괄면제규칙은 직접 적용되는 법원(法源)이 된다.

일괄면제규칙의 해석 시에는 문리해석의 방법 이외에 구조적 해석과 목적론적 해석방법 등이 사용된다. 일괄면제규칙이 EU기능조약 제101조 제1항 규정상의 카르텔금지원칙의 예외를 구성하므로 좁게 해석할 이유는 없다. 예외규정들을 좁게 해석한다는 원칙은 개별적인 예외규정을 해석할 때 필요한 것이고, 일괄면제규칙과 같은 포괄적인 규정의 해석에는 해당하지 않는다.

일괄면제규칙은 유추해석 되어서는 안 된다. 회원국의 국내법원은 따라서 일괄면제의 전제조건을 충족하지 못한 합의에 대하여 일괄면제규칙의 다른 규정내용을 유추적용하여 유효하다고 판단해서는 안된다. 그러나 일괄면제규칙의 해석과 유추해석의 경계는 모호하다. 따라서 특히 부정확하거나 불충분하거나 상호간에 맞지 않는 규정들이 일괄면제규칙에 포함되어 있는 경우에는 개별사례에서 일괄면제규칙의 적절한 적용을 해야 한다.

(나) 일괄면제규칙의 효력

1) 직접적 효력

EU기능조약 제101조 제1항에 규정된 "경쟁을 방해, 제한 또는 왜곡할 목적 또는 효과를 갖는 사업자간의 모든 합의, 사업자 단체에 의한 결의 및 동조적 행위" 등은 추상적인 징표에 의해 유형화된 일괄면제규칙을 통하여 일률적으로 금지의 면제가 이루어진다. 일괄면제규칙은 일반적인 법규범과 같은 구조를 가지고 있으며 직접적인 효력을 가진다. 일괄면제의 효과는 그 일괄면제에 포함되는 형태의 합의를 한 모든 사업자에 미치며 또한 미래의 합의에도 미친다.

일괄면제의 전제조건을 충족시키는 합의는 EU기능조약 제101조 제1항의 금지로부터 자동적으로 면제되며, 따라서 사법상 완전하게 유효하다. EU집행위원회에 대한 신고철차도 필요가 없고, 회원국 개별법에 의한 승인절차도 필요가 없다.

일괄면제규칙의 전제조건을 충족시키는 관련사업자는 일괄면제를 가지고 제3자에 대해서도 대항할 수 있다. 또한 EU집행위원회에 의해 개별사례에서 일괄면제가 적용되지 않는다는 판정이 나지 않는 이상 관련된 사업자는 과징금으로부터도 면제가 된다.

2) 시장지배적지위 남용행위규제규정과의 관계

일괄면제규칙을 통해 적용이 면제되는 것은 EU기능조약 제101조 제1항이 규정하는 카르텔의 금지이며, 일괄면제규칙이 적용된다고 하더라도 EU집행위원회의 지위남용규제권한은 그대로 존속한다. 즉 EU기능조약 제101조 제3항의 면제는 EU기능조약 제101조 제1항의 적용을 면제시켜주는 것이므로 면제의 효력이 EU기능조약 제102조에서 규정하는 시장지배적지위의 남용행위에까지는 미치지 않는 것이 원칙이다. 따라서 시장지배적 지위를 가진 사업자가 다른 사업자와 함께 경쟁제한적 합의를 맺고, 이것이 시장지배적 지위의 남용에 해당하는 경우 면제가 되지 않는다. 이때 사업자간의 합의가 일괄면제규칙에 해당하더라도 EU기능조약 제102조의 위반이 된다는 것이다.

(6) 개별사례에서의 일괄면제규칙 적용취소

일괄면제규칙을 통해 카르텔 금지규정의 적용이 면제된 합의에 대해서도 카르텔감독당국의 규제가 가해질 수 있다. 따라서 그 일괄면제된 합의가 개별사례에 따라서 EU기능조약 제101조 제3항의 적용이 가능하지 않게 되는 경우에는 일괄면제의 효과를 제거할 수 있다.

"EU조약 제81조와 제82조의 적용을 위한 실행규칙 1/2003(이하

"규칙 1/2003"이라 한다)"[6)]에 따르면 EU집행위원회는 EU기능조약 제
101조 제1항의 적용으로부터 일괄면제가 된 일정한 합의 등이 특정
한 사례에서 EU기능조약 제101조 제3항과 양립할 수 없는 효과를
수반하는 경우 직권으로나 고소에 의해 일괄면제의 혜택을 배제시
킬 수 있음을 규정한다(규칙 1/2003 제29조 제1항). 일괄면제규칙의
적용취소는 회원국의 경쟁당국도 판단할 수 있다(규칙 1/2003 제29
조 제2항).

일괄면제규칙 적용취소의 대상은 개별합의이며, 따라서 일괄면제
규칙 적용취소결정의 대상이 되는 합의를 구체적으로 명확하게 적
시해야 한다. 일괄면제규칙의 적용취소는 결정(Decision)을 통해 이
루어지며, 여기에서 EU기능조약 제101조의 침해가 명확하게 확정
되어야 한다. 취소절차에서 EU집행위원회 또는 회원국의 경쟁당국
은 일괄면제규칙이 적용되기 때문에 카르텔 금지규정의 적용이 면
제되었다고 일응 판단이 된 합의가 실제로 EU기능조약 제101조 제
3항의 조건을 충족시키는지를 조사한다. 이때 EU집행위원회와 회원
국의 경쟁당국은 광범위한 판단여지를 가지게 된다. 일괄면제규칙
적용배제는 소급효가 없이 미래에 대하여만 효력이 있다.

4. 규칙 1/2003 시행 이후의 카르텔 규제규정 적용면제 시스템

규칙 1/2003이 시행되면서 카르텔 규제규정 적용면제는 EU집행
위원회의 인가를 통한 개별면제의 형식은 폐지되었다.

(1) 규칙 1/2003 제정의 경과

EU집행위원회에서는 1999년 4월 발표한 白書(Weißbuch)에서

---

6) VO (EG) Nr. 1/2003 des Rates vom 16. 12. 2002 zur Durchführung der
   in den Artikeln 81 und 82 des Vertrags niedergelegten
   Wettbewerbsregeln, ABl 2003 Nr. L 1/1.

EU조약 제81조와 제82조의 적용을 위한 규정의 현대화 필요성을 언급하였다.[7] 또한 유럽연합 경쟁법 시스템의 대대적인 조정작업을 위하여 연구 및 개발 내지 특성화를 위한 수직적 합의 혹은 수평적 협력에 대한 일괄면제규칙을 확대하고, 일괄적으로 면제되지 않은 수직적 합의에 대해 개별적 면제를 위한 사전신고의무를 폐지[8]하였다. 더불어 수직적 경쟁제한에 대한 지침[9]과 수평적 경쟁제한에 대한 지침[10]을 공표하였다.

2000년 9월 새로운 "EU조약 제81조와 제82조 실행규칙의 案"[11]이 발표되었고, 2002년 12월 16일 제정되었다. 규칙 1/2003이 2004년 5월 1일부터 시행되면서 약 40여 년 간 효력을 발휘하던 기존의 "규칙 17/62"는 폐지되었다.

(2) 규칙 1/2003의 제정효과

EU의 카르텔 규제규정은 "규칙 17/62"이 실행되던 시기에는 "인가를 유보한 금지(Verbot mit Erlaubnisvorbehalt)"라고 해석되었다. "인가를 유보한 금지"라고 판단되는 경우 제101조 제1항에서 의미하는 합의, 결의 그리고 동조적 행위가 조약 제101조 제3항에 의해 예외가 인정되지 않는 한 금지가 된다고 해석된다. 따라서 사업자들은 다른 사업자와의 합의 등이 제101조 제1항에 의하여 금지가 되는지의 여부를 묻기 위하여 EU집행위원회에 개별면제를 신청하

---

7) ABl 1999 Nr. C 132/1.

8) VO (EG) Nr. 1216/99 vom 10. 06. 1999, ABl 1999 Nr. L 148/5.

9) Mitteilung der Kommission - Leitlinien für vertikale Beschränkungen, ABl 2000 Nr. C 291/1.

10) Bekanntmachung der Kommission, Leitlinien zur Anwendbarkeit von Artikel 81 EG-Vertrag auf Vereinbarungen über horizontale Zusammenarbeit, ABl 2001 Nr. C 3/2.

11) Vorschlag für eine Verordnung des Rates zur Durchführung der in den Artikeln 81 und 82 EG - Vertrag niedergelegten Wettbewerbsregeln, 27. 09. 2000, KOM(2000) 582.

게 되었다.

규칙 1/2003이 시행되면서 규칙 17/62하에서 운용되던 카르텔의 사전신고 및 인가제도는 폐지되었다(규칙 1/2003 제43조).[12] 이는 이전의 해석과는 달리 제101조 제3항이 "법정예외(Legalausnahme)"를 구성한다는 것을 의미한다.

EU기능조약 제101조 제3항은 제1항, 제2항 및 제102조와 마찬가지로 EU집행위원회뿐만 아니라 개별 회원국의 경쟁당국과 법원이 직접 적용할 수 있는 규정이 되었다. 그리하여 합의, 결의 그리고 동조적 행위는 규칙 17/62가 시행되던 때와 같이 개별면제를 위하여 EU집행위원회에 사전에 신고되어야 하는 것은 아니고, 해당 국가의 경쟁당국이나 법원에서 직접적으로 EU기능조약 제101조 제3항 규정상의 전제조건 충족여부를 검토하게 된다. EU집행위원회의 개별면제결정은 이루어지지 않으며, 따라서 지금까지 규칙 17/62 제9조 제1항에 의해 독점적으로 EU집행위원회만이 가지고 있던 면제결정권한이 확대되었다. 이러한 변화는 규칙 1/2003 제1조 제2항에서 "EU조약 제81조 제1항에서 의미하는 합의, 결의 그리고 동조적 행위가 조약 제81조 제3항의 조건을 충족하는 경우, 어떠한 사전 결정도 요구됨이 없이, 금지되지 않는다"라고 표현되었다.

이러한 구조적인 변화를 통해 EU집행위원회는 EU기능조약 제101조 적용의 분산을 도모하였고, 따라서 스스로는 경성카르텔(hardcore cartel)에 대한 규제에 집중할 수 있게 되었다.[13] 이와 더불어 법적용에 있어서의 탈관료주의도 하나의 중요한 원인이 되었다. 그리하여 사업자들은 신고의 부담으로부터 벗어날 수 있고, 관료주의적 강제 혹은 관료주의의 방해로부터 벗어날 수 있게 되었

---

12) 다만 규칙 17/62 제8조 제3항은 EU조약 제81조 제3항에 의해 EU집행위원회가 이미 내린 결정(Entscheidung)을 위하여 그 결정의 존속기간까지 계속해서 효력을 가진다.

13) 3. Erwägungsgrund der VO Nr. 1/2003.

다.[14] EU집행위원회는 시스템 변화를 통해 EU조약 제101조 제1항
과 제3항의 적용범위를 정확하고 단순화하려 하고 있으며, 이는 일
괄적용면제를 통해 이루려 한다.[15]

5. 카르텔 금지규정 적용면제의 단계

이하에서는 간단한 사례를 가지고 실제사건에서 카르텔 규제규
정의 적용면제가 어떠한 단계를 거쳐 확인이 되는지를 알아본다.

> **〈사례〉**
> 판매상인 S는 장기의 계약을 통해 생산자인 C로부터 특정한 제품 A
> 를 배타적으로 공급받기 위한 계약을 체결하고자 한다. S는 이전에 제
> 품 A를 구입한 적이 없었다. S와 C는 이러한 계약이 EU기능조약 제
> 101조 제3항에 의해 카르텔 규제규정의 적용으로부터 면제를 받을 수
> 있는가?
>
> **〈검토〉**
> 배타조건부 계약은 수직적 합의에 대한 일괄면제규칙 2790/1999 제
> 1조 c문에 의하면 단독의 공급의무를 수반하는 수직적 경쟁제한의 형
> 식을 가진다. 카르텔 규제규정의 적용면제 여부는 따라서 수직적 합의
> 에 대한 일괄면제규칙에 의해 판단된다(제2조). 그러나 우선적으로는
> "상당성"과 "중소기업" 요건을 충족시켰는지의 여부를 따져보아야 한
> 다. 그리하여 이하의 검사단계를 거치게 된다.
>
> **– 1단계**
> 우선 합의가 회원국 간의 거래에 상당한 방해를 하고 있거나 혹은
> 경쟁을 상당히 제한하는 것을 목적으로 하거나 또는 그러한 효과를 초
> 래하는지를 판단해야 한다. 만약 이러한 요건을 충족시키지 않는다면
> 합의는 EU기능조약 제101조 제1항의 적용이 이루어지지 않는다.

---

14) 3. Erwägungsgrund der VO Nr. 1/2003.
15) EU집행위원회 백서(Weißbuch), ABl 1999 Nr. C 132/1.

"사소한 행위에 대한 고시"에 따르면 합의의 당사자의 시장점유율이 10%(사업자가 실제적이거나 잠재적인 경쟁자인 경우) 혹은 15%(기타의 경우)를 넘지 않는 경우에는 합의는 상당성이 없다. 판매망이 구성되어 있는 경우에는 묶음이론이 적용된다. 즉 만약 병행적으로 이루어진 계약의 망으로 인하여 시장으로의 진입이 곤란한 경우와 판매망이 현저한 범위에 있어 시장의 폐쇄를 가져오는 경우(중첩적인 효과)에는 그러한 합의는 효력이 없다고 판단한다.

- 2단계

계약의 당사자가 중소사업자인가?

중소사업자란 250인 미만의 종업원을 가지고, 연매출액이 최고 5천만 유로(Euro) 혹은 자산이 최고 4천3백만 유로까지인 사업자를 말한다. 또한 중소사업자로 인정되기 위하여는 중소사업자가 아닌 기업이 25% 이상의 지분을 보유하여서는 아니 된다.

EU집행위원회의 판단으로는 앞서의 중첩적인 효과가 존재하거나 수직적 합의에 대한 일괄면제규칙에서 규정한 핵심제한에 해당하지 않는 이상 중소사업자의 합의는 회원국 사이의 거래나 유럽공동체시장의 경쟁을 상당히 제한하지 않는다고 판단하여 이러한 합의는 원칙적으로 카르텔 금지 규정이 적용되지 않는다고 한다.

- 3단계

배타조건부 계약이 수직적 합의에 대한 일괄면제규칙에서 규정한 핵심제한에 해당하는가?

수직적 합의에 대한 일괄면제규칙 제4조에 따르면 핵심제한에 해당하는 것은 가격담합이나 지역분할합의 혹은 고객분할합의와 같은 조항들이며(흑색조항), 이러한 조항이 포함되어 있는 경우에는 카르텔 규제규정의 적용면제가 이루어지지 않는다.

- 4단계

계약당사자들의 시장점유율기준이 수직적 합의에 대한 일괄면제규칙에서 제시한 기준을 충족시키는가?

수직적 합의에 대한 일괄면제규칙 제3조에 따르면 공급자의 시장점유율이 30%를 넘지 않는 경우에 카르텔 규제규정의 적용면제가 이루어진다. 변화하는 시장점유율을 위한 경과규정은 제9조에 명시되어 있다.

단독의 공급의무가 부과된 계약이 문제가 되는 경우라면 구매자의 수요시장에서의 시장점유율이 판단기준이 된다. 시장점유율의 조사를 위해서는 EU집행위원회가 제정한 관련시장획정을 위한 고시가 적용된다. 이렇게 4단계의 심사를 거쳐 결론에 이르게 된다.

S는 이전에 A제품을 구매한 적이 없으므로 그 제품시장에서의 시장점유율은 없다. 그리하여 S가 구매하는 A제품의 시장점유율이 유럽공동체 시장에서 30%를 넘지 않는 한 그가 C와 한 합의에 대해서는 카르텔 규제규정의 적용면제가 이루어진다(수직적 합의에 대한 일괄면제규칙 2022/720 제8조).

이러한 판단은 계약의 당사자가 스스로의 책임하에 내려야 하고, EU집행위원회에 질의 등을 통한 도움은 요청할 수 없다. 왜냐하면 EU집행위원회의 시각에서는 "사업자는 스스로의 행위에 대한 적법성을 판단할 수 있는 충분한 능력이 있고, 이러한 토대위에서 어떠한 형식의 합의나 행동을 취해야 할지 결정할 수 있다. 사업자들은 상황에 대해 정확한 이해를 하고 있으며, 일괄면제규칙이나 판례 및 결정례 내지 EU집행위원회의 방대한 지침과 고시 등에 의지"할 수 있기 때문이다.

VI. 맺는말

EU기능조약 제101조 제1항에서는 카르텔 금지의 원칙을 규정하고 있으나 제3항에서는 그 제1항 규정의 적용면제를 가능하게 하는 네 개의 전제조건을 규정하고 있다. 적용면제를 위하여 반드시 충족시켜야 하는 이 네 가지 조건 중 두개는 긍정적(positiv)인 내용을 나머지 두개는 부정적(negativ)인 내용을 담고 있다.

적극적 규정은 상품의 생산 또는 유통을 향상시키거나 기술 또는 경제적 진보를 촉진하는데 기여하면서, 소비자에게 그 결과적 이익의 몫을 공평하게 분배하는 것이다. 소극적 규정은 관련 사업자에게 앞서 말한 적극적인 목적의 달성에 필수불가결하지 않은 제한을 부과하지 않고, 사업자에게 해당 상품의 상당 부분에 관하여 경쟁을 제한할 가능성을 부여하지 않아야 할 것을 요구한다.

EU기능조약 제101조 제3항의 규정은 제1항의 적용을 "면제할 수 있다"는 근거가 된다. 이 규정은 EU집행위원회에 면제를 할 수 있는 법적인 권한을 제공한다. 그러나 EU기능조약 제101조 제3항은 EU집행위원회에 판단여지를 부여하지는 않는다. 따라서 제101조 제3항의 전제조건이 충족된다면 EU집행위원회는 면제를 해야 한다.

가격담합이나 지역분할합의와 같은 내용은 사업자들의 합의내용에 절대로 포함되어서는 안 되는 것으로써, 만약 그러한 내용이 사업자들의 합의에 포함된다면 그 합의 전체에 일괄면제규칙이 자동적으로 적용되지 않게 하는 효력을 가지는 사항을 "핵심제한"이 된다. EU집행위원회는 이러한 합의를 특별히 중대한 경쟁제한행위로 판단하고 그 합의가 이루어진다면 일괄면제 적용의 효과를 취소할 수 있다.

일괄면제 적용의 효과가 취소된다면 EU기능조약 제101조 제1항이 적용되고, EU집행위원회는 제101조 제1항에 위반한 사업자 내지는 사업자단체에 대하여 전년도 총매출액의 10%까지 과징금을 부과할 수 있으므로 이러한 결과가 발생하지 않도록 사업자 및 사업자단체는 유의해야 한다.

찾아보기

저자소개

■ **김인현**

한국해양대 항해학 학사, 고려대학교 법학사 법학박사
일본 산코라인 선장·해양수산부 정책자문위원장·한국해법학회장 역임
현) 고려대학교 법학전문대학원 명예교수·해상법 연구센터장·KMI 자문위원장

■ **윤세리**

서울대학교 법학사 법학석사, Harvard Law School (LL.M.), University of California, Hastings College of Law (J.D.)
부산지방검찰청 검사·미국 Baker & McKenzie변호사
율촌 대표변호사·공정거래위원회 법률고문 역임
현) 법무법인(유) 율촌 명예대표변호사·서울지방변호사회 공정거래법연수원장

■ **김규현**

서울대학교 법학사, University of Michigan Law School (LL.M.)
현) 법무법인(유) 율촌 파트너 변호사·(재)선원기금재단 감사

■ **김근홍**

서울대학교 사범대학 졸업, 고려대 해운조선물류수산 최고위과정 수료
국토해양부 해운정책발전협의회 위원·한국해양수산개발원 해운정책 및 항만 자문위원
현) 한국해운협회 한국근해수송협의회 사무국장

■ **정 환**

서울대 경영학과(법학 부전공) 졸업, University of Minnesota Law School (LL.M.)
경쟁법학회 부회장·공정거래위원회 경쟁정책자문위원·정보통신산업진흥원 하도급심의위원 역임
현) 법무법인(유) 광장 파트너 변호사·중소기업기술정보진흥원 비상임감사·기획재정부 복권위원회 민간위원

■ **지수빈**

서울대학교 국어국문학 학사, 연세대학교 법학전문대학원 석사
현) 법무법인(유) 광장 변호사

■ **이정욱**

경남대학교 법학과 졸업, University of Central Oklahoma (M.E.), New England School of Law (J.D.) 이수, 한동국제법률대학원 졸업, 고려대학교 일반대학원 법학과 박사과정 수료
한국중재학회 이사 역임
현) 법률사무소 지현 외국변호사(미국 알라바마주)

■ **심재한**

고려대학교 법학사, University of Trier 법학석사, 독일 만하임대 법학박사
University of Washington 방문교수·한국공정거래조정원 조정위원 역임
현) 영남대학교 법학전문대학원 교수

해사경쟁법 연구 I

2024년 12월 1일 초판 인쇄
2024년 12월 15일 초판 1쇄 발행

저 자 김인현·윤세리 외 6人

발행인 배 효 선

처 도서
출판 法 文 社

주 소 10881 경기도 파주시 회동길 37-29
등 록 1957년 12월 12일/제2-76호(윤)
전 화 (031)955-6500~6 FAX (031)955-6525
E-mail (영업) bms@bobmunsa.co.kr
(편집) edit66@bobmunsa.co.kr
홈페이지 http://www.bobmunsa.co.kr

조 판 법 문 사 전 산 실

정가 23,000원   ISBN 978-89-18-91575-3